中国社会科学院创新工程学术出版资助项目

经济与管理系列

中国经济增长质量与地区差距

朱承亮　著

Zhongguo Jingji Zengzhang Zhiliang Yu Diqu Chaju

中国社会科学出版社

图书在版编目（CIP）数据

中国经济增长质量与地区差距/朱承亮著．—北京：中国社
会科学出版社，2016.10
ISBN 978 - 7 - 5161 - 9224 - 5

Ⅰ.①中… Ⅱ.①朱… Ⅲ.①中国经济—经济增长质量—
研究 ②区域经济发展—区域差异—研究—中国 Ⅳ.①F124.1
②F127

中国版本图书馆 CIP 数据核字（2016）第 258471 号

出 版 人	赵剑英
责任编辑	卢小生
责任校对	周晓东
责任印制	王 超

出 版	中国社会科学出版社
社 址	北京鼓楼西大街甲 158 号
邮 编	100720
网 址	http://www.csspw.cn
发 行 部	010 - 84083685
门 市 部	010 - 84029450
经 销	新华书店及其他书店
印 刷	北京明恒达印务有限公司
装 订	廊坊市广阳区广增装订厂
版 次	2016 年 10 月第 1 版
印 次	2016 年 10 月第 1 次印刷
开 本	710×1000 1/16
印 张	17.5
插 页	2
字 数	280 千字
定 价	78.00 元

内容提要

本书从效率和生产率视角研究中国经济增长质量、绿色发展及地区差距问题，探讨中国经济增长的速度、效率、结构与效益之间的关系，以期达到在稳增长中提升质量效益，在低碳转型中推动绿色发展，在促进改革中实现区域协调发展的目的。本书主要包括三个方面的内容：一是中国经济增长质量研究。采用 SFA 方法测算经济增长效率，考察对外经济开放度、金融发展、人力资本、人力资本结构等因素对经济增长效率的影响。二是中国绿色经济绩效研究。从区域、产业等不同视角，采用绿色 GDP 估算、SBM – Undesirable 模型、ML 生产率指数等多种研究方法对节能减排约束下的中国绿色经济绩效进行分析。三是中国地区经济差距研究。主要研究中国地区经济差距的演变轨迹及其来源分解问题。

研究发现：（1）中国经济增长质量亟待提高。中国经济发展具有"高投入、高增长、高能耗、高排放、低效率"的特征，仍属于资本和能源双重驱动的粗放型经济增长方式，生产率水平及其对经济增长的贡献整体偏低，亟待提高经济增长质量，促进经济发展方式转变；人力资本对经济增长效率的影响存在显著的滞后效应，在人力资本结构中，接受过高等教育的人力资本对经济增长效率改善具有较大的促进作用，FDI 和对外贸易对经济增长效率改善具有显著的促进作用，引进外资和发展对外贸易没有使中国成为"环境污染天堂"；技术进步与结构变迁作为促进经济增长的两大"引擎"应该交互作用，在未来的经济增长中继续发挥积极作用。（2）中国绿色经济绩效不容乐观。中国经济取得高速增长的成就是以资源消耗、环境污染为代价的，不考虑资源环境约束会高估生产率及其对经济增长的贡献，从而对中国经济增长方式做出较为乐观的判断，中国要实现绿色发展任重道远。（3）中国地区经济差距明显。中国经济增长质量区域差异明显，呈现"东部地区—东北老工业基地—西部地区—中部地区"阶梯递减趋势,但这种区域差异正在逐步缩小;改革开放以来,中国地区经济差距的演变轨迹已由"U"形转化为倒"N"形,1990年和2003年是两个拐点;要素投入仍是造成中国地区经济差距的主要原因,但其作用在减弱,而TFP在地区经济差距中的作用在逐步增强,能否较好地实现效率改进和技术进步,将成为今后各地区增长差异的重要力量。

关键词:经济增长 经济增长质量 技术效率 全要素生产率 地区差距

目　录

第一章 绪论

第一节 选题背景与研究意义

一 选题背景

关于经济增长的研究一直是学术界讨论的热点之一。当前,一国经济的增长,一般都是用国内生产总值(GDP)、国民生产总值(GNP),或人均国内生产总值、人均国民生产总值来衡量的。无独有偶,现有统计资料中对中国经济增长的描述大部分是用这些指标来衡量的。改革开放以来,中国经济进入了高速发展的"快车道",1979—2013年,中国GDP年均增长率为9.8%,中国已经超过日本,成为仅次于美国的第二大经济体。面对中国在经济发展中取得的巨大成就,中国经济增长问题更加成为国内外学者研究的焦点。

对于中国经济的高速增长,如果只是从与同期其他国家GDP绝对增长幅度的对比来看,中国经济年均9.8%的增长速度确实是可以用"增长奇迹"来形容的。这一成就确实令人振奋。但是,这仅仅是从经济增长绝对总量角度来衡量的。如果从经济增长相对总量角度来看,情况并非我们所看到的那样乐观。世界银行WDI数据库数据显示,2014年,中国人均GDP达到了7594美元,按照2014年世界银行收入分组标准,中国已接近中等偏上收入的国家平均水平,但与世界平均水平的10804美元还相差甚远。虽然近年来中国人均国民总收入大幅增加,但从人均国民总收入在世界上的排名来看,2014年,中国在世界上214个国家中处于第100位,虽然相对于1978年的全世界188个国家中处于第175位的状况有明显改善,但距离高收入国家的平均水平还有很长的一段距离。

表 1-1   2014 年世界银行收入分组标准

人均国民总收入分组	划分标准
低收入国家	1005 美元及以下
中等偏下收入国家	1006—3975 美元
中等偏上收入国家	3976—12275 美元
高收入国家	12276 美元及以上

　　总体来说，现有的理论研究将经济增长分为两个方面：一是经济增长的数量方面；二是经济增长的质量方面。一国经济增长的数量方面可以用 GDP、GNP、人均 GDP（GNP）等指标来衡量。多年来，关于中国经济增长的描述，主要是从经济增长数量方面来考虑的。然而，以 GDP、GNP、人均 GDP（GNP）等指标表示的经济增长数量本身具有一定的局限性，无论是 GDP、GNP 还是人均 GDP（GNP）都不能全面反映中国经济增长状况。比如，经济系统的投入产出比例、中国的产业结构、中国的技术进步情况、中国经济增长的成本等均不能从经济增长的数量方面体现出来。因此，要想全面地认清一国经济增长的实际状况，还得考察经济增长的质量方面。

　　经济增长质量是一个范畴比较宽泛的概念，经济增长质量包含经济增长的效率性、经济增长的稳定性、经济增长的协调性和经济增长的可持续性四个方面。其中，经济增长的效率性是指一定时期内经济增长的生产要素投入产出效率情况；经济增长的稳定性是指一定时期内经济增长的波动幅度以及与潜在的最大产出的偏离程度；经济增长的协调性是指一定时期内经济增长过程中经济结构的协调程度；经济增长的可持续性是指一定时期内经济增长过程中资源与环境等对经济长期增长的承载能力。综合来看，经济增长是经济增长数量和经济增长质量的统一，仅仅从某一方面来看经济增长问题是不全面的。

　　在相当长的一段时间内，对中国经济增长的评价多是从中国经济增长的数量角度出发的，片面地追求 GDP 的高速增长，而忽视了经济增长的质量方面。改革开放以来，伴随着中国经济的高速增长，中国经济发展中存在的种种问题也日益暴露出来，其中，投入产出效率低下，经济增长方式粗放是这些问题中的典型。1978—2012 年，中国年均资本投入增长率将近 20%，这一比率远高于中国实际 GDP 增长的速度。长期以来，中国经济的高速增长在很大程度上是依靠资本、劳动力和自然资源等生产要素的粗放投入而实现的，属于典型的资本驱动型的粗放型经济增长方式，技术进步和技术创新缓慢，技术进步对经济增长的贡献低。投入产出效率低下、经济增长方式粗放的特征是制约中国经济可持续、健康发展的主要"瓶颈"之一。多年来，"高投入、高消耗、低效率"一直是中国经济增长的主要特征。

对于经济转型中的中国来说，重视经济增长的数量方面是无可厚非的，但是，要想实现中国经济的持续、健康发展，对经济增长质量方面的重视更为重要。早在 2007 年中共十七大报告就提出，要促进国民经济又好又快发展的战略，这里的"好"可以理解为经济增长的质量方面，而"快"可以理解为经济增长的数量方面。由此可见，在保持中国经济增长的数量方面较快增加的基础上，实现中国经济增长质量方面的显著提高，已成为中国现阶段经济发展的关键问题。

从以上分析中可知，一国经济增长不仅要看其经济增长的数量方面，更要注重的是其经济增长的质量方面。随着中国经济增长过程中种种问题的出现，关于中国经济增长质量的研究近年来成为学术界关注的热点。而经济增长效率即经济增长的效率性是衡量一国乃至一个地区经济增长质量的核心指标之一。本书正是在上述中国经济增长现实背景下，着重从经济的增长质量的效率性角度考察改革开放以来处于转型期中国经济增长状况。在本书第一部分，我们在对中国经济增长效率的测度基础上，重点从对外经济开放度、金融发展、人力资本及其构成等方面测度中国经济增长效率的影响因素。

在中国经济取得举世瞩目成就的同时，也使中国付出了巨大的资源环境代价。中国已成为世界第一能源消费大国，且能源消耗强度偏高。《中国环境经济核算研究报告（2008）》的数据显示，2008 年中国的生态环境退化成本达到 12745.7 亿元，占当年 GDP 的 3.9%；环境治理成本达到 5043.1 亿元，占当年 GDP 的 1.54%。尽管中国"十一五"期间污染减排取得了进展（全国化学需氧量排放量较 2005 年下降了 12%左右，二氧化硫排放量下降了 14%左右，均超额完成预先设定的 10%减排指标），但经济发展造成的环境污染代价持续增长，环境污染治理和生态破坏压力日益增大。随着科学发展观与构建和谐社会理念的提出以及中国经济和科技实力的明显增强，节约能源与环境保护已经成为转变经济发展方式和促进国民经济又好又快发展不可或缺的组成部分（中国科学院可持续发展战略研究组，2008）。目前，中国正处于工业化的中后期，在低碳经济背景下，如何在保持经济增长的同时，节约资源，保护环境，实现经济又好又快发展是中国"十三五"期间经济发展所面临的最紧迫任务之一。为此，本书第二部分从效率视角对节能减排约束下的中国绿色经济绩效进行研究。

改革开放以来，中国经济以年均 10% 左右的速度保持了 30 多年的强劲经济增长。与此同时，伴随着这种"增长奇迹"的地区差距问题也同样引人注目。以 1952 年为基期，2010 年人均 GDP 最低（16924元）的贵州省，只相当于 2010 年人均 GDP 最高（98136 元）的上海市 1993 年的水平。近年来，大量研究对中国地区经济差距问题给予了高度关注。从新古典增长理论来看，地区差距产生的原因可以分为两大部分：一是要素投入；二是全要素生产率（Total Factor Productivity，TFP）。那么，究竟哪部分是导致中国地区经济差距的主要原因呢？很多文献对此展开了讨论，但是，目前学术界仍然争议颇多。因此，本书第三部分在对经济增长效率研究的基础上进一步探讨中国经济增长的区域差异问题，找出导致中国地区经济增长差异的主要来源。

二 研究意义

中共十八届五中全会指出，实现"十三五"时期发展目标，必须牢固树立并切实贯彻创新、协调、绿色、开放和共享的五大发展理念。其中，坚持绿色发展，就必须坚持节约资源和保护环境的基本国策，坚持可持续发展，坚定走生产发展、生活富裕、生态良好的文明发展道路，加快建设资源节约型、环境友好型社会，形成人与自然和谐发展的现代化建设新格局，推进美丽中国建设，为全球生态安全做出新贡献。

本书的学术价值主要体现在两个方面：一是在理论价值方面，通过对现有经济增长理论的继承与发展，经济增长效率理论可以丰富和完善现有经济增长理论，从而树立更加全面、科学的经济增长观；二是在应用价值方面，对中国绿色经济绩效的研究，有助于科学评估中国经济增长质量状况，有助于加快转变经济发展方式和经济结构优化调整，推动经济更有效率、更加公平、更可持续发展。

第二节　相关理论述评

一　经济增长理论

经济增长是经济学中一个古老而又充满生机的课题。经济增长理论的演变，从古典经济学的"财富增长"到马克思的"扩大再生产原理"，从哈罗德—多马的"刃锋理论"到新剑桥学派的"稳定增长模型"，从索洛的"余值分析"到菲尔普斯的"经济增长黄金规则"，从丹尼森和库兹涅茨的"增长因素分析"到科斯和诺斯的"制度因素论"，从麦多斯的"增长的极限"到罗默和卢卡斯的"新经济增长模型"，体现着经济增长理论不断深化的历程（李月，2009）。

（一）注重资本积累的古典经济增长理论

古典经济增长理论特别强调储蓄和投资对经济增长的决定性贡献，认为储蓄和投资是推动经济增长的原始动力。其中，古典经济增长理论的典型代表人物之一亚当·斯密在《国民财富的性质和原因的分析》中阐述了资本积累和资本形成对经济增长的重要作用。他认为，国民财富的增长取决于劳动分工和资本积累这两个决定性因素。在劳动分工和资本积累的关系上，他认为，按照事物的本性，资财的蓄积必须在分工之前，蓄积的资财越丰裕，劳动分工就能按比例越细密，而分工越细密，同一数量工人生产加工的材料就能按更大比例增加。根据亚当·斯密的思想，资本积累是劳动分工的基础，资本积累的多少决定劳动分工的细密程度，从而决定国民收入的增长速度。从国民财富增加的原因方面分析，亚当·斯密同样认为，资本积累和资本形成是促进经济增长的关键因素。他认为，增加国民财富的主要方法有两个：一是增加生产性劳动者的数目；二是增进受雇佣劳动者的生产力，而要增加生产性劳动者的数量，就必须首先增加资本，即增加维持生产的劳动者总工资；而要增进受雇佣劳动者的生产力，唯有增加便利劳动、缩减劳动时间的机械和器具，或者对原有的生产设备进行改良，或者使现有雇员更好地发挥其专长。在他看来，资本积累不仅是外延扩大再生产的基础，也是内涵扩大再生产的基础。只要资本积累增加，投资增长，经济就可实现增长，而一旦资本积累停止，经济增长也终将停滞。由于古典经济增长理论所处的时代局限性，该理论所讨论的资本通常仅仅是指物质资本，并假设资本的边际收益递减。因此，古典经济增长理论认为，经济增长的最终结局是经济停滞状态。

此外，马尔萨斯从人口角度论述了古典经济增长理论。马尔萨斯的人口理论从两个规律出发：一是食物为人类生存所必需；二是两性间的情欲是必然的。从这两个规律出发，马尔萨斯说明了人类在历史发展的不同阶段是怎样进行生产和分配生活资料的。马尔萨斯认为，人口是按几何级数增加的，人口的增加必然大大地超过生活资料的增长。他的主要论点之一是：生活资料的生产只能按算术级数增加，其依据就是土地报酬递减规律。按照马尔萨斯的说法，人口的加倍增长就好像地球一倍又一倍地缩小一样，一直到最后它缩小到使食物和生活必需品降低到维持生命所必需的水平以下。由于土地报酬递减规律的作用，食物赶不上以几何级数增长的人口。马尔萨斯强调生物学中情欲的不变性，所以，他认为，人口的增加必然要超过生活资料的增长。马尔萨斯认为，工资同样受人口规律支配。假定一国的生产资料恰好能维持该国人民的安乐生活。若人口的增加超过了生产资料的增长，工人的人数也就会超过需求量，这就引起了工资的下降和工人生活的恶化，使人口的繁殖减少，人口增加停止。这时工资水平低，为维持自己的收入必须比过去更加倍地工作，从而激励资本家发展生产，直到生活资料再像原来一样保持同一比例。由于工人生活得到改善，工资又得以提高，对人口的限制因而又放松。工人的工资水平和生活状况就是这样随工人人口的增减而进退，并周而复始地反复下去。

（二）马克思的经济增长理论

马克思在他的著作中没有直接使用过"经济增长"和"经济增长方式"的术语，但是，马克思的理论中蕴藏着其对经济增长的思考，就研究的范围而言，西方经济增长理论中的很多领域，马克思都有过论述。

首先，马克思对劳动生产力变动的分析，实际上就是对经济增长因素的分析。他认为，劳动生产力是由劳动者素质、科学技术、企业组织形式、规模经济和自然资源五个经济增长因素决定的。马克思认为，在不同的经济发展阶段，自然条件的差异制约经济增长。土地和其他自然条件影响自然生产效率的高低。资本积累是经济增长的源泉，在粗放式发展的工业化初级阶段，资本积累是推动经济增长的首要动力。不断地积累资本，不断地把剩余价值转化为资本以扩大生产是资本家作为人格化的资本动机，是资本主义生产方式的内在规律。科技进步可以推动更多的生产要素。马克思多次指出，科技的新发现和新发明在生产中的运用，能极大地提高劳动生产率，增加产品产量，从而不断地促进经济增长。

其次，马克思的劳动理论、剩余价值理论和资本积累理论阐述了资本主义经济增长的性质。资本主义再生产理论、总资本的再生产和流通理论，则分析了实现经济增长的基本条件。马克思所处的时代是数学有了较大发展并开始进入经济研究和成为经济分析的工具时期。从马克思的数学手稿、经济学手稿和《资本论》的成就不难看出，马克思是较早运用数学工具分析经济理论的经济学家之一。正是因为马克思卓越的开拓性研究，西方经济学经过半个多世纪之后，才又开始沿着马克思所开拓的领域向前走。

最后，马克思不仅在许多场合论述了分工的发展、市场的扩大对经济增长和发展的意义，还特别强调制度在经济增长中的作用。马克思强调的制度是指生产关系，其论述主要表现在以下几个方面：

第一，资本主义生产关系对资本主义经济增长的重要性。马克思认为，资本主义生产关系的确立，一方面为生产力的发展开辟了道路，另一方面资本主义制度又成为生产力进一步发展的障碍。

第二，资本主义生产关系决定了资本主义经济增长的性质。在资本主义制度下，随着资本积累的不断增长，造成的后果有两个：一是财富的积累；二是贫困的积累。马克思说："社会的财富即执行职能的资本越大，它的增长的规模和能力越大，从而无产阶级的绝对数量和它们的劳动生产力越大，产业后备军也就越大。可供支配的劳动力同资本的膨胀力一样，是由同一些原因发展起来的。因此，产业后备军的相对量和财富的力量一同增长。"

第三，资本主义生产关系决定了资本主义经济增长方式转换的性质。资本主义生产的目的是剩余价值，资本主义的扩大再生产是扩大剩余价值的生产。外延的扩大再生产和内涵的扩大再生产对资本家而言表现为绝对剩余价值再生产和相对剩余价值再生产。在资本主义条件下，技术的进步，劳动生产率的提高，从而经济增长方式的转变表现为资本家榨取剩余价值方法的改善。

马克思的经济增长和经济增长方式理论是在分析资本主义扩大再生产过程中提出的，他提出的经济增长模式及其对经济增长方式转换的论述对于分析社会主义经济增长、实现经济增长方式的转换具有重要的指导意义。

（三）哈罗德—多马的经济增长理论

古典经济增长理论在建立并发展了约一世纪后，随着经济运行的变化和各种社会历史条件的转变，经济学家的研究视角逐渐从宏观转向微观。在随后的半个多世纪里，虽然财富创造和分配问题也屡屡被提及，但经济增长理论好像被人们忘记，进入了休眠期。直到1929—1933年经济危机席卷整个西方世界，凯恩斯1936年发表了《货币、就业和利息通论》，经济增长有关问题又重新回到人们的视野，受到人们的重视，研究者也日益众多。哈罗德和多马也是在这个背景下，在凯恩斯的理论基础之上发表了自己的论文。他们开始用数理工具建立规范的模型，对经济增长及其影响经济增长的变量进行研究和考察。

哈罗德—多马的经济增长理论从投资的需求效应和供给效应出发，把凯恩斯的短期静态分析长期化和动态化。在其经济增长模型中，经济增长率等于储蓄率与资本产出率之比，资本产出率不变时，则经济增长率与储蓄率成正比，储蓄率的高低直接决定经济增长率的大小。同时，在其模型推理中，他们认为，当经济处于均衡状态时，储蓄必然等于投资，储蓄率提高就是投资率上升，从而促使经济实现增长。

哈罗德和多马的经济增长公式作为西方经济理论中最常用的一种经济增长公式，有其合理的因素。他们采用长期的、动态的分析方法，把凯恩斯的储蓄等于投资的均衡公式加以动态化。正因为动态的分析方法考虑了时间因素的影响，使他们的理论较之凯恩斯的国民收入决定理论更具有说服力及应用价值。他们在论述中提到的关于经济增长率与储蓄、资本产出比率三者之间相互关系的描述，投资既能增加总需求又能增加总供给的观点，以及社会经济既无失业又无通货膨胀并在长期内稳定增长的条件，等等，对于一个国家如何实现经济的稳定增长是有借鉴意义的。此外，哈罗德—多马经济增长模型还可以用来作为制订经济计划的参考。但是，哈罗德—多马模型得出的均衡经济增长在实际的经济系统中是很难实现的，其均衡增长路径如"刀刃"般狭窄。最后，新古典经济增长理论和新经济增长理论也分析了经济增长中储蓄和投资的作用。

（四）新古典经济增长理论

新古典经济增长理论是经济增长理论发展历程中的重要阶段，该理论的基本思想是：在哈罗德—多马模型中，假定为外生不变参数的资本产出率，可以通过资本和劳动的相互替代而加以调整，而资本和劳动的相互替代和资本劳动比率，又是随资本和劳动的相对价格变动的，因而资本主义经济可以通过市场调节来实现哈罗德所说的充分就业均衡增长。新古典经济增长理论的一个显著特点是，该理论具有凯恩斯经济学和凯恩斯以前古典经济学的成分。因此，该理论被称为新古典经济增长理论。新古典增长理论作为经济增长理论中的里程碑，其意义不仅仅体现在新古典经济增长理论的思想性上，更重要的是体现在研究经济增长问题的方法上。

新古典经济增长理论的最著名理论贡献是由索洛做出的。1957年，索洛提出了著名的新古典经济增长方程，即索洛模型。索洛模型采用以下假设：单个投入要素的产出是边际递减的，资本和劳动是可以相互代替的，技术进步是希克斯中性的。经济增长通常被定义为产量的增加，产量既可以表示经济总量，也可以表示人均产量。经济增长的程度一般用增长率来表示。一个国家的长期均衡增长率的决定因素是那些能够决定或影响技术变化率、劳动力增长率和资本形成率的因素，影响这些量的决定因素是经济增长的源泉。

索洛模型为我们提供了资本积累促进经济增长的机制分析，从投资增长促进资本存量增长，再通过生产函数促进经济增长。索洛模型在增长因素分析中，对要素投入的贡献做出了合理的解释。索洛模型认为，由于要素的边际报酬是递减的，所以，从长期来看，任何一种经济都会逐渐达到一个稳定的均衡路径。索洛模型意味着任何经济增长都具有趋同或者收敛的性质，即相对于发达的经济体系，落后的经济体系倾向于有更高的增长速度。索洛认为，造成人均收入差异的主要原因是各国不同的投资率、人口增长率以及外生技术上的差异，技术进步的作用克服了资本边际产出的下降，从而保证了经济的可持续增长。索洛模型认为，经济增长的主要推动力量是技术进步。索洛模型通过生产函数分解的方式将资本、劳动要素贡献之外的剩余贡献归于技术进步的贡献，但模型假设技术进步是外生的，使模型无法解释如各国增长率、各国人均收入水平和实际人均 GDP 增长率存在差异等一些重要的增长事实。

总体而言，索洛的贡献在于在生产函数中引入技术进步因素，并假设资本与劳动之间可以完全替代，这种具有连续性的生产函数使经济学家可以寻找到一种稳定的持续增长路径。

（五）新剑桥经济增长理论

第二次世界大战之后，在与新古典经济增长学派的论战中，剑桥大学的琼·罗宾逊、卡尔多、斯拉法、帕西内蒂等学者提出了与新古典经济增长学派相对立的主张。这个学派被称为剑桥学派。又由于他们的理论观点完全背离了以马歇尔为代表的老一代剑桥学派的传统理论，因此，为了方便区别，他们又被称为"新剑桥学派"。

在与新古典经济增长学派进行论争背景下建立起来的各种新剑桥学派的增长模型有着共同的理论基础，即国民收入在资本和劳动之间分配比例的变动决定了储蓄水平，而储蓄水平又决定经济增长水平，同时一般都具有这样三个基本特征：一是都有一个与资本家和工人之间的收入分配密切联系在一起的储蓄函数；二是投资决策独立于储蓄决策，投资与储蓄的非均衡不仅影响货币领域，更主要的是影响实际生产；三是不存在允许要素替代的任何生产函数以及完全竞争市场。除这些共同特征之外，新剑桥学派中不同学者的观点是有差别的。例如，新剑桥学派的主要代表人物罗宾逊，根本不承认充分就业假设有任何实际根据。而新剑桥学派的另一个代表人物卡尔多则将这一假设当作分析的出发点，并把研究重点放在经济系统在增长过程中是否存在自动走向稳定均衡增长趋向这个问题上。

新剑桥学派的经济学家主张政府应该采用调节资本家的收入（即利润）或工人的收入（即工资）在国民收入中相对份额的方法，来使经济能够实现长期稳定增长。而且，他们强调利用收入再分配手段，尽可能地增加工人的实际收入。如此既可以缩小贫富差距，又可以使社会上不出现生产相对过剩的危机，实现国民经济的稳定增长。

（六）经济增长因素分析

经济增长是一个极其复杂的过程，影响经济增长的因素很多，正确地把握这些因素在经济增长中的作用，对于把握经济增长规律、正确理解现代经济增长是非常重要的。也正因为如此，经济增长因素分析成为现代西方经济增长理论中的重要研究领域。新古典经济增长理论的代表人物索洛 1957 年试图估计资本积累和技术进步对美国 1909—1949 年的经济增长的相对贡献。之后，丹尼森、库兹涅茨等又进一步对经济增长因素进行了更为全面的分析。

丹尼森把经济增长的因素分为两大类：生产要素投入量和生产要素生产率。关于生产要素投入量，丹尼森把经济增长看成是劳动、资本和土地投入的结果，土地要素是不变的，而劳动和资本要素是可变的。关于要素生产率，丹尼森把它看成是产量和投入量之比。要素生产率主要取决于资源配置状况、规模经济和知识进展。具体而言，丹尼森把经济增长的因素归结为六个，即劳动、资本存量的规模、资源的配置状况、规模经济、知识进展和其他影响单位产量投入的因素。

库兹涅茨将一国的经济增长定义为："不断扩大的供应人民所需各种经济商品的生产能力长期提高，而生产能力的提高以先进技术为基础，并按先进技术的要求进行制度和意识形态上的调整。"他认为，商品供应的持续增加是经济增长的结果，而这个结果是应用现代化技术取得的。但技术要得到有效和充分利用，又必须进行制度和意识形态的调整。除此之外，库兹涅茨还强调了知识存量增长在经济增长中的作用，当技术知识和社会知识的存量被利用的时候，它们就成为高增长和迅速结构变动的源泉。库兹涅茨利用大量的历史统计资料，描述和分析了一百多年来世界各主要国家的经济增长特点，以及各种变量的变化趋势和相互关系，提出了许多独特的见解，在西方经济学界影响深远。

古典学派经济增长理论只提出了影响经济增长的若干因素，但没有对各个因素进行数量方面的具体分析。丹尼森和库兹涅茨所研究的现代经济增长理论，把影响经济增长的众多因素具体化和数量化，是对古典经济增长理论的极大丰富与发展。此外，丹尼森和库兹涅茨的经济增长因素分析是基于新古典经济增长理论的，并把这一理论具体化，加入了创造性分析，大大发展和丰富了新古典经济增长理论。当然，丹尼森和库兹涅茨对经济增长因素所做的分析，只是在这一领域做出的初步探索，这一领域中的许多问题，如经济增长因素分类的细化、余值法估算技术进步的局限性，以及对经济增长各个因素之间相互作用的研究等，还没有进一步的展开和进行更深层次的研究。

（七）内生经济增长理论

在包含外生技术进步的新古典经济增长模型中，因为资本的边际报酬递减规律决定了资本积累不能持久进行，从而使均衡增长状态的效率和人均资本的增长率为零，从理论上无法说明持续经济增长问题。如果能够避免资本边际生产力递减现象的出现，保证长期资本积累，就有可能使均衡增长状态的效率和人均资本能够持续增长，在经济增长理论框架中寻找能使资本的边际生产力下限不为零的生产函数就成为新增长理论的重要内容，经济增长理论在此时迎来了内生增长理论的时代。

然而，与新古典增长理论明显不同的是，内生增长理论至今尚未形成一个统一的理论框架。换句话说，内生增长理论还正处于发展之中。但是，不管是人力资本的，还是知识外溢观点研究和开发的观点、以及劳动分工和专业化观点或者是"干中学"观点，按照保罗·罗默的分析，这些因素都会引起规模报酬递增的效应——只是规模报酬体现在资本或者劳动要素上，最终会改变经济增长的新古典性质。内生增长理论大致可以分为以下三个模型：

第一个是知识外溢模型（"干中学"模型）。阿罗（1962）和Sheshinski（1967）通过假设知识的创造是投资的一个副产品来消除报酬递减的趋势。阿罗指出，人们是通过学习而获得知识的，技术进步是知识的产物、学习的结果，而学习又是经验的不断总结，经验的积累体现于技术进步之上。一方面，一个增加了其物质资本的企业同时也学会了如何更有效率地生产，生产或投资的经验有助于生产率的提高——经验对生产率的这一正向影响被称为"干中学"、"边投资边学"；另一方面，一个生产者的学习会通过一种知识的外溢过程传到另一个生产者，从而提高其他人的生产率。一个经济范围内的更大资本存量将提高对每一生产者而言的技术水平。这样，递减资本报酬在总量上不适用，而递增报酬则有可能。

第二个是罗默（1990）、格罗斯曼和赫尔普曼（1991）、阿吉翁和霍惠特（1992）发展的 R&D 模型。这些模型最重要的特点是构建了一个专门用于进行 R&D 的部门，从而知识的积累是独立于资本或者劳动要素之外的一项重要活动。他们称为中间活动，所以，R&D 部门的产出也称为中间产品。

第三个是卢卡斯（1988）的人力资本模型。企业能获得知识的多少不依赖于总资本存量，而依赖于经济的人均资本。卢卡斯假设学习和外溢涉及人力资本，且每一个生产者都得益于人力资本的平均水平而非人力资本的总量。不再考虑其他生产者所积累的知识或经验，而是考虑从与掌握了平均水平的技能和知识的平常人的（自由）互动中得来的收益，这种互动与交流会产生知识的外部性。因此，卢卡斯模型强调，人力资本的外部效应会带来递增收益，从而使人力资本成为增长的"引擎"，成为经济长期增长的源泉。

不同的内生增长理论对于技术进步、经济增长动力来源的解释虽然不同，但是，在经济增长的思想上，这两种模型几乎是一致的。而且从内生增长理论对经济增长主题的回答上，明显可以发现它们与新古典增长理论的不同。

一是内生增长理论在对经济增长的动力来源上几乎都强调技术进步的影响。正如保罗·罗默指出的，技术进步的意义在于产生了规模报酬递增的现象，只有这样，经济增长的动力来源才永远不会减弱。问题只在于经济学家对导致规模报酬递增的来源有不同的解释。

二是内生增长理论的另一个重要意义在于提供了对经济增长趋同性（收敛性）的不同解释。内生增长理论认为，由于技术进步在国家之间的差异性，各国经济增长完全可能是不收敛的（发散的）。内生增长理论可以解释发达国家与发展中国家经济增长上的差异。

（八）制度与经济增长理论

上述经济增长理论主要考虑了物资资本、劳动、人力资本和技术等对经济增长的影响作用。然而，有些情况下尽管我们尽可能地考虑上述因素对一国或地区经济增长的影响，但得出的结论和实际增长数据仍有很大的差距。这就使经济学家不得不再寻找其他的因素，这时很多经济学家把目光投向了制度。

新制度经济学派对传统的经济增长理论提出了挑战。新制度学派认为，资本积累、技术进步等因素与其说是经济增长的原因，倒不如说是经济增长的本身，而经济增长的根本原因在于制度因素，制度是经济发展的决定性因素。以科斯和诺斯为代表的新制度学派把制度因素作为决定经济增长的一个重要内生变量，新制度学派研究了制度和经济增长之间的相关性。

科斯认为，社会成本是交易成本范畴的扩展，人们不仅要在既定的制度框架下促进生产要素的最佳配置，还要在可实现这种配置的各种可供选择的制度安排之间进行选择。自由交易都能使资源达到最优配置，而在正的交易成本下，权力的初始界定对资源配置和经济增长产生影响。科斯研究了法律制度对资源配置和经济运行效率的影响。诺斯认为，科学技术的进步虽对经济增长起着重要作用，但真正起关键作用的是有效率的经济组织，有效率的经济组织需要在制度上做出安排并确立所有权以刺激个人的经济努力变成私人收益率接近于社会收益率的活动。一种能够提供个人刺激的有效经济组织是经济增长的决定性因素，也是西方兴起的原因所在，而在诸多决定这种有效的经济组织的制度因素中产权的作用最为突出。诺斯指出，当技术没有发生重大变化时，只要充分发挥制度因素的作用，就可以促进经济增长。诺斯认为，制度创新能使创新者获得追加利益的现存制度的变革，其动力是个人利益最大化，其实质是通过制度的调整和变革，创新者把握新的盈利机会以实现预期的收益增长，其结果是出现制度均衡。制度创新是一个变量，制度均衡也可能在新的外在条件和潜在的利益下被打破，因此，制度变迁的过程是制度均衡与制度创新交替出现的过程。

随着经济增长理论研究的逐步深入，制度对经济增长的重要性已经得到认可。制度变迁也是影响经济增长的重要因素，但新制度经济学派对制度增长理论的研究没有采用数理模型作为逻辑推理的工具，主要是依靠直觉思维和语义逻辑的分析方法，其理论的科学性因此受到主流增长学派的质疑。国外学者主要是通过计量分析方法来定量分析制度的绩效。近年来，随着计量经济学的发展，制度的计量研究已经成为制度经济学实证研究的热点和难点。

纵观西方经济增长理论研究的发展演变过程，从解释经济增长源泉的角度来看，经济增长理论经历了资本决定论、技术进步论、人力资本论和制度决定理论等发展历程。

二 经济增长质量理论

(一) 经济增长质量理论

总体来说，国外并没有直接的关于经济增长质量的研究方向，但却有着相对成熟的经济增长方面的理论。经济增长理论是基于不同的经济增长实践而发展的。新古典经济增长理论和内生增长理论是基于西方发达国家经济发展的现实而发展起来的，因此，这些经济增长理论不一定适合其他国家的经济系统。而且从不同的经济增长理论中抽象出来的经济增长质量含义也不完全相同。

新古典经济增长理论对经济增长质量的理论贡献，体现在技术进步因素对经济增长的促进作用。作为非物质要素的投入因素，技术进步可以提高生产率，增加产出。技术进步要素对经济增长的贡献可以通过一系列的生产函数测算出来。一系列的相关研究集中于如何测度技术进步在经济增长中的作用。对于内生经济增长理论而言，由于其侧重于技术进步的内生机制研究，相当于将经济增长的质量部分由原来的外生给定变成了内生的不确定性，而且技术进步内生化的指标主要是人力资本、产品种类、产品质量等，这些内生化的指标变化都能反映经济增长过程中经济的效率。因此，经济增长质量也就是这些反映技术进步内生化的指标的变化。上述理论的研究虽然主要基于发达国家的经济增长，但从新古典经济增长理论衍生出来的经济增长质量理论促进了中国经济增长方式的转变，而且内生经济增长理论对研究中国经济增长质量问题也有所启示。

发展经济学更注重经济和社会的可持续发展问题，强调在经济发展过程中对自然资源和环境应该给予更充分的重视。目前，这类问题的研究在国外已经成为研究的热点。在经济增长中是否限制性地合理开发自然资源和保护环境，是评价经济增长是否具有质量的标准之一。这对发展中国家尤其是中国的经济增长具有重要的启示作用。从制度经济学中衍生出来的经济增长质量相关理论的贡献是制度创新能够节约经济系统内的交易成本，提升经济系统的效率。对于制度不完善的国家经济系统而言，有效的制度供给是经济增长质量提高的基础。

虽然不少经济学家注意到经济增长的质量，但是，关于经济增长质量的专著却很少，比较有代表性的是苏联经济学家卡马耶夫于1977年出版的《经济增长的速度和质量》。卡马耶夫对经济增长的理解是："物质生产资源变化过程的总和，以及由此而增加了产品的数量和提高了产品的质量，通常被称为这一社会经济结构的经济增长。"并强调"在经济增长这个概念中，不仅应该包括生产资源的增加，生产量的增长，而且也应该包括产品质量的提高、生产资料效率的提高、消费品的消费效果的增长"。另一本关于经济增长质量的著作是由世界银行的托马斯等著的《增长的质量》。托马斯对增长质量的理解是："作为发展速度的补充，它是指构成增长进程的关键性内容，比如机会的分配、环境的可持续性、全球性风险的管理以及治理结构。"

在国内关于经济增长质量的相关研究方面，以李京文、钟学义等学者为代表的关于中国经济增长质量的研究最具影响力。生产率问题被经济学界认为是最古老的命题之一，但同时又是永远年轻的命题。李京文等（1993）研究了中国经济增长过程中（1953—1990年）生产率的变化，并与美国、日本等国的生产率变化进行了对比。李京文和钟学义（2007）在《中国生产率分析前沿》一书中吸收了国内外生产率研究的系统成果，对生产率提出了一些新的思想和方法，对生产率的内涵进行了全新的"内生化"解释，发展了生产率的新概念，这些研究既体现了中国的特色，又具有国际的可比性，使生产率研究对中国实现"两个根本性转变"具有重大的理论意义和实践意义。钟学义等在《增长方式转变与增长质量提高》一书中把衡量经济增长质量的指标概括为反映经济增长效率的指标（全要素生产率对经济增长的贡献率、投入产出率、劳动生产率及其增长率、资本生产率、物耗指标、能耗指标等）；反映经济增长是否稳定、健康的指标（经济波动情况、通货膨胀率、就业状况、环境污染指标等）和反映经济结构及其变动的指标（产业结构、贸易结构、劳动力结构、地区经济结构等）三个方面。

此外，一些学者从其他视角对经济增长质量问题进行了研究。如任保平（2013）认为，经济增长质量是经济增长理论框架的扩展，经济增长既包括数量型增长，也包括质量型增长，数量型增长和质量型增长是经济增长理论同一问题的两个方面，数量型经济增长追求的是经济增长的速度，而质量型经济增长是在数量增长基础上对优劣程度的价值判断。经济增长质量是增长的效率提高、结构优化、稳定性提高、福利分配改善、创新能力提升，从而使经济增长能够长期得以持续的结果。经济增长质量使经济增长理论从经济增长的最优路径选择扩展到了最佳社会效应和最佳环境效应的实现上；使经济增长理论的概念性框架从要素投入、要素效率提高与产出的关系扩展到了经济增长系统与外界的物质、能量和信息的交换，经济增长系统投入要素的知识技术含量增加和产出效率提高，经济增长部门和组成部分协同作用，经济增长系统自组织能力的提高，经济增长技术进步方式的选择方面，也使经济增长的研究方法论从逻辑实证主义扩展到了规范分析，增添了价值判断，使宏观经济政策从关注短期扩展到了关注长期，从经济政策领域扩展到了社会政策领域和环境政策领域。

进一步地，任保平（2013）认为，中国经济增长要实现从数量增长向质量增长的转变，经济增长质量是对经济增长优劣程度的价值判断，这就需要构建经济增长的价值判断体系。数量型经济增长关注经济系统本身的运行，考察经济增长的源泉和动力，运用实证主义方法论对经济进行客观描述，不涉及价值判断问题。质量型经济增长则以经济增长的结果、前景和持续性为视角，基于规范主义方法论，以一定的价值判断作为出发点和基础，提出行为标准，并以此作为处理经济问题和制定经济政策的依据，探讨如何才能符合这些标准。基于社会伦理原则、文化观念和哲学观点的经济增长质量的价值判断，是经济增长质量的终极价值判断与现实价值判断的统一。经济增长质量的终极价值判断的核心是人的发展，是基于人本主义经济发展观的判断标准，经济增长质量的现实价值判断则是以功利主义为核心的、实现经济高效增长的判断标准。任保平（2013）认为，在对中国经济增长质量进行评价时，应当同时结合终极价值判断与现实性价值判断进行综合考量，从而实现经济增长数量、质量和效益的统一。

国内学术界从不同视角对经济增长理论进行了许多探讨。总体来看，国内关于经济增长质量的相关理论研究呈现出如下特点（刘海英，2005）：一是研究方向主线不清，同一个方向的研究比较发散，不够具体。二是研究纯粹的经济增长理论文献不多，大多数文献基于中国经济增长的现实，研究中国经济增长方式转变、资源配置效率和体制因素等方面的问题。三是研究结论说服力不够。大多数文献在理论研究和现实原因剖析不够深入的情况下就提出了政策性建议。四是经济增长质量的内涵没有统一的界定。在中国经济增长质量研究中，由于对经济增长质量的内涵界定呈现出很大的不一致性，导致对经济增长质量的评价结果没有说服力。

（二）经济增长质量的内涵界定

经济增长既有量的要求，又有质的规定性，是数量和质量的统一。在经济增长理论发展的几百年历史里，一直把经济增长的数量问题当作经济增长的全部内容，所有理论探讨的中心问题几乎都是如何实现经济数量的扩张，但很少讨论经济增长质量的提高。实践中出现的一系列问题，如结构失衡、贫富差距拉大、资源短缺以及环境污染等，使一些研究者开始反思，把这些问题也纳入经济增长的分析中，不再单纯地以国内生产总值的提高作为研究对象，这也就意味着对经济增长质量问题的研究正在展开。目前，对于经济增长质量问题的研究主要集中于经济增长质量内涵的界定和经济增长质量的测度等这些基础性问题的讨论上（钞小静，2009）。

对经济增长质量问题的研究建立在对其内涵的不同理解基础之上，如何对经济增长质量内涵进行界定直接决定了这一问题的研究视角、研究范围以及研究内容。经济增长质量属于一种规范性的价值判断，而且由于人类社会一直处于不断的变化发展之中而使这一范畴成为一个动态概念。因此，对于经济增长质量的内涵非常难以准确界定。从现有研究文献来看，对经济增长质量概念的界定主要存在两种观点：一种观点从狭义上定义经济增长质量，将经济增长质量理解为经济增长的效率，这也是本书的研究逻辑。另一种观点从广义上界定经济增长质量，认为经济增长质量是相对于经济增长数量而言的，属于一种规范性的价值判断。

从狭义的经济增长质量来看，它是指资源要素投入比例、经济增长效果或经济增长效率，也就是进行经济活动时所消耗和使用的要素投入与经济活动总成果之间的比较。对于一定时期的全部经济活动或一项经济活动而言，如果给定投入下的产出越多，或达到一定产出目标所使用的投入越少，就表明经济增长效率越高，经济增长质量越高。狭义的经济增长质量的提高，体现的是经济增长方式的转变。

从广义的经济增长质量来看，不同学者从不同的角度出发，对经济增长质量的内涵存在不同看法。有的学者认为，经济增长质量是指构成经济增长进程的关键性内容，比如机会的分配、环境的可持续性、全球性风险的管理以及治理结构等。有的学者认为，经济增长质量则是与经济增长数量紧密相关的社会、政治及宗教等方面的因素，具体包括受教育水平、预期寿命、健康状况、法律和秩序发展程度以及收入不平等。从广义上界定经济增长质量的研究文献，由于只是从经济增长数量视角出发，把除增长数量以外的各种因素都纳入经济增长质量的范围之中，这就造成了经济增长质量的外延无法确定。

（三）经济增长质量的定量测度

经济增长质量的测度建立在经济增长质量内涵界定的基础上，与现有研究中两种内涵观点相对应而形成两种测度思路：全要素生产率与综合评价指标体系。从狭义效率视角理解经济增长质量的学者大多都采用全要素生产率的变化来度量经济增长质量，而全要素生产率的提高又常常被主要归因于技术进步。目前，全要素生产率的估算方法主要有代数指数法、索洛残差法、隐性变量法以及潜在产出法，其中，潜在产出法可分为两类，即随机前沿分析法和数据包络分析法。现有各种方法对中国全要素生产率的估算表明：1978 年改革开放以来，中国的全要素生产率曾经存在一个基本上升的状态，但 20 世纪 90 年代中期以后呈现出逐渐下降的趋势。

如果从广义视角理解经济增长质量，则相应地对经济增长质量的测度是通过一个综合的评价指标体系来实现的。一般而言，这样的评价体系往往更具有可操作性。综合评价指标体系建立在对广义经济增长质量外延与内涵清晰界定的基础上，而如何对经济增长质量进行度量的真正困难也就在于我们无法区分什么是经济增长质量的内容。由于经济增长质量的外延无法得以确定，导致经济增长质量综合评价指标体系的构建缺乏一个统一、明确的标准，因此，现有文献中对经济增长质量测度指标的选择具有很大的随意性，这使对中国经济增长质量水平的测度结果存在一定程度的偏差（钞小静，2009）。

三　经济收敛理论

近 30 多年来，收敛问题已经成为经济学争论的一个焦点。是否存在收敛？收敛的原因是什么？如何检验收敛？这些问题引起了经济学家的极大兴趣。之所以如此，一是为了判别新古典增长理论与新增长理论哪一个对经济现实的描述更加有效；二是为了澄清是穷国比富国发展得更快，还是贫穷的变得更贫穷，富裕的变得更富裕；三是可为制定和检验有关国家或区域发展政策提供参考（俞培果和蒋葵，2006）。

一般认为，收敛概念源于索洛的新古典增长模型。由于该模型假定资本的边际报酬递减，以及技术具有公共物品性质，于是可以做出这样的推论：一个国家的人均收入距离其经济稳态水平越远，对于资本的回报率越高，人均收入水平增长越快。收敛问题的经验研究由鲍莫尔率先开展。他对马迪森提供的数据集进行了分析。该数据集包含 16 个成功实现工业化的国家，1870—1979 年，每工时真实 GDP、人均真实 GDP 和出口量的数据。回归结果表明，这些国家 1870 年的生产率与其之后年度生产率之间存在强烈的负相关关系。这意味着较落后的国家比较先进的国家经济增长更快。他还对这 16 个国家之外的其他国家也进行了类似分析，结果表明："计划经济在表观上也分享到了收敛，但是，欠发达国家却未表现出收敛。"从此引发了关于收敛问题的长期论争和大量经验检验。

现有文献中占优势的收敛概念有绝对 β 收敛、条件 β 收敛、俱乐部收敛和 σ 收敛四个。绝对 β 收敛是指较贫穷国家或地区与较富裕国家或地区的人均收入水平将随时间推移而趋于同一稳态水平。条件 β 收敛是指每一国家或地区的人均收入将随时间推移趋于各自的稳态水平。俱乐部收敛是指结构特征相似的一组国家或地区人均收入水平向某一稳态水平趋近。σ 收敛是指在不同国家或地区间人均收入分布的分散程度倾向于随时间推移而降低。

这四种收敛概念极不相同。首先，两种 β 收敛概念彼此不相容，绝对收敛是指向同一人均收入水平发展的趋势，意味着经历一个较长时期，世界各国各地区之间人均收入水平将不会存在差异。条件 β 收敛是指向不同人均收入水平发展的趋势，尽管贫富差距在缩小，但差距却永远存在。俱乐部收敛则是绝对 β 收敛与条件 β 收敛的结合。通常认为，具有相似结构特征的国家或地区的人均收入稳态水平非常接近，它强调向同一稳态水平趋近，因而具有绝对 β 收敛的特征；它是按结构特征的相似性分组为条件的，各分组向各自的稳态水平趋近，于是它又兼容了条件 β 收敛的特点。而 σ 收敛却是用在不同时点上，国家或地区间人均收入水平分布距均值的离差来测度人均收入水平的均一化程度，它指的是收入水平离散程度降低的趋势。一般认为，β 收敛是 σ 收敛的必要条件，但非充分条件，而 σ 收敛是 β 收敛的充分条件，但非必要条件。

四 效率理论

（一）古典经济理论关于效率的分析

古典经济理论所处的时期是资本主义生产方式从工场手工业向机器大工业发展的时期，这一时期分工与专业化水平有了较大的提高，商品生产和商品交换也有了较大的发展。正是在这一背景下，才有了古典经济理论的代表人——亚当·斯密的分工理论提出："劳动生产力上最大的改进，以及在劳动生产力指向或应用的任何地方所体现的技能、熟练性和判断力的大部分，似乎都是分工的结果。"斯密进一步认为，社会财富的增加是由于分工提高了劳动生产效率，进而导致了产量的成倍增加。同时，斯密主张生产要素自由流动，推崇自由竞争，因而认为，在"看不见的手"的引导下，生产要素能够自由地在各个部门、各个行业中流动，结果不仅所有者实现了利益的最大化，而且社会资源也在流动中实现了最优配置。根据古典经济理论，可以得出如下结论：劳动分工是效率提高的决定因素，并使企业生产可能性边界向外扩展。

（二）新古典经济理论关于效率的分析

《新帕尔格雷夫经济学大辞典》将效率定义为资源配置效率，认为效率就是在资源和技术条件限制下尽可能地满足人类需要的运行状况。因而，在社会环境中，生产效率价格归根结底与人的目的相联系。斯蒂格利茨在其《经济学》第三版指出："当没人能够在不使另一个人境况恶化的情况下得到改善时，这种资源配置就称为帕累托有效，一般而言，经济学家谈到效率，就是指帕累托效率。"萨缪尔森和诺德豪斯也认为，当社会增加一种物品的产量而不减少另一种物品产量的时候，其生产便是有效率的。沿袭这一基本思想，新古典经济理论从资源配置的角度来研究效率问题。

以马歇尔为代表的新古典经济理论认为，企业只要根据生产函数和成本函数的约束，在一定技术水平和目标成本既定的情况下，通过生产要素最优配置实现产量最大化，或是在产量既定的情况下通过生产要素最优配置实现成本最小化。因此，新古典经济理论的效率就是指帕累托效率，是指如果社会资源的配置已经达到这样一种状态，即任何重新调整不可能在不使其他任何人境况变坏的情况下，使任何一个人的境况变得更好，那么这种资源配置的状况就是最佳的，也就是最有效率的。如果达不到这种状态，即任何重新调整而使某人境况变好的，而不使其他任何一个人的境况变坏，那么说明这种资源配置的状况不是最佳的，是缺乏效率的。如果一个经济体不是帕累托最优，则存在一些人可以在不使其他人的境况变坏的情况下使自己的境况变好的情形。普遍认为，这样低效的产出情况是需要避免的。因此，帕累托效率实质上是市场均衡理论，它认为，完全竞争的自由市场制度是最能够实现均衡和最有效率的。

新古典经济理论关于企业内部效率有以下假设：一是厂商根据生产函数和成本函数进行生产，即厂商总是在既定投入和技术水平下实现产量极大化和单位成本极小化；二是在完全竞争、完全理性和完全信息的市场机制中，最优的生产技术保证成本最小，因而企业内部的生产效率始终可以达到最大限度。新古典经济理论进一步认为，尽管分工能够提高企业效率，但新的工业组织也是效率提高的重要因素。在此基础上，马歇尔更加详细地研究了工业组织是如何提高企业内部效率的。但新古典经济学的效率概念较窄，它强调个人的偏好和主观评价，不依赖于不同投入产出的可度量性。因而，对于经济运行的不完全市场、不完全信息和不完全理性等现实状况而言，帕累托最优只具有理论研究意义。

（三）X 效率理论关于效率的分析

从上述分析可知，新古典经济理论研究的效率就是资源配置的效率。但 20 世纪 30 年代以后，越来越多的研究结果表明，经济运行不仅存在配置低效率，而且还存在非配置低效率，甚至非配置低效率远远超过了配置低效率，正如莱宾斯坦指出："传统的微观经济理论将注意力焦点集聚在市场的配置效率上，以致将一些事实上确实更重要的其他效率排除在外了。"莱宾斯坦将这种组织中不是由市场因素引起的非配置效率称为 X 效率，并且认为，配置效率相对于 X 低效率而言是一个非常不重要的问题，X 效率的改进才是经济增长最主要的方面。可见，X 效率概念是微观意义上的效率范畴，它通过对最基本的经济单位、个人及其行为的分析，对企业、家庭乃至整个国民经济的效率行为进行了研究。虽然 X 效率概念也是建立在一系列假设的基础上，但它从经验事实出发，指出在经济运行中不仅存在配置低效率，而且存在 X 低效率，这对于规范效率范畴具有重要借鉴意义。

（四）西方经济理论关于效率的分析

自 20 世纪 50 年代起，英国开始了对效率的含义和测算方法的研究。在经济学生产理论中，经常采用生产可能集和生产前沿面来描述生产技术。生产可能集是在既定的技术水平下所有可能的投入产出向量的集合，生产前沿面则是在既定技术水平下有效率的投入产出向量的集合，即投入既定条件下的产出最大值或产出既定条件下的投入最小值的集合。库普曼斯（Koopmans，1951）给出了技术有效的定义：如果在不减少其他产出（或增加其他投入）的情况下，技术上不可能增加任何产出（或减少任何投入），则该投入产出向量是技术有效的，技术有效的所有投入产出向量的集合构成生产前沿面。

在西方经济学中，最早系统地研究技术效率理论的是英国剑桥大学的经济学家法雷尔（Farrell）。法雷尔（1957）指出，一个企业的效率包括技术效率和配置效率，技术效率反映企业在既定投入条件下获得最大产出的能力，即生产可能性边界。法雷尔（1957）进而从投入角度给出了较有代表性的技术效率定义："所谓技术效率是指在生产技术和市场价格不变的条件下，按照既定的要素投入比例，生产一定量产品所需的最小成本与实际成本的百分比。"莱宾斯坦（1966）从产出角度给出了技术效率的定义："技术效率是指实际产出水平与在相同的投入规模、投入比例及市场价格条件下所能达到的最大产出量的百分比。"法雷尔和莱宾斯坦对技术效率的定义实质是相同的，即技术效率是生产的实际值与最优值（最大产出和最小成本）的比较，因此，技术效率测度的关键是最优值的确定。这种具有投入和产出最优性质的函数称为前沿生产函数。

在法雷尔和莱宾斯坦之后，很多学者对生产效率的含义进行了拓展和延伸。Kalirajan 和 Shand（1988）认为，经济效率是技术效率和配置效率的综合反映。一个经济决策单元如果同时具有技术效率和配置效率，它就是经济上有效率的，这就意味着如果一个企业在既定投入的条件下能够实现最大的潜在生产力，它就具有技术效率。他认为，配置效率在现行要素的市场供求条件下，是企业为了获得最大可能的净利润而使用不同要素数量比例的能力和意愿。格林（Greene，1993）认为，特定经济体的技术效率水平是通过被观察到的生产以及一些理想的和潜在的生产之间的关系所标志的。具体技术效率的测量是基于可观察的产出与最大产出或最有效的产出前沿的背离。如果一个经济体的实际生产点位于生产前沿之上，那它是技术上最有效率的；如果它位于生产前沿之下，则它是技术上无效率的，这是用实际产出与潜在产出的比率来定义每个经济体的效率水平。

怀特塞尔（Whitesell，1994）指出，经济效率是一个经济体在既定的生产目标下的生产能力，也就是指在恰当的生产可能性曲线上恰当的点。它可以分为技术效率和配置效率。技术效率是指在给定技术和投入要素的情况下，实际产出与潜在产出的比较。配置效率是指投入要素的组合按成本最小化的方式进行，即按照要素在不同使用方式下的边际要素替代率相等的方式进行。一种经济可以是技术上有效率但配置效率比较低；反之亦然。但有时候这两种效率很难区分开来。蒂莫西·J. 科埃利等（2002）认为，投入选择中的配置效率涉及在最低成本水平上（给定通行的投入价格）生产给定产出量时，对投入组合（劳动力和资本）的选择，配置效率和技术效率共同组成经济效率的全面测量。托马斯·G. 罗斯（1993）根据微观经济理论中的经济效率理论研究中国的经济效率概念，并把经济效率分为三种效率：配置效率、技术效率和动态效率。20 世纪 60 年代，诺斯从制度变迁角度提出了制度效率概念，从而开创了新制度经济学的效率观，把以往对效率的关注点从经济效率转移到制度效率上。

从上述分析可以看出，西方经济理论的效率概念与古典经济理论、新古典经济理论等概念本质是相同的，即如何最大限度地利用投入实现产出。不同的是，西方经济理论对生产效率的研究从多个角度进行。

通过上述理论的对比发现，效率可以采用不同的方式定义，如配置效率、技术效率、经济效率、X 效率等。虽然不同的定义有着不同的含义，但它们的本质却是相同的，即如何最有效地利用投入实现产出（陶春海，2010）。

第三节　研究思路与研究框架

一　研究思路

本书从效率和生产率视角研究中国经济增长质量、绿色发展及地区差距问题，探讨中国经济增长的速度、效率、结构与效益之间的关系，以期达到在稳定增长中提升质量效益，在低碳转型中推动绿色发展，在促进改革中实现地区协调发展的目的。具体来说，主要包括三个方面的内容：

（一）中国经济增长质量研究，达到在稳定增长中提升质量效益的目的

主要研究中国经济增长效率和经济结构问题。一是以 1978—2007 年省际面板数据为基础，采用基于对数型柯布—道格拉斯生产函数

（C—D 生产函数）的随机前沿分析方法（SFA）测度经济增长效率，考察对外经济开放度、金融发展等因素对经济增长效率的影响机制。二是对 1998—2008 年人力资本及其结构进行度量分析，采用基于对数型C—D 生产函数的 SFA 方法，对人力资本、人力资本结构与经济增长效率之间的关系进行研究。

（二）中国绿色经济绩效研究，达到在低碳转型中推动绿色发展的目的

从地区、产业等不同视角，采用绿色 GDP 估算、SBM – Undesirable 模型、Malmquist – Luenberger 生产率指数（以下简称 ML 生产率指数）等多种研究方法对节能减排约束下中国绿色经济绩效进行分析。一是将环境污染排放及治理同时纳入效率测算框架，在构造环境综合指数测算相对绿色 GDP 的基础上，采用超越对数型 SFA 技术，对 1998—2008 年中国绿色经济绩效及其影响因素进行分析。二是既考虑资源环境约束，也考虑投入产出的松弛性问题，构建 SBM – Undesirable 模型测度中国绿色经济绩效，考察产业结构、能源结构及效率、环境治理强度及能力等因素对绿色经济绩效的影响机制。三是构建一个能同时包含"稳增长""低能耗""低排放"多元目标的可持续发展分析框架，基于 1985—2010 年全国 30 个省份投入产出面板数据，运用基于方向性距离函数的ML 生产率指数和增长核算法，对中国经济低碳转型绩效进行评估。四是在构建 SBM – Undesirable 模型基础上，着重对西部地区的经济增长效率进行分析，研究产业结构、能源结构及效率、环境治理强度及能力等因素对西部经济增长效率的影响机制。五是使用跨产业面板数据，对1999—2009 年中国经济总体 8 大部门和工业 18 个分行业的生产率增长以及劳动、资本要素的配置效率进行测算、比较和分析，考察生产率增长、要素重置与经济增长效率之间的关系。

（三）中国地区经济差距研究，达到在促进改革中实现地区协调发展的目的

主要研究中国地区经济差距的演变轨迹及其来源分解问题。一是研究 1978—2010 年中国地区经济差距的演变轨迹，基于泰尔指数的四大地区分解法和基于基尼系数的八大地区分解法研究中国地区经济差距的来源。二是在运用基于方向性距离函数的 ML 生产率指数对中国全要素生产率（TFP）进行再估算的基础上，从新古典经济增长理论视角，对

改革开放以来中国地区经济差距的演变轨迹及来源进行研究。

二 研究框架

本书共有 13 章, 分为三个主要部分。第一部分为不考虑资源环境约束的中国经济增长质量及其影响因素研究, 主要分析了对外经济开放度、金融发展、人力资本及其结构等因素对不考虑资源环境约束的中国经济增长质量的影响, 主要包括第三章至第五章。第二部分为中国绿色经济绩效研究, 主要研究在考虑资源和环境双重约束下中国经济增长质量的测度及其影响因素问题, 从区域、产业等不同视角, 采用绿色 GDP 估算、SBM - Undesirable 模型、ML 生产率指数等多种研究方法对中国经济增长效率进行研究, 主要包括第六章至第十章。第三部分为中国地区经济差距研究, 主要对中国地区经济差距的演变轨迹、地区分解、来源分解等方面进行研究, 主要包括第十一章和第十二章。各章的主要研究内容如下:

第一章为绪论, 主要介绍本书的选题背景、研究意义、研究思路、研究框架、研究方法、理论基础等。

第二章为中国经济增长特征的现实考察, 主要分析了中国经济增长存在的 "高投入、高增长、高能耗、高排放" 四大特征, 从而引出本书关于中国经济增长质量——"低效率" 的分析讨论。

第三章以 1978—2007 年省份面板数据为基础, 运用基于对数型 C—D 生产函数的 SFA 方法研究中国地区经济增长效率及其影响因素。研究发现: (1) 中国经济增长技术效率水平整体偏低, 处于技术非效率状态。(2) 中国经济的高速增长主要是靠资本驱动的。(3) 中国经济增长技术效率地区差异明显, 但这种地区差异正在缩小。(4) 对外经济开放度对经济增长技术效率具有促进作用, 但影响力度不大, 且外资依存度的影响力度略高于贸易依存度。(5) 金融机构存款业务对中国经济增长技术效率的提高却具有促进作用, 而贷款业务对技术效率的提高却具有抑制作用, 但整体上看金融发展对技术效率的提高具有较大的促进作用。

第四章运用基于对数型 C—D 生产函数的随机前沿技术, 对中国1985—2007 年平均人力资本存量、人力资本构成与技术效率之间的关系进行了实证研究。结果发现, 在人力资本构成中, 仅有接受过大学教育的人力资本部分对技术效率增长具有显著的促进作用。平均人力资本存量作为一个整体也与技术效率显著正相关。

第五章对 1998—2008 年人力资本及其结构进行了度量分析。采用随机前沿分析（SFA）模型，对人力资本、人力资本结构与地区经济增长效率之间的关系进行了研究。结果发现，此期间人均受教育年限不断提高，人力资本结构不断优化升级，居民受教育程度不断提高，但地区差异明显；对人力资本存量的投资能促进经济增长效率的改善，但改善力度不大；人力资本及其结构对经济增长效率的当期作用不明显，存在滞后效应；在人力资本构成中，接受过高等教育的人力资本对经济增长效率改善具有较大的促进作用；受产业结构、产业转移、劳动力流动等因素影响，人力资本结构的经济增长效应存在地区差异。

第六章将环境污染排放及治理同时纳入效率测算框架，在构造环境综合指数测算相对绿色 GDP 的基础上，采用超越对数型随机前沿模型，对 1998—2008 年环境约束下的中国经济增长效率及其影响因素进行分析。研究发现：（1）中国经济增长效率呈上升趋势，但效率较低，仍有较大的提升空间，且存在地区差异。（2）忽略效率影响因素会低估效率，但加入环境约束会降低效率。（3）FDI 和对外贸易对效率改善有显著的促进作用，引进外资和发展对外贸易没有使中国成为"环境污染天堂"。（4）工业化进程促进了效率改善，但在环境约束下该促进作用受到制约，表明中国工业增长模式亟须改变。（5）非国有经济成分的上升有利于效率改善，应当继续深入产权结构改革，加快非国有经济发展。（6）环境污染治理强度对环境约束下的效率改善具有促进作用，而不考虑环境约束时反而具有抑制作用。（7）政府对市场的过度干预会损害效率，政府应当积极转变职能。

第七章在构建基于产出角度的 SBM – Undesirable 模型基础上，从效率视角对节能减排约束下的中国绿色经济绩效进行研究。主要结论有：考察期内节能减排约束下中国经济增长平均效率不容乐观，仍有17.8% 的提升空间；效率较低的省份全部为西部省份，但效率较高的省份未必全部为东部省份，个别西部省份在一些年份均处于生产前沿；中国经济增长效率地区差异明显；产业结构、能源效率、环境治理强度及能力对经济增长效率具有显著的促进作用；能源结构对经济增长效率具有显著的抑制作用；各因素对不同地区经济增长效率的影响有所不同。

第八章构建了一个能同时包含"稳增长""低能耗""低排放"多

元目标的可持续发展分析框架，基于 1985—2010 年全国 27 个省份投入产出面板数据，运用基于 DDF 的 ML 生产率指数和增长核算法，对中国经济低碳转型绩效进行评估。研究发现：不考虑环境因素会高估生产率及其对经济增长的贡献，从而对中国低碳转型绩效做出较为乐观的判断；绿色全要素生产率（GTFP）增长主要源于技术进步，且受制度因素水平效应影响，考察期内 GTFP 增长率呈现"先升后降再平稳"的时间趋势特征；GTFP 是经济增长的重要驱动力之一，考察期内中国经济低碳转型绩效明显，受边际转型成本影响，近年来有趋缓回落趋势，中国仍属于资本和能源双重驱动的粗放型经济增长方式；中国经济低碳转型绩效地区差异明显，部分欠发达省份也表现出了较高的转型绩效，但这种地区差距具有相对稳定性，仅在两次危机期间表现出了较大的波动。

第九章在构建基于产出角度的 SBM – Undesirable 模型的基础上，对节能减排约束下中国西部地区经济增长效率及其影响因素进行研究。主要结论有：节能减排约束下西部地区经济增长效率平均水平为 0.758，仍有 24.2% 的提升空间；从分省份来看，除云南和青海处于生产前沿以外，其余各省份经济增长效率均有待于进一步改善；从分地区来看，西部地区经济增长效率水平低于全国平均水平，但略高于中部地区，这可能得益于"西部大开发"战略的实施；产业结构、环境治理强度及能力对经济增长效率具有促进作用，而能源结构和能源效率对经济增长效率具有显著的抑制作用。在西部地区经济发展中，应当重视产业结构调整和环境治理，同时要认识到提高能源效率、改善能源结构的紧迫性和重要性。

第十章使用跨产业面板数据，对 1999—2009 年中国经济总体 8 大部门和工业 18 个分行业的生产率的增长以及劳动、资本要素的配置效率进行测算、比较和分析。发现经济总体全要素生产率（TFP）在 2008 年后呈下降趋势，劳动要素的配置效率随着生产率的增长而增长，但资本要素配置效率却为负数。工业行业绿色 TFP 在 2005 年后下行趋势明显，劳动、资本要素的配置效率均为负值。在构建回归模型对 TFP 增长、要素重置效应对经济增长的贡献进行估算后发现，TFP 增长对中国经济增长具有显著正效应，要素重置效应的贡献则为负。问题的存在充分说明当前转变经济增长方式和经济结构战略性调整的重要性与紧迫性，技术进步与结构变迁作为促进经济增长的两大"引擎"应该交互作用，在未来的经济增长中继续发挥积极的作用。

第十一章研究 1978—2010 年中国地区经济差距的演变轨迹及地区来源。研究发现：改革开放以来，中国地区经济差距的演变轨迹已由"U"形转化为倒"N"形，1990 年和 2003 年是两个拐点；地区间经济差距是中国地区经济差距的主要来源，但地区内经济差距已成为中国地区经济差距的主要构成；西南地区、长江中游和黄河中游是当前中国实现地区经济平衡发展和整体经济协调发展应当重点关注的地区，其中，西南地区和长江中游两大地区是亟待关注的重中之重，加快西南地区的发展是缩小中国地区经济差距的关键；研究还表明，要继续推进西北地区和东北地区的发展，要重视南部沿海地区的发展。

第十二章在运用基于 DDF 的 ML 生产率指数对资源环境约束下中国TFP 进行再估算的基础上，对改革开放以来地区经济差距的演变轨迹及来源进行了扩展研究。研究发现：不考虑环境约束会高估 TFP 及其对经济增长的贡献，但 TFP 已成为经济增长的重要驱动力；中国地区经济差距的演变轨迹已由"先减小后增加"转化为"先减小后增加再减小"，1990 年和 2003 年是两个拐点；尽管地区间经济差距对地区经济差距的贡献呈现"先升后降"的趋势，但仍是地区经济差距的主要来源；地区内经济差距对地区经济差距的贡献呈现"先降后升"的趋势，已成为地区经济差距的主要构成部分；要素投入是造成地区经济差距的主要原因，但其作用在减弱，而 TFP 在地区经济差距中的作用在增强。

第十三章是主要结论与研究展望部分，总结了本书的主要结论，展望了未来的研究重点。

第四节　研究方法

本书涉及的主要研究方法有随机前沿分析方法（SFA）、数据包络分析方法（DEA）、主成分分析法和方差分解法等。

一　随机前沿分析方法

随机前沿分析（Stochastic Frontier Approach，SFA）始于对生产最优化的研究。传统经济学将生产主体视为最优化者，能够在既定的资源供给及技术约束下使产出最大化；或者在既定的投入价格和技术约束下，针对特定的产出使成本最小化；或者在既定的投入和产出价格及技术约束下实现利润的最大化。在该研究框架下，传统的计量经济实证研究把任何对最优状态的偏离都归结为随机统计噪声的影响。但是，在实践活动中，由于内部、外部种种因素的影响，生产主体几乎无法实现最优化的目的。这就使研究者重新审视生产、成本以及利润前沿偏离传统函数的课题，做出新的假设：在理论上，生产主体最优化的动机不变，但是，允许最优化失败；在实证上，使限定生产、成本和利润关系的模型适应非最优化状态；由此界定为并非所有的生产者都是技术有效的。并将生产前沿定义为在既定的技术水平下不同的产出量对应的最小投入成本或者不同的投入成本对应的最大产出量所形成的边界线。生产前沿提供了评价生产表现的标准：那些沿着边界线的生产者是技术有效的（生产效率等于1），而低于生产边界线的任何点所对应的生产者是技术无效的（生产效率小于1），类似的可以定义为成本前沿、收入前沿和利润前沿。

这种传统的函数到前沿分析转变的计量经济学意义在于：当我们在分析生产者行为时，误差项不再是均值为0的对称分布，与边界线联系的误差项称为复合误差项，由传统的对称分布误差项与新的单边误差项组成。由于环境因素是随机的，那么有利与不利的生产环境均是有可能存在的，因此重新构建的生产、成本、利润前沿也是随机的，并使用传统的对称分布误差项来捕捉环境因素的影响；而单边误差项则用于测度生产者技术是否有效。这种复合误差项不可能是对称分布的，其均值不为0，在考察生产、收入、利润情形下为负，考察成本时为正。正是基于随机前沿模型的根本特点，随机前沿模型的理论研究大多围绕复合残差项而展开。

对随机前沿分析发展起到直接影响作用的是有关生产效率的理论文献。20世纪50年代，以库普曼斯（1951）、德布鲁（Debreu，1951）和谢泼德（Shephard，1953）为代表，他们提出了技术效率的定义：当且仅当不减少其他产品产量或者不增加投入成本的条件下，生产才是具有技术效率的。德布鲁（1951）和谢泼德（1953）引入距离函数（Distance Function）构建多元产品技术模型，本质上是测量生产偏离边界径向距离的重要方法。距离函数与技术效率测量的结合对效率测量起到了关键纽带作用。受库普曼斯（1951）和德布鲁（1951）启发，法雷尔（1957）首次实证测量了生产效率。法雷尔（1957）测量了美国农业的成本效率，并且说明如何将成本效率分解为技术效率和配置效率两个部分。尽管没有采用计量经济学方法，但法雷尔被认为是技术有效性与经济有效性测度的先驱。正是因为法雷尔对于线性规划方法的运用，最终影响了查尼斯等（Charnes et al.，1978）为代表的数据包络分析研究的发展。受法雷尔贡献的启发，Aigner 和 Chu（1968）、Seitz（1971）、Timmer（1971）、Afriat（1972）和 Richmon（1974）的研究成果直接引领了随机前沿分析理论的发展。他们估计生产前沿运用的方法可以归纳为线性规划方法和修正的最小二乘法两种，这两种方法均要求残差为负。

随机前沿分析最早出现于比利时 Meeusen 和 Broeck（1977）以及美国艾格纳（Aigner et al.，1977）几乎同时发表的两篇论文上，同年，澳大利亚的巴特斯和科拉（Battese and Corra，1977）发表了第三篇关于随机前沿分析的学术论文。一般认为，这三篇论文的发表标志着随机前沿方法的诞生。随机前沿分析方法（SFA）是测算效率的一种常用参数方法，主要有对数型 C—D 生产函数和超越对数型 C—D 生产函数两种形式。本书主要采用 SFA 方法研究不考虑资源环境约束下的中国经济增长效率及其影响因素。

二 数据包络分析方法

数据包络分析（Data Envelopment Analysis，DEA）方法是基于投入产出数据的相对有效性评价方法。该方法的基本思想起源于法雷尔（1957）对生产率的研究，他指出，前人对决策单元（Decision Making Units，DMU）生产率的研究工作没有综合考虑多投入和多产出的情形，存在诸多的局限性，基于此，法雷尔将生产率的概念扩展到了生产效率。

目前，DEA 方法已经成为多投入多产出情形下决策单元相对有效性和规模收益等方面应用最为广泛的数理方法之一。DEA 方法的应用对象是同类型的决策单元，所谓同类型的决策单元是指决策单元具有以下三个方面的特征：一是它们具有同样的目标和任务；二是它们具有同样的外部环境；三是它们具有同样的投入和产出指标。每一个决策单元都代表着一定的经济意义，在将投入转化为产出的过程中，实现自身的目标。DEA 方法中包含着若干关键因素,这些关键因素决定 DEA 模型的具体形式和用途,这些具体的要素包括:一是生产可能集(Production Possibility Set,PPS),生产可能集可以假定为规模收益不变、规模收益可变、规模收益递减、规模收益递增等;二是测度,即在给定偏好的基础上测量决策单元绩效好坏的某种测量测度,包括径向测度、非径向测度等;三是偏好,常用的偏好有帕累托偏好、平均偏好、矩阵偏好等;四是变量类型,决策单元的投入产出数据可以有不同的类型,如不可控变量、有界变量、负向变量等;五是问题的层次;六是数据是不是确定的。以上六个要素的组合,可以形成不同的 DEA 模型,用于解决不同的问题(杨国梁等,2013)。

DEA 方法把单投入单产出的工程效率概念推广到了多投入多产出同类决策单元的有效性评价中去,极大地丰富了微观经济中的生产函数理论及其应用技术,同时在避免主观因素、简化算法和减少误差等方面也有着不可低估的优越性。该方法一出现,就以其特点和优势受到学术界的高度关注,不论在理论研究还是在实际运用方面都得到了快速发展,并取得了多方面的成果,已经成为管理科学、系统工程和决策分析以及评价技术等领域中一种常见且非常重要的分析工具和研究手段(马占新,2010)。本书着重于 Malmquist 生产率指数、ML 生产率指数、SBM 模型和SBM - Undesirable 模型的应用。

(1)基于 DEA 的 Malmquist 生产率指数和 ML 生产率指数。这两个指数都是测算效率的常用非参数方法,均可以将生产率指数分解为技术效率和技术进步两个方面,从而进一步分析经济增长源泉。Malmquist 生产率指数在核算效率时没有将环境因素作为"坏产出"来处理,而ML 生产率指数则将环境因素纳入"坏产出"范畴进行分析。本书主要采用这两种方法分别核算中国经济增长效率,将其结果进行比较分析,从而刻画资源环境因素对中国经济增长效率的内生影响。

(2)SBM 模型和 SBM - Undesirable 模型。这两个模型也是用于测算效率的非参数模型,属于 DEA 模型中的类型。DEA 测度效率的模型可以分成四类(Cooper et al.,2007):径向的和角度的、径向的和非角度的、非径向的和角度的、非径向的和非角度的。其中,径向是指投入或者产出按照同比例变动,径向的 DEA 模型不能充分考虑投入和产出的松弛性问题,而角度是指基于投入或产出角度的假设。ML 生产率指数属于径向 DEA 模型，这样不能充分考虑投入和产出的松弛性问题，因而度量的效率值也是有偏的。SBM 模型考虑了投入和产出的松弛性问题，而 SBM – Undesirable 模型还考虑了环境因素等"坏产出"。本书主要采用这两种方法分别核算中国经济增长效率，将其结果进行比较分析，目的在于进一步刻画资源环境因素对中国经济增长效率的内生影响。

随机前沿分析方法和数据包络分析方法有一些共同点，也有不少不同点。就 SFA 和 DEA 的共同点而言，它们的共同基础是距离函数，都是在通过构造生产前沿的基础上度量技术效率的，且度量出的结果均是相对效率，其效率值在样本内部具有很强的可比性。两种方法的不同点主要表现在以下几个方面（李双杰和范超，2009）：

（1）两种方法的基本假设和模型扩展的复杂程度不同。SFA 模型的基本假设较为复杂，需要考虑生产函数、技术无效率项分布的具体形式，这直接导致模型很难做进一步的扩展。因为复合误差项的密度函数形式复杂，相应的似然函数更加复杂，这给参数估计带来了诸多计算上的困难。此外，由于 SFA 模型假设较为复杂，因此，对投入产出数据的要求较高，若投入产出数据不符合模型的基本假设，则会导致计算失败和结果有偏。而 DEA 的主要优点是不需要考虑生产前沿的具体形式，仅仅需要投入产出数据即可，模型很容易做其他形式的扩展，目前已经有上百种 DEA 模型。

（2）两种方法对实际产出的解释和处理方法不同。SFA 最主要的优点是考虑了随机因素对于产出的影响，实质上是将实际产出分为生产函数、随机因素和技术无效率三部分；而 DEA 的最大缺点是把实际产出小于前沿产出的原因全部归结于技术效率方面，忽略了随机因素对于产出的影响，实质上是将实际产出分为生产前沿和技术无效率两部分。但 DEA 的一个优点是能直接处理多产出情况；而 SFA 处理多产出则较为复杂，需要将多产出合并成一个综合产出或者利用距离函数来解决。

（3）两种方法构造生产前沿的方法不同。SFA 的基本思想是利用生产函数和随机扰动项构造出随机生产前沿；而 DEA 是根据决策单元的投入产出数据，选出一个或几个决策单元作为技术有效点，进而构造出生产前沿。对于面板数据，SFA 是根据所有周期的数据仅构造出一个统一的生产前沿；而 DEA 是每个周期各构造一个生产前沿。SFA 是通过极大似然法估计出各个参数值，然后用技术无效率项的条件期望作为技术效率值，其结果一般不会有效率值为 1 的决策单元；而 DEA 是通过线性规划计算出效率值，其结果至少有一个效率值为 1 的决策单元。SFA 可对结果做相应的统计检验或者求相应的置信区间；而 DEA 则不可以。此外，若样本容量很大，这些样本可能会因为不满足线性规划的一些基本假设而最终导致 DEA 的计算失败；而 SFA 中使用的极大似然估计法估计出的参数具有大样本的相合性，因此，SFA 更适合大样本计算。

（4）两种方法计算结果的稳定性不同。从方法论上考虑，SFA 是用极大似然估计法来估计出各个参数后，进而用条件期望最终计算出各个决策单元的技术效率，该方法充分利用了每个样本的信息并且是"同等"对待每个样本。因此，SFA 的计算结果较为稳定，不易受异常点的影响。对于面板数据而言，由于 SFA 是仅构造出一个前沿面，因此即使某一周期数据整体都有异常，对全部结果的影响也不是很大。而 DEA 计算结果的稳定性较差，容易受异常点的影响。这主要是由于 DEA 是通过技术有效的样本来构造前沿的，因此，这些样本的信息就最终决定了前沿面的形状，进而很大程度上决定了整体的计算结果。若这些样本存在异常点，通常对结果有较大的影响。

（5）两种方法可获得的相关经济信息不同。SFA 方法除能够计算技术效率外，还可以通过参数值求出投入的产出弹性和规模报酬情况；而在 DEA 模型大多仅可求出规模效率和规模报酬情况。

（6）两种方法分析影响效率因素的方法不同。通常在计算出技术效率后会进一步分析影响效率的因素。对于 SFA，只需将技术无效率项表示成影响因素的线性形式后，在原有模型中即可完成对影响因素各个参数的估计；而对于 DEA，通常需要分为两阶段：第一阶段是计算其技术效率，第二阶段是以技术效率为因变量，以影响因素为自变量，通过二元离散选择模型进行分析。因此，在分析影响效率因素上，SFA 更为方便。

三　主成分分析法

主成分分析法的基本思想是：构造原始变量的适当线性组合，以产生一系列互不相关的新变量，从中选出少量几个新变量，并使它们含有足够多的原始变量带有的信息，从而使这几个新变量代替原始变量分析问题和解决问题成为可能。主成分分析法的计算步骤如下：

第一，为了消除由于量纲不同可能带来的影响，需要对原始数据进行标准化处理，即令：

$$X_i^* = \frac{X_i - u_i}{\sigma_i}$$

其中，u_i 和 σ_i 分别是指标 X_i 的样本均值和标准差。

第二，计算相关系数矩阵 R 及其特征值 λ_1，λ_2，$\cdots$，λ_P 和正交单位化特征向量。

第三，选择主成分的个数 m。确定主成分的个数，一般是使前 k 个主成分的累计方差贡献率达到一定的要求，通常大于 85% 即可。第 k 个主成分的方差贡献率表示它提取的原始 p 个指标的信息量的大小，因此，前 k 个主成分的累计方差贡献率越大，说明它所包含的原始信息量越多。

第四，求主成分载荷矩阵。有时为了使指标在主成分上的负荷具有明显的倾向性需要进行因子旋转。

第五，求主成分。由正交单位化特征向量组成的主成分为：

$$F_i = e_{1i}X_1^* + e_{2i}X_2^* + \cdots + e_{pi}X_p^*$$

其中，e_{pi} 为第 i 个观测对象的 p 个指标的正交单位化特征向量。

第六，计算各个主成分以及综合主成分得分及排名。

主成分分析法具有以下优点：

（1）可以消除评价指标之间的相关影响。因为主成分分析在对原指标变量进行变换后，形成了彼此相互独立的主成分，实践证明，指标之间的相关程度越高，主成分分析效果越好。

（2）可以减少指标选择的工作量。其他评价方法难以消除指标之间的相关影响，而主成分分析法可以消除指标之间的这种相关影响，因而在指标选择方面要容易许多。

（3）可以减少计算工作量。主成分分析中各主成分是按照方差大小依次排序的，因此，在分析问题时，可以舍弃一部分主成分，只选择方差较大的几个主成分来代表原变量，从而减少了计算工作量。

在应用主成分分析法进行综合评价时，应确保评价对象的个数要大于评价指标的个数。本书主要采用主成分分析法核算相对绿色 GDP。

四 方差分解法

本书分别采用基尼系数、变异系数和泰尔指数测度中国 1978—2010 年地区经济差距的演变轨迹，采用方差分解法分析 1986—2010 年中国地区经济差距中要素（资本、劳动和能源）投入效应、技术效率效应和技术进步效应的贡献，从而找出导致中国地区经济差距的主要因素。

第二章 中国经济增长特征的现实考察

第一节 中国经济增长的"高投入"特征

中国经济增长的"高投入"特征主要体现在劳动力投入和资本投入两个方面。劳动力投入增长是改革开放以来中国经济快速发展的重要推动力量。表 2-1 显示，1978—2013 年，中国经济活动人口和就业人员总数均近乎增长了一倍，其中，经济活动人口从 4 亿多一点增长至近 8 亿，就业人员总数从约 4 亿人增长至 7.7 亿人。从就业人员产业构成来看，改革开放以来，第一产业吸纳的社会就业人员比重逐步降低，从 1978 年的 70.5% 逐步下降至 2013 年的 31.4%，第二产业和第三产业吸纳的社会就业人员比重则逐步提升，且第三产业已经超过第一产业和第二产业，成为吸纳社会就业的第一主导产业。相关研究表明，"人口红利"是仅次于资本投入的推动中国经济增长的第二推动力。

表 2-1　　按三次产业分中国就业人员数（1978—2013 年）

年份	经济活动人口（万人）	就业人员数（万人）	产业构成（%）		
			第一产业	第二产业	第三产业
1978	40682	40152	70.5	17.3	12.2
1979	41592	41024	69.8	17.6	12.6
1980	42903	42361	68.7	18.2	13.1
1981	44165	43725	68.1	18.3	13.6
1982	45674	45295	68.1	18.4	13.5
1983	46707	46436	67.1	18.7	14.2
1984	48433	48197	64.0	19.9	16.1

续表

年份	经济活动人口（万人）	就业人员数（万人）	产业构成（%）		
			第一产业	第二产业	第三产业
1985	50112	49873	62.4	20.8	16.8
1986	51546	51282	60.9	21.9	17.2
1987	53060	52783	60.0	22.2	17.8
1988	54630	54334	59.3	22.4	18.3
1989	55707	55329	60.1	21.6	18.3
1990	65323	64749	60.1	21.4	18.5
1991	66091	65491	59.7	21.4	18.9
1992	66782	66152	58.5	21.7	19.8
1993	67468	66808	56.4	22.4	21.2
1994	68135	67455	54.3	22.7	23.0
1995	68855	68065	52.2	23.0	24.8
1996	69765	68950	50.5	23.5	26.0
1997	70800	69820	49.9	23.7	26.4
1998	72087	70637	49.8	23.5	26.7
1999	72791	71394	50.1	23.0	26.9
2000	73992	72085	50.0	22.5	27.5
2001	73884	72797	50.0	22.3	27.7
2002	74492	73280	50.0	21.4	28.6
2003	74911	73736	49.1	21.6	29.3
2004	75290	74264	46.9	22.5	30.6
2005	76120	74647	44.8	23.8	31.4
2006	76315	74978	42.6	25.2	32.2
2007	76531	75321	40.8	26.8	32.4
2008	77046	75564	39.6	27.2	33.2
2009	77510	75828	38.1	27.8	34.1
2010	78388	76105	36.7	28.7	34.6
2011	78579	76420	34.8	29.5	35.7
2012	78894	76704	33.6	30.3	36.1
2013	79300	76977	31.4	30.1	38.5

注：经济活动人口是指在16周岁以上、有劳动能力、参加或者要求参加社会经济活动的人口，包括就业人员和失业人员。就业人员是指在一定年龄以上、有劳动能力、为取得劳动报酬或经营收入而从事一定社会劳动的人员。

资料来源：《中国统计年鉴》（2014）。

　　资本投入增长是改革开放以来中国经济快速发展的第一推动力量。表 2 - 2 显示，1995—2013 年，中国全社会固定资产投资增长迅猛，从 1995 年的 2 万亿元多一点快速增长至 2013 年的近 45 万亿元，年均增长率达到 20% 以上，2009 年甚至达到了 30%，远远超过了同期中国 GDP 的年均增长速度。大量研究表明，改革开放以来，中国经济增长是资本驱动型的粗放型经济增长方式，资本投入对经济增长的贡献高达 70% 以上。

表 2 - 2　　　　全社会固定资产投资及其增长率（1995—2013 年）

年份	全社会固定资产投资（亿元）	全社会固定资产投资年均增长率（%）
1995	20019.3	—
1996	22974.0	14.8
1997	24941.1	8.6
1998	28406.2	13.9
1999	29854.7	5.1
2000	32917.7	10.3
2001	37213.5	13.1
2002	43499.9	16.9
2003	55566.6	27.7
2004	70477.4	26.8
2005	88773.6	26.0
2006	109998.2	23.9
2007	137323.9	24.8
2008	172828.4	25.9
2009	224598.8	30.0
2010	278121.9	23.8
2011	311485.1	12.0
2012	374694.7	20.3
2013	446294.1	19.1

第二节　中国经济增长的"高能耗"特征

　　能源投入增长也是改革开放以来中国经济快速发展的重要推动力量。表 2 - 3 显示，1978—2013 年，中国能源消费总量增长迅猛，从

1978 年的 57144 万吨标准煤增长至 2013 年的 375000 万吨标准煤，增长了将近 6 倍。中国已经是世界第一大能源消费国，2011 年终端能源消费总量为 1634.71 百万吨标准油，占世界终端能源消费总量 8917.53 百万吨标准油的 18.33%，这一比重比世界第二大能源消费国的美国高出 1.47 个百分点（见表 2-4）。但是，与高增长的能源消费对应的是，中国能源资源禀赋不高，煤炭、石油、天然气的人均占有量低，仅为世界平均水平的 67%、5.4%、7.5%。此外，中国虽是世界第一大能源消费国，但大量能源消费所带来的产值并不高，2011 年中国能源消耗占世界的 18.33%，但中国 GDP 只约占世界的 8.6%，这意味着中国单位 GDP 能耗较高。

表 2-3   能源消费总量及其构成（1978—2013 年）

年份	能源消费总量（万吨标准煤）	占能源消费总量的比重（%）			
		煤炭	石油	天然气	水电、核电、风电
1978	57144	70.7	22.7	3.2	3.4
1980	60275	72.2	20.7	3.1	4.0
1985	76682	75.8	17.1	2.2	4.9
1990	98703	76.2	16.6	2.1	5.1
1991	103783	76.1	17.1	2.0	4.8
1992	109170	75.7	17.5	1.9	4.9
1993	115993	74.7	18.2	1.9	5.2
1994	122737	75.0	17.4	1.9	5.7
1995	131176	74.6	17.5	1.8	6.1
1996	135192	73.5	18.7	1.8	6.0
1997	135909	71.4	20.4	1.8	6.4
1998	136184	70.9	20.8	1.8	6.5
1999	140569	70.6	21.5	2.0	5.9
2000	145531	69.2	22.2	2.2	6.4
2001	150406	68.3	21.8	2.4	7.5
2002	159431	68.0	22.3	2.4	7.3
2003	183792	69.8	21.2	2.5	6.5
2004	213456	69.5	21.3	2.5	6.7
2005	235997	70.8	19.8	2.6	6.8
2006	258676	71.1	19.3	2.9	6.7

续表

年份	能源消费总量 （万吨标准煤）	占能源消费总量的比重（%）			
		煤炭	石油	天然气	水电、核电、风电
2007	280508	71.1	18.8	3.3	6.8
2008	291448	70.3	18.3	3.7	7.7
2009	306647	70.4	17.9	3.9	7.8
2010	324939	68.0	19.0	4.4	8.6
2011	348002	68.4	18.6	5.0	8.0
2012	361732	66.6	18.8	5.2	9.4
2013	375000	66.0	18.4	5.8	9.8

表2-4　　　　　　　　　终端能源消费量的国际比较　　　单位：百万吨标准油

国家和地区	2004年	2005年	2006年	2007年	2008年	2009年	2010年	2011年	2011年比重（%）
世界	7731.12	7938.51	8074.24	8287.07	8411.73	8316.56	8676.63	8917.53	100.00
美国	1599.74	1591.86	1572.16	1581.62	1542.25	1458.67	1500.18	1503.71	16.86
日本	350.65	353.75	351.79	342.27	318.81	314.41	324.58	314.47	3.53
德国	252.56	249.26	253.57	228.32	235.67	222.73	226.75	221.02	2.48
加拿大	202.46	204.16	201.51	205.33	202.26	190.95	195.98	203.98	2.29
法国	176.81	175.23	173.95	165.18	165.55	157.90	162.81	152.20	1.71
韩国	145.34	143.64	145.08	147.10	147.54	147.82	157.44	161.04	1.81
英国	162.53	161.30	158.73	142.21	142.85	131.46	137.91	126.30	1.42
意大利	146.31	145.22	144.57	138.52	133.40	125.58	129.77	126.75	1.42
墨西哥	105.33	108.64	113.43	113.79	115.40	110.10	113.45	116.07	1.30
西班牙	103.50	105.19	103.93	102.79	99.07	92.04	93.70	88.60	0.99
澳大利亚	73.95	77.90	77.73	75.07	76.71	74.66	75.28	77.85	0.87
荷兰	63.25	63.92	61.25	61.63	61.04	60.10	64.77	59.63	0.67
比利时	41.37	44.55	43.55	39.65	42.36	39.22	41.68	42.64	0.48
瑞典	35.59	35.17	34.99	34.40	33.77	31.88	35.23	32.73	0.37
瑞士	22.04	22.27	22.24	20.30	20.97	20.17	21.05	19.45	0.22
以色列	13.00	11.97	12.29	12.92	13.15	13.92	14.81	14.08	0.16
中国	1025.16	1162.38	1171.91	1252.97	1369.86	1431.92	1512.22	1634.71	18.33
印度	349.78	360.23	375.39	394.20	415.24	441.33	457.49	492.51	5.52

续表

国家和地区	2004年	2005年	2006年	2007年	2008年	2009年	2010年	2011年	2011年比重（%）
俄罗斯	427.36	412.36	425.05	428.26	434.88	418.15	445.76	458.57	5.14
巴西	170.54	171.68	178.23	188.33	194.54	190.77	210.61	217.89	2.44
伊朗	119.07	124.45	140.23	150.28	152.45	159.91	157.18	162.90	1.83
印度尼西亚	128.54	134.24	134.99	138.12	140.74	146.52	156.45	158.30	1.78
沙特阿拉伯	80.70	74.80	85.75	90.29	94.04	99.56	105.36	118.19	1.33
泰国	68.75	69.78	67.33	69.57	73.61	77.82	84.58	88.37	0.99
南非	63.96	63.38	63.26	64.10	71.78	71.02	61.44	71.13	0.80
阿根廷	46.12	49.97	53.67	54.15	54.59	52.15	53.73	58.08	0.65
埃及	39.34	42.89	44.52	47.55	49.94	48.28	49.54	52.17	0.59
委内瑞拉	37.96	43.52	42.40	43.20	38.60	38.93	45.18	47.59	0.53

资料来源：有关年份《中国能源统计年鉴》。

　　由于资源禀赋的影响，长期以来，中国能源结构是以煤炭为主的。进入21世纪以后，煤炭以及石油在能源消费中的份额虽趋于下降，但是，煤炭占能源消费总量的比重仍高达60%以上，而水电、核电、风电等清洁能源占能源消费总量的比重仍不高，2013年约占10%。从国际比较来看，2010年中国火电电源结构中煤所占比重高达94.3%，而油、气所占比重合计仅占2.8%，可见，煤在中国火电电源结构中占据了绝对主体地位。在日本和意大利的2010年火电电源结构中，气占据了主体地位，分别占43.4%和70.9%，而煤所占比重均低于气所占比重，分别占42.6%和17.5%（见表2-5）。在韩国的2010年火电电源结构中，虽然煤也仍占据主体地位，但是，韩国的油、气占比远远高于中国，可见，韩国火电电源结构明显优于中国。以煤炭为主的能源消费结构，是导致中国经济增长"高排放"的重要原因之一。

表2-5　　　　　　　　2010年火电电源结构的国际比较　　　　　　单位:%

国家	煤	油	气
中国	94.3	0.5	2.3
日本	42.6	14.0	43.4
意大利	17.5	9.9	70.9
韩国	65.3	4.7	30.0

资料来源：有关年份《中国能源统计年鉴》。

随着中国加大节能降耗的力度，中国能源效率明显提升。表2－6显示，1980—2012年，中国万元GDP能耗降低明显，其中，万元GDP能源消费量从1980年的13.20吨标准煤/万元下降至2012年的0.76吨标准煤/万元，万元GDP煤炭消费量从1980年的13.36吨/万元下降至2012年的0.75吨/万元，万元GDP焦炭消费量从1980年的0.94吨/万元下降至2012年的0.08吨/万元，万元GDP石油消费量从1980年的1.92吨/万元下降至2012年的0.10吨/万元，万元GDP原油消费量从1980年的2.02吨/万元下降至2012年的0.10吨/万元，万元GDP燃料油消费量从1980年的0.67吨/万元下降至2012年的0.01吨/万元，万元GDP电力消费量从1980年的0.66万千瓦时/万元下降至2012年的0.11万千瓦时/万元。从国际比较来看，中国能源效率仍有待进一步提升。从2011年单位GDP电耗指标（2005年价）的国际比较来看，表2－7显示，中国单位GDP电耗是1.06千瓦时/美元，是世界平均水平0.39千瓦时/美元的2.72倍，明显高于除埃及之外的其他发展中国家。此外，从火电厂供电煤耗的国际比较来看，表2－8显示，2010年中国火电厂供电煤耗是333克标准煤/千瓦时，明显高于日本的306克标准煤/千瓦时、意大利的275克标准煤/千瓦时和韩国的303克标准煤/千瓦时。

表2－6　　　　　　　　　万元GDP能耗（1980—2012年）

年份	万元GDP能源消费量（吨标准煤/万元）	万元GDP煤炭消费量（吨/万元）	万元GDP焦炭消费量（吨/万元）	万元GDP石油消费量（吨/万元）	万元GDP原油消费量（吨/万元）	万元GDP燃料油消费量（吨/万元）	万元GDP电力消费量（万千瓦时/万元）
GDP按1980年可比价格计算							
1980	13.20	13.36	0.94	1.92	2.02	0.67	0.66
1981	12.37	12.60	0.82	1.94	1.82	0.59	0.64
1982	11.84	12.23	0.76	1.57	1.66	0.54	0.63
1983	11.36	11.82	0.71	1.44	1.56	0.49	0.61
1984	10.59	11.20	0.66	1.29	1.38	0.43	0.56
1985	10.10	10.74	0.62	1.21	1.25	0.37	0.54
1986	9.78	10.40	0.63	1.18	1.24	0.36	0.55
1987	9.39	10.06	0.62	1.12	1.16	0.34	0.54
1988	9.06	9.68	0.59	1.08	1.09	0.32	0.53
1989	9.07	9.68	0.60	1.08	1.09	0.32	0.55
1990	8.90	9.51	0.62	1.04	1.06	0.30	0.56

续表

年份	万元 GDP 能源消费量（吨标准煤/万元）	万元 GDP 煤炭消费量（吨/万元）	万元 GDP 焦炭消费量（吨/万元）	万元 GDP 石油消费量（吨/万元）	万元 GDP 原油消费量（吨/万元）	万元 GDP 燃料油消费量（吨/万元）	万元 GDP 电力消费量（万千瓦时/万元）
GDP 按 1990 年可比价格计算							
1990	5.32	5.69	0.37	0.62	0.63	0.18	0.34
1991	5.12	5.45	0.35	0.61	0.61	0.17	0.34
1992	4.72	4.93	0.34	0.58	0.57	0.15	0.33
1993	4.40	4.59	0.33	0.56	0.52	0.14	0.32
1994	4.12	4.31	0.31	0.50	0.47	0.12	0.31
1995	3.97	4.16	0.32	0.49	0.45	0.11	0.30
1996	3.69	3.83	0.32	0.48	0.43	0.10	0.29
1997	3.40	3.44	0.27	0.48	0.43	0.09	0.28
1998	3.16	3.13	0.27	0.46	0.40	0.09	0.27
1999	3.03	3.00	0.23	0.45	0.41	0.08	0.26
2000	2.89	2.80	0.22	0.45	0.42	0.08	0.27
GDP 按 2000 年可比价格计算							
2000	1.47	1.42	0.11	0.23	0.21	0.04	0.14
2001	1.40	1.35	0.11	0.21	0.20	0.04	0.14
2002	1.36	1.30	0.11	0.21	0.19	0.03	0.14
2003	1.43	1.40	0.12	0.21	0.19	0.03	0.15
2004	1.50	1.46	0.13	0.22	0.20	0.03	0.15
2005	1.49	1.47	0.16	0.21	0.19	0.03	0.16
GDP 按 2005 年可比价格计算							
2005	1.28	1.25	0.14	0.18	0.16	0.02	0.13
2006	1.24	1.22	0.13	0.17	0.15	0.02	0.14
2007	1.18	1.15	0.12	0.15	0.14	0.02	0.14
2008	1.12	1.08	0.11	0.14	0.14	0.01	0.13
2009	1.08	1.04	0.11	0.13	0.13	0.01	0.13
2010	1.03	0.99	0.11	0.14	0.14	0.01	0.13
GDP 按 2010 年可比价格计算							
2010	0.81	0.78	0.08	0.11	0.11	0.01	0.10
2011	0.79	0.78	0.09	0.10	0.10	0.01	0.11
2012	0.76	0.75	0.08	0.10	0.10	0.01	0.11

资料来源：有关年份《中国能源统计年鉴》。

表 2 - 7　　　　　　　　　　**GDP 电耗的国际比较**

单位：千瓦时/美元，2005 年价

国家和地区	2000 年	2005 年	2008 年	2009 年	2010 年	2011 年
世界	0.36	0.37	0.37	0.38	0.39	0.39
埃及	0.89	1.06	1.06	1.07	1.08	1.12
中国	0.89	1.03	1.02	1.01	1.03	1.06
俄罗斯	1.34	1.08	0.97	1.00	1.01	0.98
伊朗	0.69	0.76	0.78	0.80	0.86	0.81
南非	1.01	0.90	0.84	0.82	0.83	0.8
泰国	0.66	0.71	0.70	0.72	0.74	0.73
印度	0.68	0.62	0.63	0.62	0.61	0.63
沙特阿拉伯	0.45	0.50	0.54	0.57	0.61	0.59
委内瑞拉	0.50	0.53	0.47	0.49	0.54	0.54
中国台湾	0.58	0.60	0.56	0.55	0.53	0.51
阿根廷	0.46	0.51	0.48	0.48	0.46	0.44
巴西	0.43	0.43	0.42	0.42	0.43	0.43
印度尼西亚	0.36	0.40	0.40	0.40	0.41	0.41

资料来源：有关年份《中国能源统计年鉴》。

表 2 - 8　　　　　　　　**火电厂供电煤耗的国际比较** 单位：克标准煤/千瓦时

国家	1990 年	1995 年	2000 年	2005 年	2006 年	2007 年	2008 年	2009 年	2010 年	2011 年	2012 年
中国	427	412	392	370	367	356	345	340	333	329	325
日本	332	331	316	314	312	312	310	307	306	306	306
意大利	326	319	315	288	283	280	276	276	275	—	—
韩国	332	323	311	302	300	301	301	300	303	—	—

资料来源：有关年份《中国能源统计年鉴》。

第三节　中国经济增长的"高增长"特征

改革开放以来，中国经济发展呈现出"高增长"的特征，1979—2013 年中国 GDP 年均增长率为 9.8%。表 2 - 9 和图 2 - 1 显示，1978 年，中国 GDP 总量为 3645.2 亿元，其中，第一产业 1027.5 亿元，第二产业 1745.2 亿元，第三产业 872.5 亿元，人均 GDP 为 381 元。到 2013 年，中国 GDP 总量增长到 568845.2 亿元，其中，第一产业 56957.0 亿元，第二产业 249684.4 亿元，第三产业 262203.8 亿元，人均 GDP 增长到 41908 元。2009 年，中国超越日本，成为仅次于美国的世界第二大经济体，国内生产总值稳居世界第二位。

表 2 - 9　　　　　　　中国 GDP 增长状况（1978—2013 年）

年份	GDP（亿元）	第一产业（亿元）	第二产业（亿元）	第三产业（亿元）	人均 GDP（元）
1978	3645.2	1027.5	1745.2	872.5	381
1979	4062.6	1270.2	1913.5	878.9	419
1980	4545.6	1371.6	2192.0	982.0	463
1981	4891.6	1559.5	2255.5	1076.6	492
1982	5323.4	1777.4	2383.0	1163.0	528
1983	5962.7	1978.4	2646.2	1338.1	583
1984	7208.1	2316.1	3105.7	1786.3	695
1985	9016.0	2564.4	3866.6	2585.0	858
1986	10275.2	2788.7	4492.7	2993.8	963
1987	12058.6	3233.0	5251.6	3574.0	1112
1988	15042.8	3865.4	6587.2	4590.3	1366
1989	16992.3	4265.9	7278.0	5448.4	1519
1990	18667.8	5062.0	7717.4	5888.4	1644
1991	21781.5	5342.2	9102.2	7337.1	1893
1992	26923.5	5866.6	11699.5	9357.4	2311
1993	35333.9	6963.8	16454.4	11915.7	2998
1994	48197.9	9572.7	22445.4	16179.8	4044
1995	60793.7	12135.8	28679.5	19978.5	5046
1996	71176.6	14015.4	33835.0	23326.2	5846
1997	78973.0	14441.9	37543.0	26988.1	6420
1998	84402.3	14817.6	39004.2	30580.5	6796
1999	89677.1	14770.0	41033.6	33873.4	7159
2000	99214.6	14944.7	45555.9	38714.0	7858
2001	109655.2	15781.3	49512.3	44361.6	8622

续表

年份	GDP（亿元）	第一产业（亿元）	第二产业（亿元）	第三产业（亿元）	人均GDP（元）
2002	120332.7	16537.0	53896.8	49898.9	9398
2003	135822.8	17381.7	62436.3	56004.7	10542
2004	159878.3	21412.7	73904.3	64561.3	12336
2005	184937.4	22420.0	87598.1	74919.3	14185
2006	216314.4	24040.0	103719.5	88554.9	16500
2007	265810.3	28627.0	125831.4	111351.9	20169
2008	314045.4	33702.0	149003.4	131340.0	23708
2009	340902.8	35226.0	157638.8	148038.0	25608
2010	401512.8	40533.6	187383.2	173596.0	30015
2011	473104.0	47486.2	220412.8	205205.0	35198
2012	519470.1	52373.6	235162.0	231934.5	38459
2013	568845.2	56957.0	249684.4	262203.8	41908

资料来源：《中国统计年鉴》（2014）。

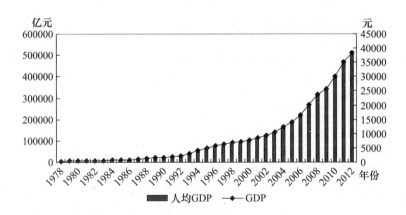

图2-1　中国GDP及人均GDP增长（1978—2012年）

中国经济在快速增长的同时，产业结构也进一步优化。1978年三次产业结构为28.2∶47.9∶23.9，而2013年三次产业结构为10.0∶43.9∶46.1。可见，1978—2013年，第一产业比重呈现逐步下降趋势，第二产业比重也明显下降且失去主导产业地位，而第三产业比重提升明显且逐渐超过了第二产业比重，成为经济增长的主导产业（见图2-2）。此外，从三

次产业贡献率来看,第一产业对 GDP 的贡献明显减小,而第二产业尤
其是第三产业对 GDP 的贡献显著提升。表 2 - 10 显示,1990 年,第一
产业对 GDP 的贡献率为 41.6%,第二产业对 GDP 的贡献率为 41.0%,
第三产业对 GDP 的贡献率为 17.3%。到 2013 年,第一产业对 GDP 的
贡献率为 4.9%,第二产业对 GDP 的贡献率为 48.3%,第三产业对
GDP 的贡献率为 46.8%。

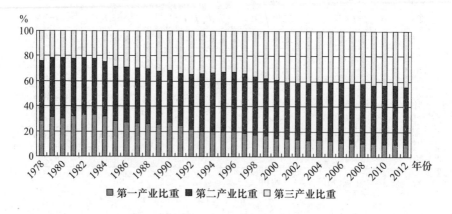

图 2 - 2　中国产业结构变化 (1978—2012 年)

表 2 - 10　　　　　三次产业贡献率 (1990—2013 年)　　　　单位:%

年份	GDP	第一产业	第二产业	第三产业
1990	100.0	41.6	41.0	17.3
1991	100.0	7.1	62.8	30.1
1992	100.0	8.4	64.5	27.1
1993	100.0	7.9	65.5	26.6
1994	100.0	6.6	67.9	25.5
1995	100.0	9.1	64.3	26.6
1996	100.0	9.6	62.9	27.5
1997	100.0	6.7	59.7	33.5
1998	100.0	7.6	60.9	31.5
1999	100.0	6.0	57.8	36.2
2000	100.0	4.4	60.8	34.8
2001	100.0	5.1	46.7	48.2
2002	100.0	4.6	49.8	45.7
2003	100.0	3.4	58.5	38.1
2004	100.0	7.8	52.2	39.9

续表

年份	GDP	第一产业	第二产业	第三产业
2005	100.0	5.6	51.1	43.3
2006	100.0	4.8	50.0	45.2
2007	100.0	3.0	50.7	46.3
2008	100.0	5.7	49.3	45.0
2009	100.0	4.5	51.9	43.6
2010	100.0	3.8	56.8	39.3
2011	100.0	4.6	51.6	43.8
2012	100.0	5.7	48.7	45.6
2013	100.0	4.9	48.3	46.8

注：三次产业贡献率即为三次产业增加值增量与 GDP 增量之比。
资料来源：《中国统计年鉴》（2014）。

　　自 2010 年以来，中国经济增长速度逐年下滑，中国经济步入高速增长向中高速增长的新常态（见图 2 - 3）。2013—2015 年，中国国内生产总值年均增长率为 7.3%，相比 1979—2013 年接近 10% 的年均增速，中国经济增速下滑明显。但是，从国际比较来看，表 2 - 11 显示，即使是在经济新常态背景下，中国经济占世界经济总量的比重仍逐年上升，7% 左右的中高速的年均增长速度仍远高于世界同期 2% 左右的平均水平，明显高于美国、欧盟、日本等发达经济体和巴西、俄罗斯、南非、印度等其他金砖国家。可见，即使是在从高速增长转换为中高速增长的新常态下，中国经济增长的"高增长"特征依然明显，中国依然是世界经济增长的最重要"引擎"，2013—2015 年中国对世界经济增长的贡献率平均约为 26%。

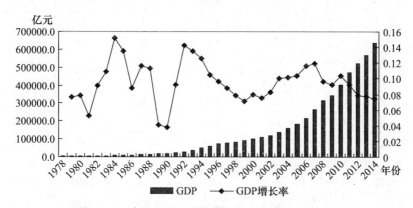

图 2 - 3　中国 GDP 及其增长率（1978—2014 年）

表 2 – 11　　　　世界主要国家和地区 GDP 及其增长率比较

国家和地区	2013 年 GDP（亿美元）	GDP 增长率（%）				
		2005 年	2010 年	2011 年	2012 年	2013 年
世界	748999	3.62	4.07	2.83	2.39	2.19
中国	92403	11.31	10.45	9.30	7.65	7.67
中国香港	2740	7.39	6.77	4.79	1.55	2.93
孟加拉国	1299	5.96	6.07	6.71	6.23	6.03
文莱	161	0.39	2.60	3.43	0.95	-1.75
柬埔寨	152	13.25	5.96	7.07	7.31	7.46
印度	18768	9.28	10.26	6.64	4.74	5.02
印度尼西亚	8683	5.69	6.22	6.49	6.26	5.78
伊朗	3689	4.62	5.89	3.00	3.00	-5.80
以色列	2914	4.94	5.66	4.57	3.35	3.31
日本	49015	1.30	4.65	-0.45	1.45	1.54
哈萨克斯坦	2244	9.70	7.30	7.50	5.00	6.00
韩国	13046	3.92	6.50	3.68	2.29	2.97
老挝	111	7.11	8.53	8.04	8.20	8.15
马来西亚	3124	5.33	7.43	5.13	5.64	4.69
蒙古	115	7.25	6.37	17.51	12.40	11.74
巴基斯坦	2366	7.67	1.61	2.79	4.02	6.07
菲律宾	2720	4.78	7.63	3.64	6.81	7.16
新加坡	2979	7.49	15.24	6.06	2.50	3.85
斯里兰卡	672	6.24	8.02	8.25	6.34	7.25
泰国	3873	4.60	7.81	0.08	7.67	1.77
越南	1714	7.55	6.42	6.24	5.25	5.42
埃及	2720	4.47	5.15	1.76	2.21	2.10
尼日利亚	5226	3.44	7.84	4.65	6.75	7.31
南非	3506	5.28	3.14	3.60	2.47	1.89
加拿大	18251	3.16	3.37	2.53	1.71	2.01
墨西哥	12609	3.03	5.11	4.04	3.98	1.07
美国	168000	3.35	2.51	1.85	2.78	1.88
阿根廷	6118	9.20	9.14	8.55	0.95	2.95
巴西	22457	3.16	7.53	2.73	1.03	2.49
委内瑞拉	4383	10.32	-1.49	4.18	5.63	1.34
捷克	1984	6.75	2.47	1.82	-1.02	-0.93

续表

国家和地区	2013 年 GDP（亿美元）	GDP 增长率（%）				
		2005 年	2010 年	2011 年	2012 年	2013 年
法国	27349	1.83	1.72	2.03	0.01	0.21
德国	36348	0.68	4.01	3.33	0.69	0.43
意大利	20713	0.93	1.72	0.45	-2.37	-1.85
荷兰	8002	2.05	1.53	0.94	-1.25	-0.82
波兰	5175	3.62	3.88	4.45	1.91	1.57
俄罗斯	20968	6.38	4.50	4.26	3.44	1.32
西班牙	13583	3.58	-0.20	0.05	-1.64	-1.22
土耳其	8202	8.40	9.16	8.77	2.13	4.05
乌克兰	1774	2.70	4.20	5.20	0.20	1.88
英国	25223	3.23	1.66	1.12	0.28	1.66
澳大利亚	15606	3.22	1.96	2.24	3.61	2.66
新西兰	1826	3.51	1.82	2.40	2.31	2.51

第四节　中国经济增长的"高排放"特征

中国经济增长的"高能耗"也带来了中国经济增长的"高排放"。表 2-12 显示，2000—2012 年，中国工业废气排放总量和二氧化硫排放总量均呈现先升后降趋势，其中，工业废气排放总量从 2000 年的 138145 亿立方米增长至 2011 年的 674509 亿立方米，2012 年下降至 634519 亿立方米，二氧化硫排放总量从 2000 年的 1995 万吨增长至 2006 年的 2589 万吨，之后逐步下降至 2012 年的 2118 万吨。此外，中国工业固体废弃物排放量也在不断降低，工业固体废物综合利用率也在不断提高。这一方面是源于技术进步，更重要的是中国对治理环境问题的决心不断增强。表 2-13 显示，近年来，中国工业污染治理投资增长迅猛，从 2000 年的 235 亿元增长至 2013 年的 868 亿元。更重要的是，为了保护环境，"十一五"规划提出了两项约束性指标，一是单位 GDP 能耗比"十五"期末降低 20%；二是主要污染物排放总量减少 10%。环境约束性指标在"十二五"规划中有所扩大，"十二五"规划指出，

"十二五"时期化学需氧量排放总量、氨氮排放总量、二氧化硫排放总量、氮氧化物排放总量 2015 年比 2010 年增长分别下降 8%、10%、8% 和 10%。

表 2 – 12　　中国经济增长过程中的排放情况（2000—2012 年）

年份	工业废气排放 总量（亿立方米）	二氧化硫排放 总量（万吨）	工业固体废弃物 排放量（万吨）	工业固体废物 综合利用率（%）
2000	138145	1995	3186	45.9
2001	160863	1947	2894	52.1
2002	175257	1927	2635	51.9
2003	198906	2159	1941	54.8
2004	237696	2255	1762	55.7
2005	268988	2549	1655	56.1
2006	330990	2589	1302	60.2
2007	388169	2468	1197	62.1
2008	403866	2321	782	64.3
2009	436064	2214	710	67.0
2010	519168	2185	498	66.7
2011	674509	2218	433	—
2012	634519	2118	144	—

资料来源：有关年份《中国环境统计年鉴》。

表 2 – 13　　　　　　工业污染治理投资情况（2000—2013 年）　　　　单位：万元

年份	合计	工业污染治理完成投资				
		治理废水	治理废气	治理固体废物	治理噪声	治理其他
2000	2347895	1095897	909242	114673	13692	214390
2001	1745280	729214	657940	186967	6424	164734
2002	1883663	714935	697864	161287	10464	299113
2003	2218281	873748	921222	161763	10139	251408
2004	3081060	1055868	1427975	226465	13416	357336
2005	4581909	1337147	2129571	274181	30613	810396
2006	4839485	1511165	2332697	182631	30145	782848
2007	5523909	1960722	2752642	182532	18279	606838
2008	5426404	1945977	2656987	196851	28383	598206

续表

年份	合计	工业污染治理完成投资				
		治理废水	治理废气	治理固体废物	治理噪声	治理其他
2009	4426207	1494606	2324616	218536	14100	374349
2010	3969768	1295519	1881883	142692	14193	620021
2011	4443610	1577471	2116811	313875	21623	413831
2012	5004573	1403448	2577139	247499	11627	764860
2013	8676647	1248822	6409109	140480	17628	860608

资料来源：有关年份《中国环境统计年鉴》。

可见，在国家一系列环保举措下，近年来，中国经济增长的"高排放"趋势有所好转。尽管如此，从国际比较来看，中国"高排放"特征依然明显，环境保护形势依然严峻。从 2007 年二氧化碳排放总量的国际比较来看，表 2-14 显示，中国二氧化碳排放总量为 6538.37 百万吨，明显高于美国的 6094.39 百万吨，是日本的 5 倍、韩国的 13 倍。

表 2-14　　　　　2007 年二氧化碳排放总量的国际比较

国家	二氧化碳排放量（百万吨）	国家	二氧化碳排放量（百万吨）
中国	6538.37	印度尼西亚	397.00
美国	6094.39	澳大利亚	396.28
印度	1610.00	巴西	368.32
俄罗斯	1579.82	西班牙	366.00
日本	1303.78	乌克兰	340.15
德国	841.15	哈萨克斯坦	227.39
加拿大	590.20	埃及	184.66
英国	546.43	阿根廷	183.73
韩国	503.32	阿尔及利亚	140.12
伊朗	495.99	捷克	130.00
意大利	475.30	比利时	114.54
南非	433.53	希腊	113.57
法国	401.01	伊拉克	100.00

资料来源：有关年份《中国环境统计年鉴》。

本章小结

综上所述，中国经济增长具有"高投入""高能耗""高增长"和"高排放"特征，"高投入"和"高能耗"是驱动中国经济"高增长"的两大因素。与此同时，这种"高投入""高能耗""高增长"的经济增长方式也带来了"高排放"。根据迈克尔·波特的经济发展阶段理论，一个国家的经济发展可以划分为要素驱动、投资驱动、创新驱动和财富驱动四个阶段。改革开放以来，中国经济发展处于"高投入"和"高能耗"特征显著的投资驱动发展阶段。然而，在"高投入""高能耗""高增长"和"高排放"的背景下，中国经济增长的质量如何，经济增长效率怎样，这是本书需要解决的问题。

此外，需要指出的是，相关研究在测度和分析中国经济增长质量时，较少考虑中国经济增长过程中的"高排放"特征，本书将"高排放"作为中国经济增长过程中的一项非期望产出，与期望产出——"高增长"同时纳入了分析框架，从而综合考察中国经济在"高投入""高能耗""高增长""高排放"特征下的质量问题。

第三章　不考虑资源环境约束的中国
经济增长质量测度

第一节　国内外关于中国经济增长
质量测算的研究综述

关于经济增长的经验研究一直是经济学界的研究热点之一。自1978年改革开放以来，中国经济经历了30多年的持续高速增长阶段，年均经济增长速度达到了9%以上，这就是被一些学者所称道的"中国奇迹"（林毅夫等，1999）。中国作为一个最大的发展中国家，在"一穷二白"的经济基础上且在较短的时间内经济实现了令世界瞩目的持续高速增长，这引起了国内外学者的研究兴趣，其中，对于中国经济增长动力及源泉的研究近年来尤为激烈。传统经济理论认为，经济增长主要源于要素投入和生产率提高两大部分。要素投入在短期内可能给经济带来高增长，但是，由于要素收益递减规律的作用，这种高增长是不可持续的。因此，经济的可持续增长只能通过生产率提高来实现。早期的理论把全要素生产率的提高归功于技术进步，而现在越来越多的学者把它分解为技术效率变动和技术进步两个部分。这方面的研究有邹至庄（2002）、Wang 和 Yao（2003）、Young（2003）、Zheng 和 Hu（2004）、林毅夫和刘培林（2003）、颜鹏飞和王兵（2004）、杨文举（2006）、王志刚等（2006）、许和连等（2006）、刘舜佳（2008）等。

然而，面对全球瞩目的"中国奇迹"，我们认为，这种"奇迹"从不同的视角来看并非"奇迹"。如果单从中国改革开放以来同时期其他国家 GDP 绝对增长幅度的对比来看，中国的年均经济增长速度达到9%以上这一成就确实是令人惊喜的，但这仅仅是从经济增长速度角度来考察的。如果我们从另一个视角来考察改革开放以来中国经济增长情况，例如经济增长质量角度，我们的结论也许并不乐观。本书的研究目的就是从另一种方法和视觉来剖析中国经济增长奇迹背后的事实。我们从效率角度来审视中国经济增长的质量，并考察中国经济增长效率的主要影响因素。

对中国经济增长质量的测度，可以从经济增长技术效率角度进行研究。技术效率的概念最早是由法雷尔（1957）提出来的。法雷尔（1957）和莱宾斯坦（1966）分别从投入角度和产出角度给出了技术效率的含义。技术效率是用来衡量在现有技术水平条件下，生产者获得最大产出的能力，表示生产者生产活动接近其前沿边界（最大产出）的程度，也反映了现有技术的发挥程度（吴诣民，2004）。但是，在现实中并不是所有的生产单元都可以达到最大产出。因此，在现有的技术水平下，生产者的产出能否达到其前沿边界依赖于技术效率水平的高低。

近年来，随着中国经济的高速增长以及对中国经济能否持续增长的质疑，对中国地区经济增长效率方面的研究也日益增多。早期的研究多以横截面数据为基础，如许长新（1996）等。在以后的研究中多以面板数据为基础，如易纲等（2003）、何枫等（2004）、吴诣民（2004）、于君博（2006）等。然而，上述研究由于分析模型的选择标准不同以及所采用的面板数据的时间序列范围不同，导致研究结论有一定的分歧。

随着规范分析和实证分析的不断深入，越来越多的经济增长效率影响因素被识别出来。何枫（2003）研究了金融中介发展对中国经济增长效率的影响，指出中国金融机构的存贷款业务整体上对于技术效率的增长是负面的。此后，何枫（2004）、何枫和陈荣（2004）还考察了经济开放度对中国经济增长技术效率的影响。然而，在其随机前沿模型估计结果中，代表随机扰动项中技术无效率所占比重的 r 值分别为 0.3815 和 0.1992，接近于 0，虽然在 1% 水平上显著，但是，这说明在随机误差项中只有小部分来自技术无效率的影响，而绝大部分的影响源于统计误差等外部不可控影响因素。因此，关于金融中介机构及经济开放度对技术效率影响的方向特别是力度的结论有待于进一步论证。王志刚等（2006）、许和连等（2006）实证分析了对外贸易对经济增长技术效率的促进作用。大多研究文献均表明，人力资本对技术效率的影响较大，在其他条件不变的情况下，人力资本水平每增加 1 个百分点，生产率就会提高 2—10 个百分点（颜鹏飞和王兵，2004；王志刚等，2006；许和连等，2006；魏楚和沈满洪，2008）。对于影响幅度研究的不一致且差距较大的原因主要是人力资本变量的界定不统一。陈迅和余杰（2005）通过实证分析发现，提高公共支出占 GDP 比重能显著降低技术效率，而提高公共支出的组成部分占 GDP 比重对技术效率有显著的促进作用。

综上所述，基于现有研究文献的种种不足，为了弥补这些不足，我们运用随机前沿分析技术从经济增长效率角度考察 1985—2007 年中国经济增长质量，并且重点考察经济开放度、金融发展、人力资本等因素对中国经济增长效率的影响。借鉴以往研究成果，我们将经济开放度分解为外资依存度和贸易依存度，且分别从金融机构存款余额、贷款余额和存贷款总余额三个方面考察金融发展对中国经济增长效率的影响。

第二节 中国经济增长质量的测度分析

一 中国经济增长质量测度模型构建

（一）模型构建

运用 SFA 方法来测算技术效率时，通常采用的生产函数形式主要有对数型 C—D 生产函数形式和超越对数型 C—D 生产函数形式两种。本书首先用对数型 C—D 生产函数形式的 SFA 模型进行测算，若不能通过检验，则再考虑用超越对数型 C—D 生产函数形式的 SFA 模型进行测算。

本书根据巴特斯和科利（Battese and Coelli，1992）模型的基本原理，运用对数型 C—D 生产函数，在 1978—2007 年省份面板数据的基础上，对中国经济增长效率进行测算。具体研究模型如下：

$$\ln(y_{it}) = \beta_0 + \beta_1 \ln(L_{it}) + \beta_2 \ln(K_{it}) + v_{it} - u_{it} \tag{3.1}$$

$$TE_{it} = \exp(-u_{it}) \tag{3.2}$$

$$u_{it} = \exp[-\eta(t-T)]u_i \tag{3.3}$$

$$\gamma = \sigma_u^2 / (\sigma_v^2 + \sigma_u^2) \tag{3.4}$$

式（3.1）中，i 为各省份的排列序号，$i = 1, 2, \cdots, N, N = 30$；

t 为时期序号，$t = 1$，2，$\cdots$，T，$T = 30$（1978 年为起始年）。y_{it} 表示第 i 省份 t 年度的产出，L_{it} 表示第 i 省份 t 年度的劳动力投入量，K_{it} 表示第 i 省份 t 年度的资本投入量。β_0 为截距项，β_1 表示劳动力对技术效率的影响程度，即劳动力产出弹性，β_2 表示资本对技术效率的影响程度，即资本产出弹性。误差项 ε_{it} 由两部分组成，第一部分 $v_{it} \in iid$（独立同分布）并服从 $N(0, \sigma_v^2)$ 分布，表示经济系统的外部影响因素（如气候条件、地理环境等）和一些数据上的统计误差；第二部分 $u_{it} \in iid$（独立同分布）并服从正半部的正态分布 $N(u, \sigma_u^2)$，即 u_{it} 非负，它反映第 i 省份在 t 时期的技术无效率水平，且 v_{it} 与 u_{it} 相互独立。

式（3.2）中，$TE_{it} = \exp(-u_{it})$ 表示第 i 省份在 t 时期的技术效率水平。当 $u_{it} = 0$ 时，$TE_{it} = 1$，此时该省份处于技术有效状态，表明该省份的生产点位于生产前沿面之上；当 $u_{it} > 0$ 时，TE_{it} 值就处于 0—1，则这种状态为技术无效率，此时该省份的生产点位于生产前沿面之下。

式（3.3）描述了时间因素对技术非效率 u_{it} 的影响。其中，η 是待估计的参数，当 $\eta > 0$ 时，$\exp[-\eta(t-T)]$ 将以递增的速率下降，即技术效率随着时间的推移会以递增的速率降低；当 $\eta < 0$ 时，$\exp[-\eta(t-T)]$ 将以递增的速率增加，即技术效率随着时间的推移会以递增的速率增大；当 $\eta = 0$ 时，$\exp[-\eta(t-T)]$ 将维持不变，则各省份的技术效率不随时间的变化而发生变化。

式（3.4）中，γ 为待估参数，表示随机扰动项中技术无效率所占比重。当 γ 接近于 1 时，说明模型中的误差主要来源于技术非效率 u_{it}，即此时该省份的实际产出与前沿产出之间的差距主要来源于技术非效率所引起的损失，这时有必要对引起技术非效率的因素进行分析；当 γ 接近于 0 时，说明实际产出与前沿产出之间的差距主要来自统计误差等外部影响因素。如果 $\gamma = 0$，则表示 $\sigma_u^2 \to 0$，进一步地，可以推理得到误差项 $\varepsilon_{it} = v_{it}$。在统计检验中，若 $\gamma = 0$ 这一原假设被接受，说明所有测算的省份的生产点均位于生产前沿曲线上，此时则无须使用 SFA 技术来分析，直接运用 OLS 方法即可。若 $\gamma = 0$ 这一原假设被拒绝，则一般采用最大似然法。

（二）数据说明

为保持统计口径的一致性，从 1996 年起，四川省的数据包括重庆市。因此，本书的研究样本为全国的 30 个省份。需要指出的是，本书所指东部地区包括北京、河北、天津、辽宁、山东、江苏、浙江、福建、上海、广东和海南 11 个省份;中部地区包括黑龙江、吉林、山西、安徽、江西、湖北、湖南和河南 8 个省份;西部地区包括新疆、西藏、甘肃、青海、陕西、四川（包含重庆）、贵州、云南、宁夏、内蒙古和广西 11 个省份。本书以 1978—2007 年为分析时间段,为便于分析,在本节后续的实证分析中又平均地将这 30 年分为六个阶段即 1978—1982 年、1983—1987 年、1988—1992 年、1993—1997 年、1998—2002 年和 2003—2007 年。所有原始数据均来源于《新中国五十年统计资料汇编》和《中国统计年鉴》(2000—2008)。具体数据处理如下:

（1）y_{it} 表示第 i 省份 t 年度的地区生产总值 GDP,单位为亿元人民币。

（2）L_{it} 表示第 i 省份 t 年度的年末从业人员数量,单位为万人。

（3）K_{it} 表示第 i 省份 t 年度的年均资本存量,单位为亿元人民币。

资本投入量以年均资本存量的形式体现,然而,在现有的统计资料中,年均资本存量数据并没有直接给出,因此,需要依据一定的统计方法进行估算。目前,不少学者对全国及各省份资本存量的估计做了许多有益的探索,如张军扩（1991）、贺菊煌（1992）、李治国和唐国兴（2003）、何枫等（2003）、张军和章元（2003）、孙琳琳和任若恩（2005a）、单豪杰（2009）等。而在众多相关研究中,单豪杰（2009）的成果比较具有代表性,数据也比较全面。因此,本书所使用的 1978—2006 年的资本存量数据直接引用单豪杰的测算结果。此外,2007 年资本存量数据依据其估算方法推算而来。1978—2007 年投入产出数据的简单描述性统计结果如表 3 – 1 所示。

表 3 – 1　　　　　投入产出变量的描述性统计结果

变量	指标（单位）	个数	最小值	最大值	均值	标准差
产出	GDP（亿元）	900.00	6.65	31084.40	2149.64	3567.54
劳动投入	从业人员（万人）	900.00	41.70	6568.15	1834.84	1340.58
资本投入	资本存量（亿元）	900.00	3.96	14990.30	1193.26	2001.39

二　中国经济增长质量测算结果分析

根据上述 SFA 方法和省级面板数据,本书运用 Frontier 程序对

1978—2007 年中国经济增长效率进行估计，具体实证分析结果如表 3 - 2所示。

表 3 - 2　　　　中国经济增长效率 SFA 估计结果（1978—2007 年）

变量	估计的参数	系数	标准差	t 统计值
常数项	β_0	0.6450	0.1442	4.4726 ***
ln(L)	β_1	0.2967	0.0232	12.7944 ***
ln(K)	β_2	0.7640	0.0108	70.8116 ***
γ	—	0.9089	0.0762	11.9278 ***
u	—	0.2191	0.0653	3.3526 ***
η	—	0.0217	0.0047	4.6475 ***
log likelihood function	261.0196 ***			
LR test of the one – sided error	225.6743 ***			

注：*** 表示在1%的水平上显著；LR 为似然比检验统计量。

　　表 3 - 2 给出了 1978—2007 年中国经济增长效率 SFA 估计结果。从表 3 - 2 可见，LR 统计检验在 1% 的水平上显著，说明模型中的随机误差项有明显的复合结构。γ 估计值为 0.9089，表明随机误差中有 90.89% 来自技术非效率的影响，而只有不到 10% 来自统计误差等外部影响因素。因此，较高的 γ 估计值，以及 LR 统计检验的显著性等，可以说明基于面板数据的对于改革开放 30 年来中国经济增长效率分析使用 SFA 技术是必需的，随机分析模型构建正确，同时也表明了对技术非效率的影响因素进行进一步分析是有必要的，这将在第四章中具体阐述。

　　$u = 0.2191 > 0$，此时 TE 值处于 0—1 之间。说明中国经济增长不处在生产前沿面上，即处于技术非效率状态，这也说明在技术进步率不变的前提条件下，中国经济还有较大的增长空间，应当提高技术效率，向生产前沿面靠拢。

　　$\eta = 0.0217 > 0$，说明时间因素对技术非效率 u_{it} 的影响将以递增的速率下降，即各省份的技术效率将随着时间的推移而呈现递增的速率降低态势。

此外，$\beta_1 = 0.2967$，即劳动力产出弹性为 0.2967，说明中国从业人员每增长 1%，可促进中国 GDP 上升 0.2967%；同理，$\beta_2 = 0.7640$，即资本产出弹性为 0.7640，说明中国年均资本量每增长 1%，可促进中国 GDP 上升 0.7640%。可见，在中国经济总量 GDP 的增长中，资本要素的投入占据着不可替代的主要地位，资本要素对 GDP 增长的贡献率几乎是劳动力要素贡献率的两倍。这一结论与当前主流观点一致，如郭庆旺等（2005b）认为，1979—2004 年中国经济增长主要依赖于要素投入增长，这是一种较为典型的投入性增长方式。孙琳琳和任若恩（2005）的研究结果也表明，1981—2002 年资本投入是中国经济增长的首要原因。邱晓华等（2006）认为，改革开放以来，中国经济持续高速增长的主要动力来自要素投入的增加，其中，资本投入的增加是最为主要的动力。除此之外，劳动产出弹性 β_1 与资本产出弹性 β_2 之和为 1.0607，大于 1，说明中国经济增长为轻微的规模报酬递增。由于要素收益递减规律的作用，因此，从长期来看，中国经济高增长主要靠资本和劳动的投入驱动是不可持续的。

综合表 3-3 至表 3-4，我们有以下发现：

（1）总体来看，1978—2007 年，中国经济增长效率均值为 0.727，处于技术非效率状态。表明在不增加任何投入的前提条件下，如果各地区同时提高技术效率，则在现有技术进步水平条件下，全国 GDP 总量将会在现有基础之上提高 27.3%。这一平均技术效率水平比较接近何枫（2004）、吴诣民和张凌翔（2004）、朱承亮等（2009）的研究结论。虽然 1978—2007 年中国经济增长处于技术非效率状态，但是，此期间中国经济增长平均技术效率还是呈现出一种稳步上升的趋势，从 1978 年的 0.652 上升到 2007 年的 0.793。然而，这一总体水平仍然是偏低的，平均技术效率低于 0.8，说明在现有技术进步的条件下，中国经济还有很大的增长空间，提高经济增长技术效率是提高中国经济增长质量的措施之一。

（2）从各省份的情况来看，1978—2007 年各省份经济增长效率均处于上升趋势。比如，北京从 1978 年的 0.691 上升到 1988 年的 0.743，从 1998 年的 0.787 上升到 2007 年的 0.821，1978—2007 年的总增幅为 18.81%，年均增幅为 0.63%；青海从 1978 年的 0.458 上升到 1988 年的 0.533，从 1998 年的 0.603 上升到 2007 年的 0.659，

1978—2007 年的总增幅为 43.89%，年均增幅为 1.46%。此外，此期间部分省份的平均经济增长效率还超过了全国平均水平（0.727），例如，天津（0.811）、上海（0.944）、福建（0.801）等省份。经济增长效率排在前五名的省份依次是上海（0.944）、黑龙江（0.882）、辽宁（0.824）、天津（0.811）和江西（0.806），排在后五名的省份依次是青海（0.563）、宁夏（0.604）、贵州（0.621）、陕西（0.624）和新疆（0.631）。根据表 3 - 5 的数据，本书对中国各省份经济增长效率情况进行了分类处理，依据技术效率（TE）大小分为高效率（TE ≥ 0.8）、中等效率（0.6 ≤ TE < 0.8）和低效率（TE < 0.6）三个层次。可以发现，处于高效率的省份大多处于东部沿海地区，而处于中低效率的省份大部分处于中西部地区。且处于中等效率的省份占绝大多数，所占比重为 76.67%，若这些省份的技术效率提升一个层次，达到高效率（TE ≥ 0.8），可以预见，中国区域经济增长情况将上升一个台阶。

表 3 - 3　基于 SFA 方法的各省份经济增长技术效率值（1978—1987 年）

省份	1978 年	1979 年	1980 年	1981 年	1982 年	1983 年	1984 年	1985 年	1986 年	1987 年
北京	0.691	0.697	0.702	0.707	0.713	0.718	0.723	0.728	0.733	0.738
天津	0.753	0.758	0.762	0.767	0.771	0.775	0.780	0.784	0.788	0.792
河北	0.606	0.612	0.619	0.625	0.632	0.638	0.644	0.650	0.656	0.662
山西	0.585	0.592	0.598	0.605	0.611	0.618	0.624	0.631	0.637	0.643
内蒙古	0.549	0.556	0.563	0.570	0.577	0.584	0.591	0.597	0.604	0.611
辽宁	0.770	0.775	0.779	0.783	0.787	0.791	0.795	0.799	0.803	0.807
吉林	0.724	0.729	0.734	0.739	0.743	0.748	0.753	0.757	0.762	0.766
黑龙江	0.845	0.848	0.851	0.854	0.856	0.859	0.862	0.865	0.868	0.870
上海	0.926	0.927	0.929	0.930	0.932	0.933	0.934	0.936	0.937	0.938
江苏	0.728	0.733	0.738	0.743	0.748	0.752	0.757	0.761	0.766	0.770
浙江	0.679	0.684	0.690	0.696	0.701	0.706	0.712	0.717	0.722	0.727
安徽	0.672	0.678	0.684	0.689	0.695	0.700	0.706	0.711	0.716	0.721
福建	0.741	0.746	0.751	0.755	0.760	0.764	0.769	0.773	0.777	0.782
江西	0.747	0.752	0.757	0.761	0.766	0.770	0.774	0.778	0.783	0.787

续表

省份	1978 年	1979 年	1980 年	1981 年	1982 年	1983 年	1984 年	1985 年	1986 年	1987 年
山东	0.631	0.637	0.643	0.649	0.655	0.661	0.667	0.673	0.679	0.684
河南	0.591	0.598	0.605	0.611	0.618	0.624	0.631	0.637	0.643	0.649
湖北	0.719	0.724	0.729	0.734	0.739	0.744	0.748	0.753	0.758	0.762
湖南	0.692	0.697	0.703	0.708	0.713	0.718	0.724	0.729	0.734	0.738
广东	0.687	0.693	0.698	0.704	0.709	0.714	0.719	0.724	0.729	0.734
广西	0.700	0.705	0.710	0.716	0.721	0.726	0.731	0.736	0.741	0.745
海南	0.639	0.645	0.651	0.657	0.663	0.669	0.675	0.681	0.686	0.692
四川	0.611	0.618	0.624	0.631	0.637	0.643	0.649	0.655	0.661	0.667
贵州	0.523	0.530	0.538	0.545	0.552	0.559	0.566	0.573	0.580	0.587
云南	0.572	0.579	0.586	0.593	0.599	0.606	0.613	0.619	0.625	0.632
西藏	0.566	0.573	0.580	0.587	0.593	0.600	0.607	0.613	0.620	0.626
陕西	0.527	0.534	0.541	0.548	0.556	0.563	0.570	0.577	0.583	0.590
甘肃	0.581	0.588	0.595	0.602	0.608	0.615	0.621	0.628	0.634	0.640
青海	0.458	0.465	0.473	0.481	0.488	0.496	0.503	0.511	0.518	0.526
宁夏	0.504	0.511	0.519	0.526	0.533	0.540	0.548	0.555	0.562	0.569
新疆	0.535	0.542	0.550	0.557	0.564	0.571	0.578	0.584	0.591	0.598

省份	1988 年	1989 年	1990 年	1991 年	1992 年	1993 年	1994 年	1995 年	1996 年	1997 年
北京	0.743	0.747	0.752	0.757	0.761	0.766	0.770	0.774	0.779	0.783
天津	0.796	0.800	0.804	0.807	0.811	0.815	0.818	0.822	0.825	0.829
河北	0.668	0.674	0.679	0.685	0.691	0.696	0.702	0.707	0.712	0.718
山西	0.649	0.655	0.661	0.667	0.673	0.679	0.684	0.690	0.696	0.701
内蒙古	0.617	0.624	0.630	0.636	0.642	0.649	0.655	0.661	0.667	0.672
辽宁	0.811	0.814	0.818	0.821	0.825	0.828	0.832	0.835	0.838	0.841
吉林	0.771	0.775	0.779	0.783	0.788	0.792	0.796	0.800	0.803	0.807
黑龙江	0.873	0.875	0.878	0.880	0.883	0.885	0.887	0.890	0.892	0.894
上海	0.940	0.941	0.942	0.943	0.944	0.946	0.947	0.948	0.949	0.950
江苏	0.775	0.779	0.783	0.787	0.791	0.795	0.799	0.803	0.807	0.810
浙江	0.732	0.737	0.742	0.747	0.751	0.756	0.760	0.765	0.769	0.774
安徽	0.726	0.731	0.736	0.741	0.746	0.751	0.755	0.760	0.764	0.769
福建	0.786	0.790	0.794	0.798	0.802	0.805	0.809	0.813	0.816	0.820
江西	0.791	0.795	0.799	0.803	0.806	0.810	0.814	0.817	0.821	0.824

省份	1988 年	1989 年	1990 年	1991 年	1992 年	1993 年	1994 年	1995 年	1996 年	1997 年
山东	0.690	0.695	0.701	0.706	0.712	0.717	0.722	0.727	0.732	0.737
河南	0.655	0.661	0.667	0.673	0.679	0.684	0.690	0.695	0.701	0.706
湖北	0.767	0.771	0.775	0.779	0.784	0.788	0.792	0.796	0.800	0.804
湖南	0.743	0.748	0.753	0.757	0.762	0.766	0.771	0.775	0.779	0.783
广东	0.739	0.744	0.749	0.754	0.758	0.763	0.767	0.771	0.776	0.780
广西	0.750	0.755	0.759	0.764	0.768	0.773	0.777	0.781	0.785	0.789
海南	0.697	0.703	0.708	0.713	0.719	0.724	0.729	0.734	0.739	0.743
四川	0.673	0.679	0.684	0.690	0.695	0.701	0.706	0.711	0.717	0.722
贵州	0.594	0.600	0.607	0.613	0.620	0.626	0.633	0.639	0.645	0.651
云南	0.638	0.644	0.650	0.656	0.662	0.668	0.674	0.680	0.685	0.691
西藏	0.632	0.639	0.645	0.651	0.657	0.663	0.669	0.674	0.680	0.686
陕西	0.597	0.604	0.610	0.617	0.623	0.629	0.636	0.642	0.648	0.654
甘肃	0.646	0.652	0.658	0.664	0.670	0.676	0.682	0.687	0.693	0.698
青海	0.533	0.540	0.547	0.554	0.562	0.569	0.575	0.582	0.589	0.596
宁夏	0.576	0.583	0.589	0.596	0.603	0.609	0.616	0.622	0.629	0.635
新疆	0.605	0.611	0.618	0.624	0.630	0.637	0.643	0.649	0.655	0.661
省份	1998 年	1999 年	2000 年	2001 年	2002 年	2003 年	2004 年	2005 年	2006 年	2007 年
北京	0.787	0.791	0.795	0.799	0.803	0.807	0.810	0.814	0.818	0.821
天津	0.832	0.835	0.839	0.842	0.845	0.848	0.851	0.854	0.857	0.860
河北	0.723	0.728	0.733	0.738	0.742	0.747	0.752	0.756	0.761	0.766
山西	0.706	0.712	0.717	0.722	0.727	0.732	0.737	0.742	0.747	0.751
内蒙古	0.678	0.684	0.689	0.695	0.700	0.706	0.711	0.716	0.721	0.726
辽宁	0.844	0.847	0.850	0.853	0.856	0.859	0.862	0.865	0.867	0.870
吉林	0.811	0.815	0.818	0.822	0.825	0.829	0.832	0.835	0.838	0.842
黑龙江	0.896	0.898	0.900	0.902	0.904	0.906	0.908	0.910	0.912	0.914
上海	0.951	0.952	0.953	0.954	0.955	0.956	0.957	0.958	0.959	0.959
江苏	0.814	0.818	0.821	0.825	0.828	0.832	0.835	0.838	0.841	0.844
浙江	0.778	0.782	0.786	0.790	0.794	0.798	0.802	0.806	0.810	0.813
安徽	0.773	0.777	0.782	0.786	0.790	0.794	0.798	0.802	0.805	0.809
福建	0.823	0.827	0.830	0.834	0.837	0.840	0.843	0.846	0.849	0.852
江西	0.828	0.831	0.835	0.838	0.841	0.844	0.847	0.850	0.853	0.856

续表

省份	1998 年	1999 年	2000 年	2001 年	2002 年	2003 年	2004 年	2005 年	2006 年	2007 年
山东	0.742	0.746	0.751	0.756	0.760	0.765	0.769	0.774	0.778	0.782
河南	0.712	0.717	0.722	0.727	0.732	0.737	0.742	0.746	0.751	0.756
湖北	0.807	0.811	0.815	0.818	0.822	0.825	0.829	0.832	0.835	0.839
湖南	0.788	0.792	0.796	0.799	0.803	0.807	0.811	0.814	0.818	0.822
广东	0.784	0.788	0.792	0.796	0.800	0.804	0.808	0.811	0.815	0.819
广西	0.793	0.797	0.801	0.805	0.809	0.813	0.816	0.820	0.823	0.827
海南	0.748	0.753	0.757	0.762	0.766	0.771	0.775	0.779	0.784	0.788
四川	0.727	0.732	0.737	0.742	0.746	0.751	0.756	0.760	0.765	0.769
贵州	0.657	0.663	0.669	0.675	0.680	0.686	0.692	0.697	0.703	0.708
云南	0.696	0.702	0.707	0.712	0.718	0.723	0.728	0.733	0.738	0.743
西藏	0.691	0.697	0.702	0.708	0.713	0.718	0.723	0.728	0.733	0.738
陕西	0.660	0.666	0.672	0.678	0.683	0.689	0.694	0.700	0.705	0.711
甘肃	0.704	0.709	0.714	0.720	0.725	0.730	0.735	0.739	0.744	0.749
青海	0.603	0.609	0.616	0.622	0.628	0.635	0.641	0.647	0.653	0.659
宁夏	0.641	0.647	0.653	0.659	0.665	0.671	0.677	0.683	0.688	0.694
新疆	0.667	0.673	0.679	0.684	0.690	0.695	0.701	0.706	0.711	0.717

表 3 – 4　中国 30 个省份经济增长技术效率情况（1978—2007 年）

省份	1978—1982 年	1983—1987 年	1988—1992 年	1993—1997 年	1998—2002 年	2003—2007 年	均值
北京	0.702	0.728	0.752	0.774	0.795	0.814	0.761
天津	0.762	0.784	0.804	0.822	0.839	0.854	0.811
河北	0.619	0.650	0.679	0.707	0.733	0.756	0.691
山西	0.598	0.631	0.661	0.690	0.717	0.742	0.673
内蒙古	0.563	0.597	0.630	0.661	0.689	0.716	0.643
辽宁	0.779	0.799	0.818	0.835	0.850	0.865	0.824
吉林	0.734	0.757	0.779	0.799	0.818	0.835	0.787
黑龙江	0.851	0.865	0.878	0.890	0.900	0.910	0.882
上海	0.929	0.936	0.942	0.948	0.953	0.958	0.944
江苏	0.738	0.761	0.783	0.803	0.821	0.838	0.791
浙江	0.690	0.717	0.742	0.765	0.786	0.806	0.751

省份	1978—1982 年	1983—1987 年	1988—1992 年	1993—1997 年	1998—2002 年	2003—2007 年	均值
安徽	0.684	0.711	0.736	0.760	0.782	0.802	0.746
福建	0.751	0.773	0.794	0.813	0.830	0.846	0.801
江西	0.756	0.778	0.799	0.817	0.834	0.850	0.806
山东	0.643	0.673	0.701	0.727	0.751	0.774	0.712
河南	0.605	0.637	0.667	0.695	0.722	0.746	0.679
湖北	0.729	0.753	0.775	0.796	0.815	0.832	0.783
湖南	0.703	0.729	0.753	0.775	0.796	0.814	0.762
广东	0.698	0.724	0.749	0.771	0.792	0.811	0.758
广西	0.710	0.736	0.759	0.781	0.801	0.820	0.768
海南	0.651	0.681	0.708	0.734	0.757	0.779	0.718
四川	0.624	0.655	0.684	0.711	0.737	0.760	0.695
贵州	0.538	0.573	0.607	0.639	0.669	0.697	0.621
云南	0.586	0.619	0.650	0.680	0.707	0.733	0.663
西藏	0.580	0.613	0.645	0.674	0.702	0.728	0.657
陕西	0.541	0.576	0.610	0.642	0.672	0.700	0.624
甘肃	0.595	0.628	0.658	0.687	0.714	0.739	0.670
青海	0.473	0.511	0.547	0.582	0.616	0.647	0.563
宁夏	0.519	0.555	0.589	0.622	0.653	0.683	0.604
新疆	0.550	0.584	0.618	0.649	0.678	0.706	0.631
全国平均技术效率	0.663	0.691	0.717	0.742	0.764	0.785	0.727
东部地区平均技术效率	0.724	0.748	0.770	0.791	0.810	0.827	0.778
中部地区平均技术效率	0.708	0.733	0.756	0.778	0.798	0.816	0.765
西部地区平均技术效率	0.571	0.604	0.636	0.666	0.694	0.721	0.649
标准差	0.084	0.079	0.074	0.069	0.064	0.058	—
变异系数	0.127	0.114	0.103	0.093	0.084	0.074	—

注：变异系数 = 标准差/全国平均技术效率。

表 3 − 5 　　　　　1978—2007 年中国各省份技术效率整体状况

效率层次	分层依据	省份	所占比重（％）
高效率	TE≥0.8	天津、辽宁、黑龙江、上海、福建、江西	20
中等效率	0.6≤TE<0.8	江苏、浙江、北京、广东、河北、山西、内蒙古、吉林、安徽、山东、河南、湖北、湖南、广西、海南、四川、贵州、云南、陕西、甘肃、新疆、西藏、宁夏	76.67
低效率	TE<0.6	青海	3.33

（3）从地区差异来看，中国经济增长效率差异明显，但这种地区差异正在缩小。从图 3 − 1 来看，1978—2007 年，全国及东部、中部、西部三大地区的经济增长效率是稳步上升的，但是存在地区差异。东部地区平均经济增长效率（0.778）高于中部地区（0.765），而中部地区（0.765）又高于西部地区（0.649），其中，东中部地区平均经济增长效率在全国平均水平 0.727 之上，西部地区在全国平均水平之下。但是，从各省份经济增长效率变异系数来看，变异系数逐渐减小，从 1978—1982 年的 0.127 下降到 2003—2007 年的 0.074，可见，这种区域技术效率差异正在缩小。这可能得益于"西部大开发"战略和中部崛起战略的实施。这与何枫等（2004）、吴诣民和张凌翔（2004）的研究结论相吻合。

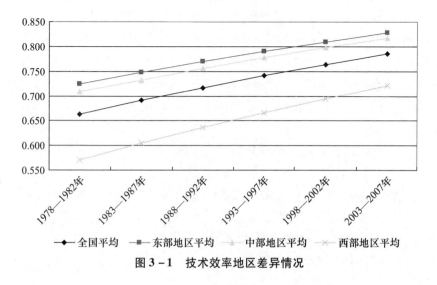

图 3 − 1　技术效率地区差异情况

第三节　中国经济增长质量影响因素分析

从上述实证研究中我们有以下疑问：为什么中国经济增长效率会出现较大的地区差异？有哪些因素影响中国经济增长效率的提高？具体怎么影响？

有许多因素都会对中国经济增长效率产生影响，例如，微观层面有企业规模、企业 R&D 投入、企业所有制结构等，宏观层面有对外经济开放度、金融发展、人力资本投入等。目前，对中国经济增长效率影响因素的研究相对较少。吴诣民和张凌翔（2004）尝试对导致中国经济增长效率地区差异的主要原因进行定性分析，认为主要原因有人力资源上的差距、市场化程度上的差距、对外开放程度上的差距。但遗憾的是，没有对这些影响因素进行进一步的定量研究。何枫（2003，2004）分别从金融中介发展和经济开放度方面分析了对中国经济增长效率的影响。此外，大部分文献均表明，人力资本对技术效率的影响较大，在其他条件不变的情况下，人力资本水平每增加 1 个百分点，生产率就会提高 2—10 个百分点（颜鹏飞和王兵，2004；王志刚等，2006；许和连等，2006；魏楚和沈满洪，2008）。

本节在已有研究基础之上，从宏观层面上分别从对外经济开放度和金融发展等方面对中国经济增长效率影响因素进行实证研究。考虑到研究口径的一致性、数据的易得性等问题，本节的研究时间段定位在1985—2007 年。此外，我国港澳台地区、1997 年以后被分别予以统计的四川省和重庆市以及统计资料存在较多缺失的西藏自治区均被排除在本书的研究样本之外，因此，本节的研究样本为全国的 28 个省份。

一　对外经济开放度影响分析

（一）模型构建

一国经济增长不仅仅取决于国内需求和国内投资的拉动，国际贸易和外资对经济增长的作用已日益显著。关于对外经济开放度的提高对经济增长的推动作用已经得到了学术界的充分证实和肯定。在正常状态下，对外贸易有利于国内资源的优化配置，外资引进不仅能够部分地解决国内资本稀缺等问题，更重要的是，随着外资引进，附随着的先进技术和管理经验也随之引进，这能够在地区内部或者行业内部产生正的外溢效益。目前，大部分文献主要是针对对外经济开放度对中国经济增长的理论与经验研究。王志鹏和李子奈（2003）研究发现，外资参股有助于中国工业企业生产效率提高 0.128。但是，本书更为关心的是对外经济开放度在中国经济增长效率变化中的影响。关于对外经济开放度与中国经济增长效率关系的研究甚少。何枫（2004）采用 SFA 技术对 1990—2001 年对外经济开放度对中国技术效率的影响进行了实证研究，发现对外经济开放度对技术效率的提高具有显著的促进作用，且外资依存度的影响力度大大高于贸易依存度的影响力度，外资依存度每增长 1%，技术效率会提高 4.4%，而贸易依存度每增长 1%，技术效率仅提高 0.22%。然而，在其随机前沿模型估计结果中，代表随机扰动项中技术无效率所占比重的 r 值为 0.1992，接近于 0，虽然在 1% 的水平上显著，但是，这说明在随机误差项中只有小部分来自技术无效率的影响，而绝大部分来自统计误差等外部不可控因素。因此，关于对外经济开放度对中国经济增长效率的影响有待进一步论证。

本节旨在于进一步测算对外经济开放度对中国经济增长效率的影响。借鉴何枫（2004a，2004b）的做法，本节将对外经济开放度分解为外资依存度和贸易依存度。根据巴特斯和科利（1995）模型基本原理，运用对数型 C—D 生产函数，本书构建了对外经济开放度对中国经济增长效率影响的随机前沿分析模型。具体研究模型如下：

$$\ln(y_{it}) = \beta_0 + \beta_1 \ln(L_{it}) + \beta_2 \ln(K_{it}) + v_{it} - u_{it} \tag{3.5}$$

$$TE_{it} = \exp(-u_{it}) \tag{3.6}$$

$$u_{it} = \exp\left[-\eta(t - T)\right] u_i \tag{3.7}$$

$$\gamma = \sigma_u^2 / (\sigma_v^2 + \sigma_u^2) \tag{3.8}$$

$$m_{it} = \delta_0 + \delta_1 (\text{FDI/GDP})_{it} + \delta_2 (\text{TRA/GDP})_{it} \tag{3.9}$$

本书将无效率项函数设定如式（3.9）所示。在式（3.9）中，δ_0 为待估计的常数项，δ_1 和 δ_2 分别为外资依存度、贸易依存度对中国经济增长技术无效率的影响系数。式（3.5）至式（3.8）的含义与式（3.1）至式（3.4）相同。

（二）数据说明

本节以中国 28 个省份（四川、重庆和西藏除外）为研究样本，以 1985—2007 年为研究时间段。所有原始数据均来源于《新中国五十五年统计资料汇编》和《中国统计年鉴》（2006—2008）。具体数据处理及变量设定如下：

（1）y_{it} 表示第 i 省份 t 年度的 GDP，单位为亿元人民币。

（2）L_{it} 表示第 i 省份 t 年度的从业人员数量，单位为万人。

（3）K_{it} 表示第 i 省份 t 年度的年均资本存量，单位为亿元人民币。此处资本存量数据的处理与第三章关于资本存量数据的处理相同，即运用单豪杰（2009）的研究成果。

（4）$(FDI/GDP)_{it}$ 表示外资依存度，为第 i 省份 t 年度的实际利用外商直接投资额（FDI）与当年 GDP 的比值，这可从整体上反映各省份所吸收外商直接投资的相对规模。其中，FDI 采用实际利用外商直接投资的统计口径，并按照当年人民币的平均汇率换算成人民币。$(TRA/GDP)_{it}$ 表示贸易依存度，为第 i 省份 t 年度的进出口贸易总额（I+E）与当年 GDP 的比值。其中，对于用美元表示的进出口贸易总额（I+E），也按照当年人民币平均汇率将其换算成人民币。各数据的简单描述性统计结果如表 3-6 所示。

表 3-6　　　　　对外经济开放度影响因素变量的描述性统计结果

变量	个数	最小值	最大值	均值	标准差
L	644.00	128.74	5772.70	1914.35	1269.12
K	644.00	13.63	12537.70	1088.81	1678.42
GDP	644.00	30.27	31084.40	2786.05	3894.70
FDI/GDP	644.00	0.00	701.92	25.72	52.78
TRA/GDP	644.00	0.40	190.42	25.22	36.15

（三）结果分析

根据上述 SFA 模型以及相关面板数据，本书运用 Frontier 程序得出相关实证分析结果，如表 3-7 所示。

表 3 - 7　　对外经济开放度影响因素 SFA 估计结果（1985—2007 年）

变量	估计的参数	系数	标准差	t统计值
常数项	β_0	0.1189	0.2173	0.5470
ln（L）	β_1	0.5508	0.0309	17.8276 ***
ln（K）	β_2	0.6158	0.0205	30.0735 ***
常数项	δ_0	1.2403	0.0952	13.0354 ***
FDI/GDP	δ_1	-0.0075	0.0006	13.5746 ***
TRA/GDP	δ_2	-0.0033	0.0016	2.1049 ***
γ	—	0.6986	0.0646	10.8102 ***
log likelihood function	530.9600 ***			
LR test of the one – sided error	123.3517 ***			

注：***表示在1%的水平上显著；LR 为似然比检验统计量。

　　此处，LR 统计检验在 1% 的水平下显著，说明模型中误差项有明显的复合结构。$\gamma = 0.6986$，表明模型中的误差主要来源于技术非效率因素（占 69.86%），而不是统计性误差等因素（占 30.14%）。因此，对技术非效率的影响因素进行分析就非常有必要且有意义了，这也表明基于面板数据的随机分析模型构建的正确性。但是，在何枫（2004a，2004b）的研究中，虽然 LR 统计量在 1% 的水平上也通过了显著性检验，但其 γ 值仅为 0.1992，说明在其随机模型误差项中只有 19.92% 来自技术无效率的影响，而 80.08% 来源于统计误差等外部不可控因素。

　　参数 $\delta_1 = -0.0075$，反映了外资依存度对中国经济增长技术无效率的影响力度，即利用外资相对规模（FDI/GDP）每增长 1%，则技术效率水平将会增长 0.75%；参数 $\delta_2 = -0.0033$，反映了贸易依存度对中国经济增长技术无效率的影响力度，即进出口相对规模（TRA/GDP）每上升 1%，则技术效率水平将会增长 0.33%。可见，外资依存度的影响力度要远高于贸易依存度的影响力度，总体上看，对外经济开放度对中国经济增长效率具有促进作用。这一结论与目前的研究成果具有一致性，何枫（2004a，2004b）通过对 1990—2001 年经济开放度对中国技术效率的影响研究也表明，对外经济开放度对技术效率提高具有显著促进作用，外资依存度的影响力度大大高于贸易依存度的影响力度，外资依存度每增长 1%，则技术效率会增加 4.4%，而贸易依存度每增长

1%，则技术效率仅增加 0.22%。

但不同的是，本书所测算的外资依存度的影响力度（0.75%）要远低于何枫（2004a，2004b）的测算结果（4.4%）。这可以做如下解释，改革开放以来，虽然对外经济开放度对中国经济效率的提高起到了预期的促进作用，但是，在对外开放的过程中，特别是在引进外资方面出现了种种不足，例如，从引用外资质量方面来看，长期以来，"三来一补"和以加工贸易为主的外资仍是以利用中国廉价劳动力和国内市场为目的，并且外资的大量涌入也必然伴随着先进机器设备的引入，从而抑制了国内自主研发的投入（刘舜佳，2008）。

值得注意的是，本书所测算的贸易依存度的影响力度（0.33%）相当于何枫（2004a，2004b）的测算结果（0.22%），即对外贸易对中国经济增长效率的提高作用不明显。这可能是由以下原因导致的：一是从出口方面来看，中国的对外贸易仍是以劳动密集型产品为主，而国际市场这种低级别产品的需求并不能刺激国内自主研发的投入；二是从进口方面来看，大量高精尖技术设备的进口，虽然引进了国外的先进技术和管理经验，但也在一定程度上挤掉了国内自主研发投入。

综上所述，对外经济开放度虽然对中国经济增长效率的提高具有推动作用，但是，这种推动作用显得后力不足，作用不是很明显。因此，中国的贸易方式、贸易结构以及外资引进等均要发生相应的改变，才能扭转这种局面。

二 金融发展影响分析

（一）模型构建

大量研究表明，金融发展在现代经济增长理论中占有重要地位。一个健全的、发展良好的金融体系可以减少信息成本和交易成本，从而影响储蓄率、投资决策、技术创新和长期经济增长率（周立，2003）。金融中介发展可以通过以下三个渠道来促进经济增长：一是借助于信息收集和分散风险等功能提升资本的边际生产率，并最终提高整体资源配置效率；二是通过技术进步带动金融发展，使金融中介能够进一步疏通储蓄转化为投资的渠道，从而加大投资—储蓄转化比例；三是金融中介能够提升私人储蓄率（何枫，2003）。但是，仅有少量实证研究针对金融发展与地区经济增长技术效率的关系进行了分析。何枫（2003）以各省份金融机构存（贷）款/GDP 来代替金融发展程度，研究了1990—

2001 年金融中介发展对中国经济增长技术效率的影响。发现存款相对规模每增加 1%，则技术效率将减少 0.11%；贷款相对规模每增加 1%，则技术效率将减少 0.19%，且这种影响具有明显的区域差异，在东部地区具有促进作用，但从全国范围来看具有抑制作用。然而，在其随机前沿模型估计结果中，代表随机扰动项中技术无效率所占比重的 r 值为 0.3815，接近于 0，虽然在 1% 的水平上显著，但是，这说明在随机误差项中只有小部分来自技术无效率的影响，而绝大部分影响来自统计误差等外部不可控因素。因此，关于金融发展对中国经济增长效率影响的研究有待进一步论证。

根据巴特斯和科利（1995）模型基本原理，运用对数型 C—D 生产函数，本书构建了金融发展对中国经济增长效率影响的随机前沿分析模型。具体研究模型如下：

$$\ln(y_{it}) = \beta_0 + \beta_1 \ln(L_{it}) + \beta_2 \ln(K_{it}) + v_{it} - u_{it} \qquad (3.10)$$

$$TE_{it} = \exp(-u_{it}) \qquad (3.11)$$

$$u_{it} = \exp[-\eta(t-T)]u_i \qquad (3.12)$$

$$\gamma = \sigma_u^2 / (\sigma_v^2 + \sigma_u^2) \qquad (3.13)$$

$$m_{it} = \delta_0 + \delta_1 (DEP/GDP)_{it} + \delta_2 (LOA/GDP)_{it} +$$
$$\delta_3 [(DEP + LOA)/GDP]_{it} \qquad (3.14)$$

本书将无效率项函数设定如式（3.14）所示。在式（3.14）中，δ_0 为待估常数项，δ_1—δ_3 分别为金融机构存款余额、金融机构贷款余额、金融机构存贷款余额对经济增长技术无效率的影响系数。式（3.10）至式（3.13）的含义与式（3.1）至式（3.4）相同。

（二）数据说明

本节以中国 28 个省份（四川、重庆、西藏除外）为研究样本，以 1985—2007 年为研究时间段。所有原始数据来源于《新中国五十五年统计资料汇编》《中国统计年鉴》（2006—2008）和《中国金融年鉴》（2007，2008）。具体数据处理及变量设定如下：

（1）y_{it} 表示第 i 省份 t 年度的 GDP，单位为亿元人民币。

（2）L_{it} 表示第 i 省份 t 年度的从业人员数量，单位为万人。

（3）K_{it} 表示第 i 省份 t 年度的年均资本存量，单位为亿元人民币。此处资本存量数据的处理与第三章关于资本存量数据的处理相同，即运用单豪杰（2009）的研究成果。

（4）（DEP/GDP）$_{it}$为第 i 省份 t 年度的金融机构全部存款余额与当年 GDP 的比值，表示金融发展中存款项目对经济增长技术无效率的影响。（LOA/GDP）$_{it}$为第 i 省份 t 年度的金融机构全部贷款余额与当年 GDP 的比值，表示金融发展中贷款项目对经济增长技术无效率的影响。[（DEP + LOA）/GDP]$_{it}$为第 i 省份 t 年度的金融机构全部存贷款余额与当年 GDP 的比值，表示金融发展对经济增长技术无效率的影响。金融发展影响因素变量的描述性统计结果如表 3 - 8 所示。

表 3 - 8　　　　　金融发展影响因素变量的描述性统计结果

变量	个数	最小值	最大值	均值	标准差
L	644.00	128.74	5772.70	1914.35	1269.12
K	644.00	13.63	12537.70	1088.81	1678.42
GDP	644.00	30.27	31084.40	2786.05	3894.70
DEP/GDP	644.00	0.00	504.89	100.99	62.41
LOA/GDP	644.00	0.01	716.28	95.83	45.84
（DEP + LOA）/GDP	644.00	0.01	1116.20	196.83	101.76

（三）结果分析

根据上述 SFA 模型以及面板数据，本书运用 Frontier 程序得出相关实证分析结果，如表 3 - 9 所示。

表 3 - 9　　　金融发展影响因素 SFA 估计结果（1985—2007 年）

变量	估计的参数	系数	标准差	t 统计值
常数项	β_0	- 0.3555	0.1972	- 1.8026 ***
ln(L)	β_1	0.6488	0.0353	18.4000 ***
ln(K)	β_2	0.5563	0.0228	24.4157 ***
常数项	δ_0	1.6065	0.1209	13.2896 ***
DEP/GDP	δ_1	- 0.0108	0.5774	- 0.0188
LOA/GDP	δ_2	0.0070	0.5774	0.0120
（DEP + LOA）/GDP	δ_3	- 0.0021	0.5774	- 0.0037
γ	—	0.5543	0.0620	8.9347 ***
log likelihood function	502.2556 ***			
LR test of the one - sided error	180.7604 ***			

注：*** 表示在 1% 的水平上显著；LR 为似然比检验统计量。

此处，LR 统计检验在 1% 的水平上显著，说明模型中的误差项有明显的复合结构。$\gamma = 0.5543$，大于 0.5，表明模型中的误差主要来自技术非效率因素（占 55.43%），而不是统计性误差等因素（占 44.57%）。因此，对技术非效率的影响因素进行分析就非常有必要且有意义了，也表明基于面板数据的随机分析模型构建的正确性。但是，在何枫（2003）的研究中，虽然 LR 统计量在 1% 的水平上通过了显著性检验，但其 γ 值仅为 0.3815，这说明在其随机模型误差项中只有 38.15% 来自技术无效率的影响，而 62.85% 来自统计误差等外部不可控因素。

参数 $\delta_1 = -0.0108$，反映了金融机构存款余额对中国经济增长技术无效率的影响。存款相对规模每增长 1%，则技术效率将会相应地增长 1.08%，虽然没有通过显著性检验，但仍说明中国金融机构存款业务对中国经济增长效率的提高具有促进作用，这与何枫（2003）的存款相对规模每增加 1% 则技术效率将减少 0.11% 的研究结论相悖，这也与传统金融发展理论不相符。金融机构存款规模扩大，为中国经济增长提供了必要的资金支持，为促进中国经济增长积累了原始资本。可见，金融发展主要是通过资本积累促进经济增长的。

参数 $\delta_2 = 0.0070$，反映了金融机构贷款余额对中国经济增长技术无效率的影响，贷款相对规模每增长 1%，则技术效率将会相应地减少 0.7%，表明中国金融机构贷款业务对中国经济增长效率的提高具有抑制作用，这与何枫（2003）的贷款相对规模每增加 1% 则技术效率将减少 0.19% 的研究结论一致，仍然与传统金融发展理论相悖，没有通过检验。既然存款业务对技术效率具有促进作用，但贷款业务对技术效率具有抑制作用，这说明中国贷款增加要注意贷款投向结构问题，使之符合国家宏观经济政策取向，减少信贷风险。

本书进一步考察了存贷款总额对中国经济增长技术效率的影响，从参数 $\delta_3 = -0.0021$ 可以发现，存贷款总额相对规模每增长 1%，则技术效率将会提高 0.21%，说明从整体上看，中国金融发展对经济增长效率的提高具有推动作用，虽然这种推动作用不明显，也不显著，但这与传统金融发展理论一致。从直观上看，这可能得益于存款业务促进作用对贷款业务抑制作用的抵消。可见，中国金融体系主要是通过提高存款业务、提高社会储蓄率、加速资本积累等方式来促进中国经济增长，这样并没有促进中国经济增长效率的全面提升。

本章小结

综合以上对改革开放 30 多年来中国经济增长效率及其影响因素的实证研究，本书得到如下基本结论：

（1）中国经济增长效率整体上偏低，处于技术非效率状态，中国经济还有很大的增长空间。1978—2007 年，中国经济增长效率均值为 0.727，处于技术非效率状态，表明在不增加任何投入的前提条件下，如果各地区同时提高技术效率，则在现有技术进步水平条件下，全国 GDP 总量将会在现有基础之上提高 27.3%。说明在技术进步率不变的前提条件下，中国经济还有较大的增长空间，应当提高技术效率向生产前沿面靠拢。虽然 1978—2007 年中国经济增长处于技术非效率状态，但是，此期间中国平均技术效率呈现出一种稳步上升的趋势，从 1978 年的 0.652 上升到 2007 年的 0.793。然而，这一总体水平仍然是偏低的，平均技术效率低于 0.8，进一步说明，在现有技术进步的条件下中国经济还有很大的增长空间，提高经济增长技术效率是提高中国经济增长质量的措施之一。

（2）中国经济的高速增长主要是靠资本驱动的，这对中国经济可持续发展不利，必须转变经济增长方式，提高技术效率对经济增长的贡献率。1978—2007 年，在中国经济总量 GDP 的增长中，资本要素的投入占据着不可替代的主体地位，年均资本量每增长 1%，可以促进中国 GDP 上升 0.764%。并且资本要素对 GDP 增长的贡献率是劳动力要素贡献率的两倍多。中国经济增长具有资本驱动型和轻微规模报酬递增的特征。但是，从长期来看，中国经济高增长主要靠资本和劳动的投入驱动是不可持续的。

（3）中国经济增长效率区域差异明显，但这种地区差异正在缩小。1978—2007 年，全国及东部、中部和西部三大地区的经济增长效率是稳步上升的，但存在地区差异。通过对 1978—2007 年中国各省份技术效率情况的分类处理可以发现，处于高效率的省份大多处于中国的东部沿海地区，而处于中低效率的省份大部分处于中国的中西部地区，且处于中等效率的省份占绝大多数，所占比重为 76.67%。东部地区平均技术效率高于中部地区，而中部地区又高于西部地区，其中，东中部地区平均技术效率在全国平均技术效率水平 0.727 之上，西部地区在全国平均技术效率水平之下。但是，从各省份技术效率变异系数来看，变异系数逐渐减小，从 1978—1982 年的 0.127 下降到 2003—2007 年的 0.074，可见，这种区域技术效率差异正在缩小。

（4）对外经济开放度对中国经济增长效率具有促进作用，但影响力度不大，外资依存度的影响力度略高于贸易依存度。通过实证研究发现，利用外资相对规模每增长 1%，则技术效率水平将会增长 0.75%；进出口相对规模每上升 1%，则技术效率水平将会增长 0.33%。外资依存度的影响力度要远高于贸易依存度的影响力度，总体上看，对外经济开放度对中国经济增长效率具有促进作用。虽然对外经济开放度对中国经济增长效率的提高具有推动作用，但是，这种推动作用显得后劲不足，作用不是很明显。因此，中国的贸易方式、贸易结构以及外资引进等方面要发生相应的改变，才能扭转这种局面。

（5）金融机构存款业务对中国经济增长效率的提高具有促进作用，而贷款业务对技术效率的提高具有抑制作用，但整体上看金融发展对技术效率的提高具有较大的促进作用。通过实证研究发现，金融机构存款相对规模每增长 1%，则技术效率将会相应增长 1.08%，虽然没有通过显著性检验，但仍说明中国金融机构存款业务对技术效率的提高具有促进作用。金融机构贷款相对规模每增长 1%，则技术效率将会相应减少 0.7%，表明中国金融机构贷款业务对技术效率的提高具有抑制作用。既然存款业务对技术效率具有促进作用，但贷款业务对技术效率具有抑制作用，这说明中国贷款增加要注意贷款投向结构问题，使之符合国家宏观经济政策取向，减少信贷风险。存贷款总额相对规模每增长 1%，则技术效率将会提高 0.21%，说明从整体上看，中国金融发展对技术效率的提高具有推动作用，虽然这种推动作用不明显也不显著。总之，金融发展仅仅是通过资本积累促进了中国经济增长，并没有促进中国技术效率的全面提升。

综上所述，改革开放 30 多年来，中国经济增长在数量方面确实取得了很大的绩效，创造了增长奇迹。但是，此期间中国经济增长主要是基于资本驱动的，经济增长效率偏低，且存在较大区域差异，但这种区域差异正在逐渐缩小。从中国经济增长效率影响因素的实证分析发现，对外经济开放度、金融发展对中国经济增长效率的改善具有促进作用。此外，在对外经济开放度的研究中，外资依存度的影响力度高于贸易依存度；在金融发展的研究中，存款业务对技术效率的提高具有促进作用，而贷款业务具有抑制作用。

那么，怎样在经济增长数量提高的同时促使中国经济增长效率的改善？从实证研究结果以及中国现实情况入手，提出如下的对策建议来提高中国经济增长效率，从而促进中国经济又好又快发展。

（1）重视经济增长效率，转变经济增长方式。少一些对中国经济增长速度的关注，多一些对中国经济增长质量的重视。促进中国经济增长不仅依赖于劳动、资本等要素投入的绝对增加，而且更需重视经济增长效率的提高，重视经济增长质量。提高经济增长质量，是经济增长方式转变的题中应有之义，是走新型工业化道路的必然选择，是全面建成小康社会的内在要求，是提高国际竞争力的必要条件。亟须转变经济增长方式，使经济增长从主要依靠资本驱动转变为主要依靠技术进步和技术效率的提高上来。

（2）扩大利用外资的规模，特别是要提高引用外资质量。利用外资是中国固定资产投资的重要资金来源，是促进中国工业化进程的助推器之一，外资引进还为中国创造了大量就业机会，推动了中国产业结构的优化升级，在地区经济发展中的作用及对中国技术进步的促进作用日益明显。从以上实证研究发现，中国利用外资相对规模每增长1%，经济增长效率水平将会增长0.75%。可见，外资引进对中国经济增长效率的提高有较大的促进作用。但是，中国利用外资的相关制度和政策环境还存在很多问题，特别地，长期以来，"三来一补"和以加工贸易为主的外资仍是以利用中国廉价劳动力和国内市场为目的的，并且外资的大量涌入也必然伴随着先进机器设备的引入。为了保持并扩大外资对中国经济增长技术效率的促进作用，必须坚持把完善社会主义市场经济制度和投资环境作为利用外资战略的重点，必须提高利用外资的规模。此外，外资引进应由"量"向"质"转变，由我国港澳台资向欧美日资转变，由境外投资者向战略投资者转变。

（3）改善贸易环境，改变贸易增长方式和贸易结构。对外贸易加深了专业化分工，使资源得到优化配置，其中，进口贸易可以为中国提供廉价或者是稀缺资源，为中国提供先进的技术设备，出口贸易扩大可以使更多的投资流向出口导向型的生产部门，带动投资增加，还可以吸引外资，推动中国相关产业的发展。并且对外贸易还能加速技术外溢，推动中国技术水平和管理水平的提高。综上发现，中国对外贸易相对规模每上升 1%，经济增长效率水平将会增长 0.33%。可见，贸易依存度对中国经济增长效率的促进作用不明显，说明中国经济在对外贸易过程中出现了种种不足。从出口方面来看，仍是以劳动密集型产品为主，而国际市场这种低级别产品的需求并不能刺激国内自主研发的投入。从进口方面来看，大量高精尖技术设备的进口，虽然引进了国外的先进技术和管理经验，但也在一定程度上挤掉了国内自主研发投入。因此，在扩大对外贸易规模，不断地提高中国在世界贸易中比重的同时，中国的贸易方式、贸易结构要发生相应的改变，才能扭转此种局面，由进出口贸易结构的转变带动国内技术进步方式的转型。在出口方面，加大高新技术产品出口，由国际市场需要潮流来反馈本国自主创新的投入需求；在进口方面，应将外汇顺差用在引进包括人力资本在内的各种有利于自主创新的资源方面，对于大宗高精尖设备的进口应当本着适度需求、配额进口的原则，由此督促中国的自主研发投入。更加注重对外贸易增长方式的转变，走质量效益型发展道路。转变对外贸易增长方式需要深入实施科技兴贸战略和以质取胜战略，加快出口商品结构向高附加值、高技术含量和高技术产业方向的转变，推进新型工业化道路。此外，还需着力改善对外贸易环境，积极参与区域经济合作，在国际经济贸易关系中把握战略主动权。

（4）继续推进金融体制改革，特别注意贷款投向结构问题，提升金融发展对技术效率的推动作用。实证研究发现，金融机构贷款业务对中国经济增长效率的提高具有抑制作用，可见，中国贷款增加要注意贷款投向结构问题，使之符合国家宏观经济政策取向，减少信贷风险。中国金融体系主要是通过提高存款业务、提高社会储蓄率、加速资本积累等方式来促进经济增长，并没有促进中国经济增长效率的全面提升。但是，金融发展总体上对中国经济增长技术效率的提高具有促进作用。因此，要改善提高金融发展，通过促进技术效率来促进中国经济增长的机制。实现这一目标与推行金融体制改革的措施是密不可分的。金融体制改革的目标是建立一个健康完善的金融体系，以促进中国经济持续、健康、稳定的发展。可见，继续推行中国金融体制改革的目标，对于提高中国经济增长效率，进而推动中国经济又好又快发展的目标是一致的。

综上所述，目前中国经济增长效率整体水平偏低，同时，经济增长效率受到经济开放度、金融发展的影响，因此，需要进一步提高对外开放水平，提高引进外资质量，改善贸易环境，改变贸易增长方式和贸易结构，加快金融发展，促使中国经济增长效率的提高。转变经济增长方式，使经济增长从主要依靠资本驱动转变为主要依靠技术进步和技术效率的提高上来，提高中国经济增长质量，实现中国经济又好又快发展。

第四章　人力资本对经济增长质量的影响

第一节　国内外相关研究综述

自 1978 年改革开放以来，中国经济经历了 30 多年的持续高速增长，年均经济增长率达到 9% 以上，为此，学术界对中国经济持续高速增长的原因进行了激烈的讨论。大致的观点分为两种：一种观点认为，中国经济的高速增长在于要素资源投入的驱动，特别是资本要素的投入，1985—2007 年年均资本增长率达到 20%；另一种观点认为，效率的提高是一国经济保持持续增长的核心和关键，他们从全要素生产率（TFP）来考察中国经济增长的质量状况。全要素生产率主要分解为技术进步指数和技术效率指数。近年来，不少学者对中国全要素生产率进行了测算（郑京海和胡鞍钢，2005；郭庆旺和贾俊雪，2005；李宾和曾志雄，2009），但仅有少数学者对生产率水平的影响因素进行了探讨（王志刚等 2006；金相郁，2007）。

根据舒尔茨的人力资本理论，在经济增长中人力资本是一切投入资源中最主要的资源，且人力资本的作用要大于物质资本。因此，无疑人力资本是影响经济增长生产率水平的重要影响因素之一。人力资本不同于一般意义上的劳动力，而是指在对一般劳动力进行教育培训后所形成的具有不同质的技能、技术水平和熟练程度的劳动力，因此，教育是提高人力资本最基本的主要手段，所以，在一定意义上说，也可以认为，人力资本投资就是对教育的投资。国外研究表明，人力资本对 TFP 的增长有着显著的影响（Benhabib and Spiegel，1994；Islam，1995；Aiyar and Feyrer，2002）。然而，人力资本对中国 TFP 增长到底存在怎样的影响？颜鹏飞和王兵（2004）以在校大学生人数占总人口比重来测度人力资本变量，发现人力资本对 TFP 增长和技术进步具有负的作用，但人力资本对效率的提高具有显著为正的作用。王志刚等（2006）用 1982 年具有小学以上文化程度的人口比重表示初始的人力资本，发现"初始的具有小学以上文化程度的人口比重增长 1%，那么该地区的生产效率会增加 140%"。许和连等（2006）采用中等及以上学校在校学生人数来近似地代替人力资本存量，研究发现，人力资本的积累对中国 TFP 的提高产生了积极的影响，在其他条件不变的情况下，人力资本水平每增加 1%，TFP 就会提高 2.661%，且认为人力资本积累水平的提高对 TFP 的影响比对经济增长的影响更为直接，它主要通过影响 TFP 而作用于经济增长。岳书敬和刘朝明（2006）使用平均受教育年限和劳动力数量的乘积表示人力资本存量，研究发现，在引入人力资本要素之后，1996—2003 年 TFP 增长得益于技术进步，若不考虑人力资本存量，会低估了同期的效率提高程度，而高估了此期间的技术进步指数。朱承亮等（2009）以每万人口在校大学生人数来衡量人力资本存量，研究发现，每万人口在校大学生人数每增加 1%，技术效率将会相应地上升 0.07%。

以上对中国人力资本与 TFP 增长关系的研究，研究结论偏差较大，甚至相悖，主要原因是研究方法、面板数据的时间序列以及人力资本变量的表示方法等的不一致性。但以上研究文献的一个共同点就是均把人力资本作为一个整体来对待，没有考虑人力资本要素的异质性，即没有考虑人力资本的不同构成部分对 TFP 增长可能会产生的影响。在近期国外研究中，Vandenbussche 等（2006）通过对 19 个 OECD 国家 1960—2000 年人力资本组成部分对 TFP 作用的研究，发现对 TFP 有显著促进作用的仅仅是接受过高等教育的人力资本部分而不是平均人力资本。继中国人力资本与 TFP 增长关系的探索之后，彭国华（2007）对中国地区 TFP 与人力资本构成的关系进行了研究，发现在中国人力资本构成中，只有受过高等教育的人力资本部分与 TFP 存在显著的正相关关系，高等教育部分人力资本提高 1%，将会使潜在 TFP 增加 5.5%；而中学教育程度和基础教育程度的人力资本与 TFP 是显著负相关的，平均人力资本作为一个整体与 TFP 也显著负相关，平均人力资本每提高 1%，将会使潜在 TFP 减少近 6%。

综上可知，已有研究中几乎都是针对 TFP 来衡量其人力资本因素作用的，但是，TFP 增长的来源有技术效率的改善、技术进步和规模效应三个。大量实证研究表明，中国 TFP 增长主要来源于技术进步，而技术效率的改善情况不是很理想，存在技术非效率，还不能达到促进 TFP 增长的作用。那么，人力资本及其各个构成部分对中国经济增长技术效率的改善情况存在怎样的影响呢？本书使用承认技术非效率存在的生产 SFA，且根据许和连等（2006）的研究结论，把人力资本要素通过技术效率间接地引入生产函数来分析中国 1985—2007 年人力资本存量、人力资本构成与经济增长技术效率之间的关系。本书研究的主要是嵌入技术进步的人力资本要素对技术效率改善的影响，所谓技术效率是用来衡量在现有技术水平条件下，生产者获得最大产出的能力，表示生产者生产活动接近其前沿边界的程度，也反映了现有技术的发挥程度。

第二节　人力资本影响经济增长质量的模型构建

一　模型构建

在实证分析中，测度效率主要有 SFA 和 DEA 两种方法。本书采用 SFA 技术来测算，这主要是因为相对于 DEA 方法，SFA 方法具有以下两个明显的优势：第一，SFA 方法具有统计特性，可以对模型中的参数进行检验（t 检验），还可以对模型本身进行检验（LR 检验）；而 DEA 方法不具备这一统计特性。第二，SFA 方法可以建立随机前沿模型，使前沿面本身是随机的，这对于跨时期的面板数据研究而言，其结论更加接近于现实；而 DEA 方法的前沿面是固定的，忽略了样本之间的差异性，使研究结论不及 SFA 方法更加接近现实。

基于 SFA 技术的上述优点，SFA 技术被广泛地运用于技术效率的测度研究上。根据巴特斯和科拉（1977），艾格纳、洛弗尔和施米特（Aigner, Lovell and Schmidt, 1977），巴特斯和科拉（1977）以及孔勃哈卡和洛弗尔（Kumbhakar and Lovell, 2000）等的研究成果，SFA 模型基本上可以表达为：

$$y = f(x; \beta) \cdot \exp(v - u)$$

其中，y 表示产出，x 表示投入，β 表示待估计参数。误差项 ε 为复合结构，由两个部分组成，第一部分 v 服从 $N(0, \sigma_v^2)$ 分布，$v \in iid$（独立同分布）；第二部分 $u \geq 0$，表示那些仅仅对某个研究对象所具有的冲击。因此，该研究对象的技术效率状态则可以用 $TE = \exp(-u)$ 来表示。这样，当 $u = 0$ 时，该研究对象就恰好处于生产前沿上即 $y = f(x; \beta) \cdot \exp(v)$，即处于技术效率状态；当 $u > 0$ 时，该研究对象就处于生产前沿下方，也就是处于技术非效率状态。

到了 20 世纪 90 年代，SFA 技术得到了更为深入的发展，它不仅可以测算样本及其个体中的效率水平状态，而且还能够就那些影响效率的因素做进一步剖析和测算。本书正是在这一技术得以广泛应用的基础上，根据巴特斯和科利（1995）模型的基本原理，运用对数型 C—D 生产函数及在 1985—2007 年省级面板数据的基础上，对中国人力资本存量、人力资本结构与经济增长技术效率的关系进行测算研究。具体研究模型如下：

$$\ln(y_{it}) = \beta_0 + \beta_1 \ln(L_{it}) + \beta_2 \ln(K_{it}) + v_{it} - u_{it} \qquad (4.1)$$

$$m_{it} = \delta_0 + \delta_1 HC_{1it} + \delta_2 HC_{2it} + \delta_3 HC_{3it} + \delta_4 HC_{4it} + \delta_5 HC_{it} \qquad (4.2)$$

$$\gamma = \sigma_u^2 / (\sigma_v^2 + \sigma_u^2) \qquad (4.3)$$

在式（4.1）中，i 为各省份的排列序号，$i = 1, 2, \cdots, N$，$N = 28$；t 为时期序号，$t = 1, 2, \cdots, T$，$T = 23$（1985 年为起始年）；y_{it} 表示 i 省份 t 年度的 GDP，L_{it} 表示 i 省份 t 年度的从业人员数量，K_{it} 表示 i 省份 t 年度的年均固定资本存量。β_0 为截距项，β_1 和 β_2 为待估参数，分别表示劳动力产出弹性和资本产出弹性。其中，误差项 ε_{it} 由两部分组成，第一部分 $v_{it} \in iid$ 并服从 $N(0, \sigma_v^2)$ 分布，表示中国经济增长的外部影响因素和一些数据上的统计误差；第二部分 $u_{it} \in iid$ 并服从截尾正态分布 $N(m_{it}, \sigma_u^2)$，它反映那些在第 t 时期作用于 i 省份的随机因素，且 v_{it} 与 u_{it} 之间相互独立。

由于本书重点考虑人力资本及其构成对中国经济增长技术效率项的影响，因此，技术无效率项函数设定如式（4.2）所示。在式（4.2）中，δ_0 为待估计的常数项，δ_1—δ_4 分别为人力资本结构对经济增长技术无效率的影响系数；δ_5 为人力资本存量对经济增长技术无效率的影响系数。

在式（4.3）中，γ 为待估计的参数，表示随机扰动项中技术无效率所占比重。当 γ 接近于 1 时，说明模型中的误差主要来源于技术非效率 u_{it}，即说明此时该省份的实际产出与前沿产出之间的差距主要来源于技术非效率引起的损失；当 γ 接近于 0 时，说明实际产出与前沿产出之间的差距主要来自统计误差等外部影响因素。如果 $\gamma = 0$，表示 $\sigma_u^2 \to$ 0，进一步可以推理得到误差项 $\varepsilon_{it} = v_{it}$。在统计检验中，若 $\gamma = 0$ 这一原假设被接受，说明所有测算该省份的生产点均位于生产前沿曲线上，此时无须使用 SFA 技术来分析，直接运用 OLS 方法即可。

二 数据说明

为了保持统计口径的一致性，本书以中国 28 个省份（四川、重庆、西藏除外）为研究样本，以 1985—2007 年为研究时间段。所涉及的所有原始数据均来源于《新中国五十五年统计资料汇编》和《中国统计年鉴》（2006—2008）。具体数据处理及变量设定如下：

（1）y_{it} 表示第 i 省份 t 年度的 GDP（单位：亿元人民币）。

（2）L_{it} 表示第 i 省份 t 年度的从业人员数量（单位：万人）。

（3）K_{it} 表示第 i 省份 t 年度的年均资本存量（单位：亿元人民币）。此处资本投入量以平均资本存量的形式体现，然而，在现有的统计资料中年均资本存量数据并没有直接给出，因此，需要依据一定的统计方法在已有数据基础之上对此进行估算。目前，不少学者在对全国及各省份资本存量的估计上做了许多有益探索。而在众多估算全国及各省份资本存量的研究中，单豪杰（2008）的成果比较具有代表性，数据也比较全面。因此，本书此部分使用的 1985—2006 年的资本存量数据即直接引用单豪杰测算结果。此外，2007 年资本存量数据依据其估算方法推算而来。

（4）虽然从业人员数据提供了劳动力增长的信息，但不包含任何有关劳动力质量的信息。舒尔茨认为，教育是形成人力资本最重要的部门之一，是提高人力资本最基本的手段，教育形成的人力资本是技术的载体，教育形成的人力资本的增长意味着技术进步。因此，我们以受教育年限法来衡量人力资本指标。我们将从业人员的受教育程度划分为大学教育、高中教育、初中教育和小学教育四类，且把各类受教育程度的平均累计受教育年限分别界定为 16 年、12 年、9 年和 6 年。在计算人力资本存量指标（HC_{it}）时，我们采用岳书敬和刘朝明（2006）的做法，即使用平均教育年限和劳动力数量的乘积来表示人力资本存量，其中,劳动力数量用各省份历年从业人员数量表示,平均受教育年限用各省份总人口平均受教育年限表示。在计算人力资本构成指标时,我们以每万人口中在读学生数加上已毕业学生数作为统计口径,其中,HC_{1it}、HC_{2it}、HC_{3it}、HC_{4it}分别表示第 i 省份在 t 时期的每万人口中在读及已毕业大学生数、高中生数、初中数和小学生数。人力资本及其构成影响因素变量的描述性统计结果如表 4 – 1 所示。

表 4 – 1   人力资本及其构成影响因素变量的描述性统计结果

变量	个数	最小值	最大值	均值	标准差
L	644.00	128.74	5772.70	1914.35	1269.12
K	644.00	13.63	12537.70	1088.81	1678.42
GDP	644.00	30.27	31084.40	2786.05	3894.70
HC_1	644.00	6.69	357.86	56.61	62.02
HC_2	644.00	11.92	953.85	514.26	199.62
HC_3	644.00	182.35	816.73	501.00	111.86
HC_4	644.00	287.02	1632.09	1056.87	245.47
HC	644.00	681.42	24188.80	6838.02	4564.36

第三节 人力资本对经济增长质量的影响结果分析

根据上述研究方法和面板数据,我们运用 Frontier（Version 4.1）程序对中国 1985—2007 年人力资本及其结构对中国经济增长技术效率的影响进行了估计。人力资本及其构成影响因素 SFA 估计结果如表 4 – 2 所示。

表 4 – 2 人力资本及其构成影响因素 SFA 估计结果（1985—2007 年）

变量	估计的参数	系数	标准差	t 统计值
常数项	β_0	2.5087	0.4142	6.0559 ***
ln(L)	β_1	0.4549	0.0553	8.2211 ***

续表

变量	估计的参数	系数	标准差	t 统计值
ln(K)	β_2	0.3885	0.0287	13.5529 ***
常数项	δ_0	1.5021	0.2415	6.2188 ***
HC_1	δ_1	− 0.0092	0.0015	− 6.0135 ***
HC_2	δ_2	0.0010	0.0002	4.1019 ***
HC_3	δ_3	0.0019	0.0004	4.7978 ***
HC_4	δ_4	0.0009	0.0002	5.4002 ***
HC	δ_5	− 0.0007	0.00001	− 4.9952 ***
γ	—	0.8122	0.0568	14.2949 ***
log likelihood function	− 485.8146 ***			
LR test of the one – sided error	213.6425 ***			

注：*** 表示在 1% 的水平上显著。LR 为似然比检验统计量，此处它符合混合卡方分布（Mixed Chi – square Distribution）。

此处，LR 统计检验在 1% 的水平上显著，说明模型中的误差项有明显的复合结构，且 $\gamma = 0.8122$，表明模型中的误差主要来源于技术非效率因素（占 81.22%）而非统计性误差等因素（占 18.78%）。因此，对技术非效率的影响因素进行分析就显得非常有必要且有意义，这也表明基于面板数据的随机分析模型构建的正确性。

从人力资本构成系数来看，仅 δ_1 小于 0，而 δ_2—δ_4 均大于 0，这表明在人力资本结构中仅有接受过大学教育的人力资本部分对技术效率增长具有促进作用，$\delta_1 = - 0.0092$，说明接受了大学教育部分的大学生人力资本每提高 1%，将会使经济增长技术效率增加 0.92%。而高中教育程度、初中教育程度和小学教育程度的人力资本部分与技术效率是显著负相关的。其中，仅接受了高中教育以及仅接受了小学教育的人力资本部分每提高 1%，将会使技术效率下降大约 0.1%；仅接受了初等教育的人力资本部分每提高 1%，将会使技术效率下降大约 0.2%。可见，继续追加对初等教育人力资本部分的投资，使这部分人力资本有机会接受高中教育，充分重视高中教育的发展，适时推进十二年义务教育普及工作是必要的，从我们的实证研究结论来看，这可以使中国经济增长技术效率少下降 0.1%。以上结论可以用彭国华（2007）的论证进行解释，即在中国这样的非技术前沿国家，技术进步主要依赖于对世界前沿技术的吸收和模仿，而只有接受了高等教育的人力资本才能达到技术模仿的"门槛水平"，若低于高等教育的人力资本强行进行技术模仿反而欲速则不达。这也论证了人力资本理论的一个公认假设，即教育程度越高，人力资本的教育含量越大，对提高生产率的贡献也越大。

从 $\delta_5 = -0.0007$ 来看，平均人力资本存量每增加 1%，将会使技术效率增加 0.07%，这说明人力资本作为一个整体而言对中国技术效率增长具有正的促进作用。人力资本作为一个整体与中国技术效率正相关，这与颜鹏飞和王兵（2004）、朱承亮等（2009）的研究结论相一致。由此可知，人力资本作为一个整体对中国经济增长技术效率的提升作用不是很明显，平均人力资本存量每增加 1%，技术效率仅增加 0.07%。

此外，我们通过对比研究发现，1985—2007 年，在不考虑人力资本因素的情况下，中国经济增长平均技术效率水平为 0.727，而考虑人力资本因素之后平均技术效率水平为 0.864。可见，人力资本要素对中国经济增长技术效率水平的提高具有促进作用，这进一步支持了本书"人力资本存量与技术效率正相关"的结论。

本章小结

综上所述，在分析总结已有文献的基础上，本书运用基于对数型 C—D 生产函数的随机前沿技术，对中国 1985—2007 年平均人力资本存量、人力资本构成与技术效率之间的关系进行了实证研究。结果发现，在人力资本构成中，仅有接受过大学教育的人力资本部分对技术效率增长具有促进作用，此部分人力资本每提高 1%，将会使技术效率增加 0.92%。平均人力资本存量作为一个整体也与技术效率显著正相关，平均人力资本存量每增长 1%，将会使技术效率增加 0.07%。

以上实证研究结论给我们如下启示：

首先，代表劳动力质量水平的人力资本存量每增长 1%，中国经济增长技术效率仅上升 0.07%，这说明对人力资本存量的投资能促进中国技术效率的改善，但改善力度不大，反映了中国劳动力的质量亟待提高。因此，必须加大对人力资本的投资力度，提高人力资本质量，提高国民素质，进而提高人力资本对中国技术效率的影响力度。

其次，在促进人力资本存量增长的同时，要注重人力资本各个构成部分的协调发展，重视教育结构的合理化。其中，重点的是要重视高等教育的发展，加大对教育资源的投入，让更多的人能够有机会完成中学教育、高中教育，进而进入大学教育阶段学习。提高大学教育人力资本部分的比重，有利于中国经济增长技术效率的改善。

第五章 人力资本结构对经济增长质量的影响

第一节 国内外关于人力资本与经济增长质量关系的研究述评

关于人力资本与经济增长关系的研究自20世纪90年代以来一直是经济学界探讨的热点问题之一。以卢卡斯（1988）、罗默（Romer，1990）、巴罗（Barro，1991）等为代表的学者把人力资本作为经济增长的决定因素来研究。改革开放以来，中国经济经历了30多年的高速增长，不少学者从人力资本视角来考察中国经济高速增长的原因。闫淑敏和秦江萍（2002）分析了人力资本对西部地区经济增长的贡献。边雅静和沈利生（2004）以中国东部和西部地区为研究对象，分析了两地区在人力资本方面的差异以及两地区人力资本对经济增长的影响。李秀敏（2007）在测算人力资本及其结构系数的基础上，检验了人力资本及其结构对经济增长的影响。国内关于人力资本与经济增长关系的研究，主要是建立在人力资本理论与内生经济增长理论的基础上的。

随着经济的高速增长，中国经济发展中的不少潜在问题和弊端日益显现。这使政府和学术界在关注中国经济增长数量的同时，也开始更加注重中国经济增长质量。效率提高是一国经济保持持续增长的核心和关键，学术界主要从全要素生产率（TFP）考察中国经济增长的质量状况。国外研究表明，人力资本对TFP增长有着显著影响（Benhabib and Spiegel，1994；Islam，1995；Aiyar and Feyrer，2002）。然而，人力资本对中国TFP增长存在怎样的影响？颜鹏飞和王兵（2004）以在校大学生人数与总人口比重来测度人力资本变量，发现人力资本对TFP增长和技术进步具有副作用，但人力资本对效率的提高具有显著促进作用。

许和连等（2006）采用中等及以上学校在校学生人数代替人力资本存量，发现人力资本积累对中国 TFP 提高产生了积极影响，在其他条件不变的情况下，人力资本水平每增加 1%，TFP 就会提高 2.661%，且认为人力资本积累水平的提高对 TFP 的影响比对经济增长的影响更为直接，它主要通过影响 TFP 而作用于经济增长。岳书敬和刘朝明（2006）使用平均受教育年限和劳动力数量的乘积表示人力资本存量，发现在引入人力资本要素之后，1996—2003 年 TFP 增长得益于技术进步，若不考虑人力资本存量，则低估了同期的效率提高程度，而高估了此期间的技术进步指数。朱承亮等（2009）以每万人口在校大学生人数来衡量人力资本存量，发现每万人口在校大学生人数每增加 1%，则技术效率将会相应地上升 0.07%。

综上可知，对中国人力资本与 TFP 增长关系的研究结论偏差较大，甚至相悖，主要原因在于研究方法、考察时间以及人力资本变量表示方法等的不一致性。但以上研究文献的一个共同点就是都把人力资本作为一个整体来对待，没有考虑人力资本要素的异质性，即没有考虑人力资本的不同构成部分对 TFP 增长可能产生的影响。Vandenbussche 等（2006）通过对 19 个 OECD 国家 1960—2000 年人力资本组成部分对 TFP 作用的研究，发现对 TFP 有显著促进作用的仅仅是接受过高等教育的人力资本部分而不是平均人力资本。彭国华（2007）对中国地区 TFP 与人力资本构成的关系进行了研究，发现在中国人力资本构成中，只有受过高等教育的人力资本部分与 TFP 存在显著的正相关关系，高等教育部分人力资本每提高 1%，将会使潜在 TFP 增加 5.5%；而中学教育程度和基础教育程度的人力资本与 TFP 是显著负相关的，平均人力资本作为一个整体与 TFP 也显著负相关，平均人力资本每提高 1%，将会使潜在 TFP 减少近 6%。

已有研究中几乎都是针对 TFP 来衡量人力资本因素作用的，但是，TFP 增长来源有技术效率改善、技术进步和规模效应三个。大量实证研究表明，中国 TFP 增长主要来源于技术进步，而技术效率改善情况不是很理想，存在技术非效率，还不能达到促进 TFP 增长的作用。那么，人力资本及其各个构成部分对中国经济增长效率的改善情况存在怎样的影响呢？所谓经济增长效率，即为经济增长的技术效率。法雷尔（1957）和莱宾斯坦（1966）分别从投入角度和产出角度给出了技术效率的含义，且认为技术效率是和生产前沿面联系在一起的。借鉴莱宾斯坦（1966）从产出角度关于技术效率的定义，本书将经济增长效率的含义界定为生产部门在等量要素投入条件下实际产出与最大产出（生产前沿面）的比率。

综上所述，在国内关于人力资本与经济增长关系的研究中，要么忽略了人力资本的结构因素，要么仅对人力资本与经济增长数量关系的考察，缺乏对人力资本与经济增长质量关系的考察。针对已有研究的不足与缺陷，本书使用承认技术非效率存在 SFA，把人力资本要素通过技术效率间接地引入生产函数，分析中国 1998—2008 年人力资本存量、人力资本结构与经济增长效率之间的关系，且考察其地区差异性。

第二节　人力资本及其结构的概念界定和度量分析

不同学者从不同角度对人力资本概念进行了界定，但舒尔茨关于人力资本概念的定义得到了大多数学者的认同。人力资本投资方式主要有教育、职业培训、卫生医疗保健和劳动力迁移四种。其中，教育是最主要的投资方式；职业培训是指为适应某种工作岗位而进行的岗前培训、工作经验积累或"干中学"；卫生医疗保健是为保障和增进人的体能、精力和健康而进行的投资方式，主要有医疗、营养保健、体育锻炼、闲暇娱乐、休息以及环境质量的改善等；劳动力迁移是指劳动力为获得工作机会或较高收入的岗位而进行的在行业或地区之间的流动，这种流动所需要的投入效果并不直接体现在劳动力身心素质的改进上，主要是通过工作和生活环境的改善以及收入的提高进而间接地增进劳动力的人力资本。同时，各种投资形式并不是孤立存在的，而是存在着密切的、相互促进的内在联系（李福柱，2006）。

考虑到指标数据的可得性等问题，本书主要从教育和职业培训两个投资方式来考察人力资本，认为人力资本不同于一般意义上的劳动力，是在对一般劳动力进行教育、培训后形成的具有不同质的技能、技术水平和熟练程度的劳动力。由于教育是提高人力资本的主要手段，所以，在一定意义上可以认为，对教育的投资就是对人力资本的投资。人力资本职业培训投资方式会存在"干中学"效应，使人力资本具有一定的时滞效应。此外，本书所说的人力资本结构也是从居民受教育投资方式来考察的，即指同一地区内部不同人力资本水平个体的构成结构，反映的是该地区内不同人力资本水平因受教育水平不同而导致的个体数量的分布情况。

　　人力资本的测度比较困难和复杂，且其度量方法较多，归纳起来，可以分为两类：一类是从人力资本的产出角度来度量，最常用的方法是劳动者报酬法；另一类是从人力资本的投入角度来度量，最常用的方法有学历指数法、技术或职称等级法、教育经费法、受教育年限法等。在实证研究中，受教育年限法由于数据的易得性等优点而得到普遍采用。

　　在计算人力资本存量（HC）指标时，本书采用岳书敬、刘朝明（2006）的做法，使用居民平均教育年限（h）和劳动力数量的乘积来表示，即 HC = h × L，其中，劳动力数量用各省份历年从业人员数量（L）表示。关于居民平均教育年限（h）的度量，本书采用全国6岁及以上人口作为统计口径，将居民受教育程度划分为大专及以上教育、高中教育、初中教育、小学教育和文盲半文盲五类，且把各类受教育程度的平均累计受教育年限分别界定为 16 年、12 年、9 年、6 年和 0 年。则居民平均受教育年限（h）的计算公式为：

$$h = primary \times 6 + junior \times 9 + senior \times 12 + college \times 16 \qquad (5.1)$$

　　式（5.1）中，$primary$、$junior$、$senior$ 和 $college$ 分别是小学、初中、高中和大专及以上教育程度居民占地区6岁及以上人口的比重。《中国统计年鉴》提供了 1997—1999 年和 2002—2008 年的抽样数据，本书根据各年抽样比例计算出各年数据；第五次全国人口普查提供了 2000 年的数据；对于缺失的 2001 年数据通过 2000 年和 2002 年数据算术平均得到。

　　对于人力资本结构指标，本书采用文盲半文盲、小学、初中、高中和大专及以上教育程度居民占地区6岁及以上人口的比重来度量，分别采用 illterate、primary、junior、senior 和 college 来表示。

　　按照上述核算方法，本书计算出了 1998—2008 年中国各省份平均受教育年限、人力资本存量及其结构情况如表 5-1 所示。

表 5-1　　　各省份平均受教育年限、人力资本存量及其结构情况

（1998—2008 年）

地区	平均受教育年限（年）	人力资本存量（万人·年）	文盲半文盲（%）	小学（%）	初中（%）	高中（%）	大专及以上（%）
全国平均	7.777	578524.524	10.024	34.827	37.677	14.737	4.997
北京	10.427	8929.839	4.553	15.480	33.364	25.100	22.569
天津	9.260	3951.221	5.886	23.287	36.909	23.485	11.761
河北	8.016	26673.835	7.277	32.770	43.868	14.594	4.278
辽宁	8.635	16314.924	5.144	28.519	44.834	16.613	7.707
上海	9.844	7866.253	6.325	16.644	35.014	26.792	16.312
江苏	7.842	29198.616	11.195	31.374	38.105	16.325	5.279
浙江	7.692	23216.260	11.597	35.122	34.826	14.631	5.883
福建	7.435	13006.302	11.967	38.551	32.890	14.293	4.264
山东	7.732	36949.203	11.670	30.367	40.851	15.098	4.495
广东	8.165	34776.872	6.191	35.456	38.987	16.529	5.107
海南	7.948	2722.980	9.035	32.859	39.384	16.197	4.648
东部平均	8.454	18509.664	8.258	29.130	38.094	18.151	8.391
江西	7.700	14976.633	8.452	39.983	35.139	14.478	4.171
山西	8.298	11804.802	5.798	30.796	45.414	15.729	5.109
吉林	8.530	9013.133	5.315	31.152	40.528	18.700	6.319
黑龙江	8.345	13209.779	5.979	30.338	44.151	16.860	5.174
河南	7.891	41208.948	8.736	30.736	45.354	14.581	3.597
湖北	7.841	19666.107	10.268	34.090	36.450	15.837	5.305
湖南	7.956	27097.271	7.124	36.799	38.531	15.553	4.372
安徽	7.114	23087.254	14.591	35.933	37.129	11.648	3.360
中部平均	7.959	20007.991	8.283	33.728	40.337	15.423	4.676
广西	7.629	18749.123	7.772	40.444	38.149	12.609	3.323
内蒙古	7.939	7906.897	10.862	30.879	37.919	16.598	5.806
四川	7.270	42800.691	10.803	42.952	33.112	11.847	3.418
贵州	6.537	12985.838	17.492	44.196	27.995	8.926	3.194
云南	6.352	14380.376	17.487	48.194	25.371	7.970	2.576
陕西	7.868	14070.083	10.629	33.258	36.235	16.212	5.657
甘肃	6.777	8174.327	18.984	36.977	29.028	12.892	3.602

续表

地区	平均受教育年限（年）	人力资本存量（万人·年）	文盲半文盲（%）	小学（%）	初中（%）	高中（%）	大专及以上（%）
青海	6.480	1572.429	23.286	36.009	25.400	11.786	4.942
宁夏	7.349	2033.059	15.550	33.928	32.634	13.975	5.754
新疆	8.181	5772.935	7.448	37.466	33.791	14.428	8.402
西部平均	7.238	12844.576	14.031	38.430	31.963	12.724	4.667

资料来源：经笔者计算而得。

从表 5 - 1 可见，1998—2008 年中国人力资本及其结构有如下事实：

从时间趋势上来看，1998—2008 年，无论是人均受教育年限还是人力资本结构都发生了较大变化。全国人均受教育年限从 1998 年的 7.09 年上升到 2008 年的 8.27 年，11 年间增加了 1.18 年，年均增长速度 11%。人力资本存量从 1998 年的 500656.97 万人·年增长到 2008 年的 640749.78 万人·年。此期间，由于科教兴国战略的实施以及政府对教育的投资，中国人均受教育年限、人力资本存量在不断提高的同时，人力资本受教育结构也在悄然发生变化。2008 年人力资本结构与 1998 年相比，文盲半文盲和小学教育占比分别降低了 6.21 个和 8.62 个百分点，而初中、高中以及大专及以上文化程度占比分别提高了 7.90 个、3.02 个和 3.91 个百分点。1998 年人力资本结构以初中教育程度为主，占 39.79%，而 2008 年人力资本结构以高中教育程度为主，占 40.94%。从人力资本结构变化可知，中国九年义务教育政策实施成效显著，使居民顺利完成初中教育继而完成高中教育的比重大幅度上升。

从地区差异上来看，1998—2008 年人均受教育年限区域差异明显，东部地区最高（8.454 年），其次为中部地区（7.959 年），最后为西部地区（7.238 年），东中部地区人均受教育年限高于全国平均水平（7.777 年），东西部地区人均受教育年限相差约 1.2 年。1998—2008 年西部地区人力资本结构以小学教育程度为主，占 38.43%，且文盲半文盲占 14% 多一点；东中部地区人力资本结构以初中教育程度为主，而文盲半文盲占 8.2% 左右。此期间东部地区大专及以上教育程度占

8.391%，远高于中部地区（4.676%）和西部地区（4.667%）。

从分省份来看，差异明显。1998—2008 年，北京和上海人均受教育年限较高，分别为 10.427 年和 9.844 年；人力资本结构以初中教育程度为主，均占 33% 左右；大专及以上教育程度占比较高，分别为22.569% 和 16.312%。而贵州和云南人均受教育年限较低，分别为6.537 年和 6.352 年；人力资本结构以小学教育程度为主，均占 44% 左右；大专及以上教育程度占比较低，分别为 3.194% 和 2.576%；文盲半文盲占比较大，均在 17% 左右。

综上可见，1998—2008 年中国人均受教育年限、人力资本存量及结构均发生了较大变化，人均受教育年限不断提高，人力资本结构不断优化升级，居民受教育程度不断提高，但地区差异明显。

第三节　人力资本结构影响经济增长质量的模型构建

对技术效率的测度关键在于对生产前沿面的确定。目前，在实证分析中对技术效率的测度主要有两类方法：一类为非参数方法，该类方法以查尼斯等（1978）提出的 DEA 方法为代表；另一类为参数方法，该类方法以 SFA 方法为代表。本书采用参数 SFA 方法来测算人力资本及其结构对中国地区经济增长效率的影响。这主要是因为相对于非参数 DEA 方法，参数 SFA 方法具有以下三个优势：第一，SFA 方法具有统计特性，不仅可以对模型中的参数进行检验，还可以对模型本身进行检验；而 DEA 方法不具备这一统计特性。第二，SFA 方法可以建立随机前沿模型，使前沿面本身是随机的，而且模型中将误差项进行了两部分分解，这对于跨期面板数据研究而言，其结论更加接近现实；而 DEA 方法的前沿面是固定的，忽略了样本之间的差异性。第三，SFA 方法不仅可以测算每个个体的技术效率值，而且可以定量分析各种相关因素对个体效率差异的具体影响。

根据前期研究成果，SFA 模型的一般形式如式（5.2）所示：

$$y_{it} = f(x_{it}; \ \beta) \cdot \exp(v_{it} - u_{it}) \tag{5.2}$$

式（5.2）中，y 表示产出，$f(\cdot)$ 表示生产前沿面，x 表示投入，β

表示待估计的参数。误差项为复合结构，由两个部分组成，第一部分 v 服从 $N(0,\sigma_v^2)$ 分布，表示随机扰动的影响；第二部分 $u \geqslant 0$，为技术非效率项，表示个体冲击的影响。根据巴特斯和科利（1992）的假定，u 服从非负截尾正态分布，即 u 服从 $N^+(u,\sigma_u^2)$，且有式（5.3）：

$$u_{it} = \exp[-\eta \cdot (t-T)] \cdot u_i \tag{5.3}$$

式（5.3）中，参数 η 表示时间因素对技术非效率项 u 的影响。

技术效率 TE 定义为实际产出期望和生产前沿面产出期望的比值，即式（5.4）：

$$TE_{it} = \frac{E[f(x_{it})\exp(v_{it}-u_{it})]}{E[f(x_{it})\exp(v_{it})\mid u_{it}=0]} = \exp(-u_{it}) \tag{5.4}$$

显然，当 u = 0 时，技术效率 TE = 1，表示生产单元处于生产前沿面上，此时为技术有效；当 u > 0 时，技术效率 TE < 1，表示生产单元处于生产前沿面下方，此时为技术无效，即存在技术非效率。

20 世纪 90 年代以前的 SFA 模型只可以测算个体技术效率水平，但是，现实情况是，我们需要探讨有哪些影响因素导致了技术非效率。早期在探讨影响因素与技术非效率之间的关系时，一般都采用二阶段估计法。二阶段估计法的假设被认为是不一致的，即第二阶段所构建的回归方式违反了第一阶段中关于技术非效率结果独立性的假设。

为了改善这种不合理的估计方式，进入 20 世纪 90 年代后，SFA 技术得到了更为深入的发展，巴特斯和科利（1995）提出了 BC 模型，该模型不仅可以测算个体效率水平，还能够就影响技术非效率的因素做进一步剖析和测算。BC 模型假设技术非效率 u 服从非负截尾正态分布 $N(m_{it}, \sigma_u^2)$，同时假设 m 为各种影响因素的函数，如式（5.5）所示：

$$m_{it} = \delta_0 + \delta \cdot z_{it} \tag{5.5}$$

其中，z_{it} 为影响技术非效率的因素，δ_0 为常数项，δ 为影响因素的系数向量。若系数为负值，则说明该影响因素对技术效率有正的影响；反之则有负的影响。BC 模型还设定了方差参数 $\gamma = \sigma_u^2 / (\sigma_v^2 + \sigma_u^2)$ 来检验复合扰动项中技术非效率项所占比重，r 处于 0—1，若 r = 0 被接受，则表明实际产出与最大产出之间的距离均来自不可控的纯随机因素的影响，此时没有必要使用 SFA 技术，直接采用 OLS 方法即可。

本书以 1998—2008 年为研究时间段，研究对象为中国内地的 29 个省份（西藏除外，重庆并入四川）。沿袭传统地区划分，本书将 29 个省份分为东部、中部和西部三个地区，其中，东部地区包括北京、天津、河北、辽宁、上海、江苏、浙江、福建、山东、广东和海南 11 个省份；中部地区包括山西、安徽、江西、河南、湖北、湖南、吉林和黑龙江 8 个省份；西部地区包括贵州、云南、陕西、甘肃、青海、宁夏、新疆、广西、四川（包括重庆）和内蒙古 10 个省份。基础数据来源于《中国统计年鉴》（1999—2009）。

考虑到人力资本"干中学"效应导致的对经济增长时滞影响，本书设定经济增长非效率 m_{it} 由 t 和 t－1 时期的人力资本存量及其结构共同决定。

综上所述，本书根据 BC 模型基本原理，运用对数型 C—D 生产函数，在 1998—2008 年省级面板数据的基础上，建立如下随机前沿模型：

$$\ln y_{it} = \beta_0 + \beta_1 \ln L_{it} + \beta_2 \ln K_{it} + v_{it} - u_{it} \tag{5.6}$$

$$m_{it} = \delta_0 + \delta_1 HC_{it} + \delta_2 HC_{i(t-1)} + \delta_3 \text{illterate}_{it} + \delta_4 \text{illterate}_{i(t-1)} +$$
$$\delta_5 \text{primary}_{it} + \delta_6 \text{primary}_{i(t-1)} + \delta_7 \text{junior}_{it} + \delta_8 \text{junior}_{i(t-1)} +$$
$$\delta_9 \text{senior}_{it} + \delta_1 0 \text{junior}_{i(t-1)} + \delta_1 1 \text{college}_{it} + \delta_1 2 \text{college}_{i(t-1)} \tag{5.7}$$

模型中具体变量设定及数据处理如下：

（1）y_{it} 表示 i 省份 t 年度的 GDP（亿元），且按照 1990 年的可比价格进行了折算。

（2）L_{it} 表示 i 省份 t 年度的从业人员数量（万人）。

（3）K_{it} 表示 i 省份 t 年度的资本存量（亿元）。在众多对中国资本存量估算的研究中，单豪杰（2008）的成果比较具有代表性，数据也比较全面，因此，本书资本存量数据均直接或间接采用单豪杰研究成果。此外，单豪杰的资本存量数据是以 1952 年为基期的，为了研究的可比性，本书将其按照 1990 年的可比价格进行了折算。

（4）HC 表示人力资本存量，illterate、primary、junior、senior 和 college 分别表示文盲半文盲、小学、初中、高中和大专及以上教育程度的人力资本结构。1998—2008 年中国经济基本统计数据如表 5－2 所示。

表 5 - 2 　　　　　　　1998—2008 年中国经济基本统计数据

年份	1990 年价格 GDP（亿元）	1990 年价格资本存量（亿元）	从业人员（万人）	平均受教育年限（年）	人力资本存量（万人·年）	文盲半文盲（%）	小学（%）	初中（%）	高中（%）	大专及以上（%）
1998	46217.49	23616.94	70637	7.09	500656.97	13.71	39.79	33.04	10.67	2.79
1999	50513.06	27465.80	71394	7.18	512560.22	13.37	38.50	34.33	10.71	3.09
2000	56868.69	31225.56	72085	7.62	549339.25	9.54	38.18	36.52	11.95	3.81
2001	62950.40	35163.39	73025	7.68	560713.88	9.89	36.55	37.09	12.21	4.27
2002	70495.73	40088.39	73740	7.73	570325.99	10.23	34.96	37.65	12.45	4.71
2003	81046.21	45797.80	74432	7.91	588825.82	9.68	33.42	38.04	13.37	5.49
2004	94017.71	51081.96	75200	8.01	602325.94	9.16	32.38	39.29	13.40	5.77
2005	114128.47	58730.94	75825	7.83	593771.49	10.37	33.28	38.35	12.44	5.56
2006	132001.50	67524.37	76400	8.04	614260.56	8.79	33.07	38.99	12.93	6.22
2007	151699.38	72684.48	76990	8.19	630239.87	8.01	31.80	40.22	13.41	6.56
2008	170079.00	75408.01	77480	8.27	640749.78	7.50	31.17	40.94	13.69	6.70

资料来源：经笔者计算而得。

第四节　人力资本结构对经济增长
质量的影响结果分析

根据上述研究模型和面板数据，运用 Frontier 程序对中国 1998—2008 年人力资本、人力资本结构与地区经济增长效率之间的关系进行了估计。

模型中，$\gamma = 0.491$ 且通过了 5% 的显著性检验，表明模型误差中经济增长技术非效率因素占 49.1%，显然，对中国经济增长技术非效率影响因素进行分析是必要的，也表明了基于面板数据的随机前沿分析模型构建的正确性。考虑到人力资本及其结构的地区差异性，本书还考察了人力资本及其结构对东部地区、中部地区和西部地区经济增长效率的影响，估计结果见表 5 - 3。

表5-3   人力资本及其结构对东部地区、中部地区和西部地区
经济增长效率的影响估计（1998—2008 年）

变量	全国	东部地区	中部地区	西部地区
常数项 β_0	0.778 ** (2.400)	0.819 ** (2.503)	2.989 *** (4.911)	1.017 * (1.810)
lnL	0.582 *** (10.021)	0.534 *** (11.925)	0.418 *** (3.936)	0.675 *** (9.306)
lnK	0.356 *** (9.440)	0.460 *** (9.614)	0.329 *** (5.764)	0.178 *** (3.154)
常数项 δ_0	0.961 (0.749)	1.224 (0.977)	3.791 ** (2.591)	5.849 ** (2.813)
HC	0.862E-05 * (1.352)	0.364E-05 (0.340)	0.574E-05 (0.895)	0.753E-05 * (1.147)
HC_{-1}	-0.138E-04 ** (-2.650)	0.998E-07 (0.008)	-0.136E-04 ** (-2.703)	-0.175E-04 ** (-2.747)
illterate	0.034 * (1.249)	0.039 (0.605)	-0.033 (-0.807)	0.0007 (0.015)
$illterate_{-1}$	-0.021 (-0.781)	-0.034 (-0.528)	-0.048 * (-1.200)	-0.046 * (-1.040)
primary	0.007 (0.251)	0.032 (0.557)	-0.004 (-0.145)	0.010 (0.299)
$primary_{-1}$	-0.010 (-0.392)	-0.050 (-0.985)	0.007 (0.221)	-0.057 * (-1.493)
junior	0.014 (0.436)	0.044 (0.810)	-0.010 (-0.250)	-0.029 (-0.575)
$junior_{-1}$	-0.040 * (-1.221)	-0.056 * (-1.033)	-0.025 (-0.548)	-0.053 * (-1.065)
senior	0.008 * (1.148)	0.007 * (1.624)	0.002 (0.495)	0.009 * (1.555)
$senior_{-1}$	0.005 * (1.554)	-0.016 *** (-3.903)	0.0009 (0.282)	0.009 * (1.428)
college	0.019 (0.402)	0.079 (0.885)	-0.135 ** (-2.378)	0.015 (0.194)

续表

变量	全国	东部地区	中部地区	西部地区
college $_{-1}$	- 0.074 * (- 1.524)	- 0.099 * (- 1.106)	- 0.097 * (- 1.261)	- 0.225 ** (- 2.657)
Sigma - squared	0.129 *** (11.825)	0.105 *** (5.328)	0.045 *** (5.540)	0.114 *** (7.264)
γ	0.491 ** (2.223)	0.261 ** (2.659)	0.999 *** (205.116)	0.862 *** (5.668)
Log 函数值	- 125.533	- 35.913	18.975	- 36.149
LR 检验	105.365	15.031	100.209	63.522

注：小括号内为 t 检验值，*** 、** 和 * 分别表示显著性水平为 1% 、5% 和 10% 。

　　从劳动力和资本的弹性系数来看，劳动力对经济增长效率改善的促进作用要大于资本的作用，这似乎与类似研究结论相悖。孙琳琳和任若恩（2005）研究发现，1981—2002 年，资本投入是中国经济增长的主要原因。邱晓华等（2006）认为，改革开放以来，中国经济持续高速增长的主要动力来自要素投入的增加，其中，资本投入的增加是最为主要的动力。

　　为此，本书进一步分析了忽略人力资本因素的分地区 SFA 情况，结果见表 5 - 4。从表 5 - 4 中可以发现，资本的弹性系数远大于劳动力的弹性系数，这与孙琳琳和任若恩（2005）、邱晓华等（2006）关于中国经济增长资本驱动的研究结论一致。但值得注意的是，他们的研究中并没有对普通劳动力和人力资本进行区分。此外，本书通过对比研究发现，1998—2008 年，在不考虑人力资本因素的情况下中国平均经济增长效率为 0.238，而考虑人力资本因素之后平均效率为 0.968。可见，人力资本要素对中国经济增长效率改善具有较大的促进作用。

　　在对人力资本经济增长效应的类似研究中，大部分研究仅考虑了人力资本接受正规教育时间的影响，而忽略了在工作中"干中学"带来的人力资本存量的增加。在现实中，从学校毕业后的劳动者通常在工作一段时间后积累了一定实践经验，才会有更高的生产率。从表 5 - 4 可知，人力资本及其结构对经济增长的当期作用不明显，人力资本及其结构对经济增长效率的改善作用存在一定的滞后效应，说明对人力资本投资效应的考察不可急于求成，应当考虑到人力资本投资的时滞性问题。

表 5 – 4　不考虑人力资本因素的分地区 SFA 估计结果 （1998—2008 年）

变量	全国	东部地区	中部地区	西部地区
常数项	2. 150 ***	1. 058 *	1. 768 *	2. 643 ***
	(6. 149)	(1. 096)	(1. 980)	(5. 427)
lnL	0. 180 ***	0. 155	– 0. 006	0. 261 ***
	(3. 884)	(0. 319)	(– 0. 070)	(3. 149)
lnK	0. 837 ***	0. 916 *	0. 973 ***	0. 564 ***
	(23. 524)	(1. 489)	(13. 982)	(12. 118)
Sigma – squared	0. 238 ***	0. 096	0. 063 ***	0. 073 **
	(30. 645)	(0. 372)	(4. 449)	(2. 665)
γ	0. 968 ***	0. 641 *	0. 881 ***	0. 693 ***
	(108. 384)	(1. 182)	(61. 073)	(20. 106)
log 函数值	205. 234	29. 462	55. 577	24. 394
LR 检验	766. 899	145. 781	173. 412	184. 609

注：小括号内为 t 检验值，＊＊＊、＊＊和＊分别表示显著性水平为 1%、5% 和 10%。

滞后一期的人力资本存量系数为负值，说明人力资本作为一个整体而言对中国经济增长效率改善具有正的促进作用，且具有滞后效应。人力资本作为一个整体与中国经济增长效率正相关，这与颜鹏飞和王兵（2004）、朱承亮等（2009）等的研究结论一致。但是，人力资本作为一个整体对中国经济增长效率的提升作用不是很明显，平均人力资本存量每增加 1%，经济增长效率仅提升约 0.001%。

人力资本结构的经济增长效应的地区差异描述，如表 5 – 5 所示，这与地区产业结构、产业转移、劳动力流动等因素有关。就全国来说，1998—2008 年，人力资本结构以初中教育程度为主，此部分人力资本对全国经济增长效率改善具有显著促进作用，初中教育程度人力资本每增加 1%，全国经济增长效率将会上升 4%。东部、中部和西部产业结构差异、产业地区转移、劳动力地区流动等因素导致了人力资本结构经济增长效应存在地区差异。中西部地区产业结构不合理（第一产业比重过高、第二产业发展落后、第三产业发展不充分）；加之东部地区把劳动密集型产业转移扩散到中西部地区；且由于东部地区具有经济发展快、收入高、就业机会多的优势，导致中西部大量高素质劳动力（高中、大专及以上）向东部地区流动，这些因素导致了低教育文化程度的人力资本（文盲半文盲、小学、初中）对中西部经济增长效率改善具有显著促进作用。劳动力流动，不仅是人力资源在地区间的转移，更是人力资本在地区间的转移（李晶和汤琼峰，2006）。由于高素质劳动力从西至东流动，加上东部地区产业结构的优化升级，导致高中文化程度人力资本仅仅在东部地区显著。

表 5 - 5 人力资本结构的经济增长效应的地区差异描述（1998—2008 年）

	文盲半文盲	小学	初中	高中	大专及以上
全国			+		+
东部地区			+	+	+
中部地区	+				+
西部地区	+	+	+		+

注："+"表示显著促进作用（至少在 10% 的水平上显著），资料来源于表 5 - 3。

此外，从表 5 - 3 和表 5 - 5 可见，相对于其他受教育程度而言，滞后一期的接受过大专及以上教育的人力资本部分对全国乃至东部地区、中部地区和西部地区经济增长效率改善均具有显著的促进作用，且此部分人力资本结构对经济增长效率的改善作用远大于其他部分。这说明在中国这样的非技术前沿国家，技术进步主要依赖于对世界前沿技术的吸收和模仿，而接受了高等教育的人力资本达到技术模仿的"门槛水平"（彭国华，2007），从而对前沿技术的吸收和模仿能力越强，对经济增长效率的改善作用也就越大。这也论证了人力资本理论的一个公认假设，即教育程度越高，人力资本的教育含量越大，对提高生产率的贡献也越大。可见，继续追加对初等教育人力资本部分的投资，使这部分的人力资本有机会接受高中教育，进而完成大学教育，对中国经济增长效率的提高具有较大的促进作用。

本章小结

本书对 1998—2008 年人力资本及其结构进行了度量分析，构建了对数型 C—D 生产函数的随机前沿模型，对人力资本存量、人力资本结构与地区经济增长效率之间的关系进行了实证研究。结果发现：

（1）1998—2008 年人均受教育年限不断提高，人力资本结构不断优化升级，居民受教育程度不断提高，但地区差异明显。

（2）对人力资本存量的投资能促进中国经济增长效率的改善，但改善力度不大，反映了中国劳动力质量亟待提高。因此，必须加大对人力资本的投资力度，提高人力资本质量，提高国民素质，进而提高人力资本对中国经济增长效率的影响力度。

（3）人力资本及其结构对经济增长效率的当期作用不明显，存在一定的滞后效应，说明对人力资本投资效应的考察不可急于求成，应当考虑人力资本投资的时滞性问题。

（4）在人力资本构成中，接受过高等教育的人力资本部分对经济增长效率改善具有较大的促进作用。表明在促进人力资本存量增长的同时，要注重人力资本各个构成部分的协调发展，重视教育结构的合理化。其中，重点是要重视高等教育的发展，加大对教育资源的投入，让更多的人有机会完成中学教育、高中教育，进而进入大学教育阶段学习。

（5）受地区产业结构分布、产业地区转移、劳动力地区流动等因素影响，人力资本结构的经济增长效应存在地区差异。从人力资本及其结构现状来看，应当加大对中西部地区的人力资本投资，优化中西部地区人力资本结构，同时，加快中西部地区产业结构优化升级，合理促进产业地区转移，提升人力资本对地区经济发展的促进作用。

第六章 基于绿色 GDP 估算的中国经济增长质量测度

第一节 国内外关于绿色 GDP 及经济增长质量的研究述评

改革开放以来，中国经济进入了高速发展的"快车道"时期，此期间 GDP 年均增长率为 9.8%。对于中国经济的高速增长，如果只是从与同期其他国家 GDP 绝对增长幅度的对比来看，中国经济增长速度确实是可以用"增长奇迹"来形容的。这一成就确实令人振奋。但是，这仅仅是从经济增长绝对总量角度来衡量的。一般来说，经济增长包括两个方面：一个是经济增长数量方面，另一个是经济增长质量方面。在相当长的时间内，对中国经济增长的评价多是从经济增长数量角度出发的，片面追求 GDP 高速增长，而忽视了经济增长质量方面。以 GDP 等指标表示的经济增长本身具有一定的局限性，一国经济增长不仅要看其经济增长数量方面，更要注重其经济增长质量方面。与此同时，中国经济增长长期依赖于要素大量投入，属于资本驱动型的粗放型增长方式（郭庆旺和贾俊雪，2005；孙琳琳和任若恩，2005；邱晓华等，2006）。经济快速增长导致资源过度消耗，且存在能源效率问题（魏楚和沈满洪，2007），环境污染问题也日益严重，这种粗放型增长方式在为中国带来举世瞩目经济成就的同时，也使中国付出了巨大的环境代价。据全国环境统计公报统计数据，2008 年全国废水排放总量 571.7 亿吨，比 1998 年排放总量 395.3 亿吨大约增加了 45%；全国工业固体废物产生量 19 亿吨，比 1998 年的 8 亿吨大约增加了 138%；全国环境污染直接经济损失 18185.6 万元，比 1999 年直接经济损失 5710.6 万元大约增加了218％。经济发展过程中的环境污染问题已经引起政府的高度重视，为了突破经济发展中的环境约束，实现经济、资源、环境的可持续协调发展，政府实施了一系列的环境保护政策，比如，党的十六大首次把建设资源节约型和环境友好型社会确定为国民经济与社会发展中长期规划的一项战略任务。党的十七大又将建设资源节约型、环境友好型社会写入党章，提出到2020年要使中国成为生态环境良好的国家。在"十一五"规划中，中国确定了主要污染物排放总量削减10％的约束性指标。在哥本哈根世界气候大会上，中国承诺延缓二氧化碳的排放，即到2020年中国单位GDP二氧化碳排放比2005年下降40％—45％。

转变经济发展方式，使经济由"又快又好"发展转向"又好又快"发展，已成为中国经济实现可持续发展的当务之急。本书将运用1998—2008年中国29个省份的面板数据对环境约束下的中国经济增长绩效做进一步考察。对环境约束下的中国经济增长效率及其影响因素的研究有着重要的理论意义和现实意义。在理论方面，通过对现有经济增长理论的继承与发展，考虑环境约束的经济增长效率理论可以丰富和完善现有理论，从而树立更加全面、科学的经济增长观。在现实方面，对处于转型期的环境约束下中国经济增长效率及其影响因素的研究，有利于正确评估中国经济增长状况，有利于认清中国经济增长中的环境代价，有利于中国经济的又好又快发展。

与现有类似研究相比，本书主要在以下几个方面做了拓展：第一，将环境因素纳入效率测算框架，不仅考虑环境污染排放，而且考虑环境污染治理对中国经济增长绩效的影响。第二，借鉴2004年绿色GDP测算方法，将环境因素纳入GDP测算框架，构造考虑环境因素的相对绿色GDP核算指标，从而提供一种较为简单可行的、考虑环境因素的衡量经济增长绩效的办法。第三，采用参数的随机前沿模型来测算环境约束下的中国经济增长效率。第四，对影响环境约束下的中国经济增长效率的影响因素进行了实证研究。

近年来，探索中国经济增长模式成为国内外学者研究的热点问题，全要素生产率（TFP）是衡量一国经济增长质量和可持续性的核心指标，学者主要从生产率的角度对此进行解释。如Chow和Lin（2002）、易纲等（2003）、颜鹏飞和王兵（2004）、郑京海和胡鞍钢（2005）、王志刚等（2006）、朱承亮等（2009）等对中国经济增长效率进行了实证研究。这些研究得出了很多有意义的结论，但是，这些实证研究存在的一个缺陷，就是它们无一例外地忽略了环境因素对经济增长效率的影响，而忽略环境因素计算出的经济增长效率是不全面的，不能正确地衡量相关经济体可持续发展水平。这种传统的 TFP 测度仅仅考虑市场性"好"产出的生产，并没有考虑生产过程中产生的非市场性"坏"产出。即传统 TFP 的核算没有考虑环境因素的影响，没有区分要素投入中哪些用于生产，哪些用于环境污染治理，其测算结果会导致 TFP 的含义被误导（Shadbegian and Gray，2005）。

　　不考虑环境因素的效率评价会促使地方在经济发展过程中仅以 GDP 为导向，忽视环境污染问题，而这种增长方式不利于经济可持续发展。相比之下，随着全球环境问题的日益突出，已有一些国外学者开始尝试将环境因素纳入 TFP 测算框架。皮特曼（Pittman，1983）在对威斯康星州造纸厂的效率进行测度时，用治理污染成本作为"坏"产出价格的代理指标，首次尝试在生产率测算中引入"坏"产出。Chung 等（1997）在测度瑞典纸浆厂的生产率时引入了一个方向性距离函数，并且在该函数的基础上构建了 ML 生产率指数，ML 生产率指数在测算 TFP 时不仅要求"好"产出不断增加，同时还考虑了环境因素，即要求"坏"产出不断减少。从此以后，运用考虑环境"坏"产出的 ML 生产率指数的实证研究渐渐增多。Hailu 和 Veeman（2001）将污染治理费用作为一种投入，考察了加拿大造纸行业的生产率情况。类似地，将环境污染作为生产投入要素的生产率研究还有 Domazlicky 和 Weber（2004）等。Fare 等（2001）运用 ML 生产率指数测算了 1974—1986 年美国制造业 TFP，发现考虑环境因素的 TFP 年均增长率（3.6%）要高于忽略环境因素的 TFP 年均增长率（1.7%）。Jeon 和 Sickles（2004）采用 ML 生产率指数和传统的 Malmquist 生产率指数分别测算了 1980—1990 年 OECD 和亚洲若干国家的 TFP 增长情况，发现环境因素对 OECD 国家的 TFP 增长影响不大，但是，对亚洲国家的 TFP 增长有负的影响。Yoruk 和 Zaim（2005）分别采用 ML 生产率指数和传统的 Malmquist 生产率指数实证分析了 1983—1998 年 OECD 国家的 TFP 增长情况，研究发现，整体上看，ML 生产率指数的测算结果要高于传统的 Malmquist 生产率指数的测算结果。库马（Kumar，2006）分别采用 ML 生产率指数和传统的 Malmquist 生产率指数考察了 41 个发达国家和发展中国家的 TFP，发现这两种方法的测算结果存在显著差距，且发展中国家的 ML 生产率指数测算结果都小于传统的 Malmquist 生产率指数的测算结果。

随着中国经济增长中环境污染问题的出现并日益严重，国内关于中国经济增长与环境污染关系的研究日益增多，这些研究文献（彭水军和包群，2006；符淼，2008）大多是关于环境库茨涅茨曲线（EKC）的实证分析，即证明中国经济增长与环境质量之间是否存在一种倒"U"形关系：在经济发展初期，环境质量随着人均 GDP 的上升而下降，而当经济增长达到一个转折点之后，环境质量随着人均 GDP 的上升而上升。而国内将环境因素纳入效率测算框架的研究并不多见，不少学者在这方面做了有益探索。一是从中观工业产业层面的研究。涂正革（2008）采用方向性环境距离函数方法评价了中国规模以上工业企业环境污染、资源消耗与工业增长的协调性问题；杨俊和邵汉华（2009）将工业二氧化硫排放量作为"坏"产出，采用 ML 生产率指数，测算了1998—2007 年中国地区工业考虑环境因素情况下的 TFP 增长及其分解，发现忽略环境因素会高估中国工业 TFP 增长；吴军（2009）以废水排放中化学需氧量（COD）和废气中二氧化硫排放量来代表"坏"产出，采用 ML 生产率指数将环境因素纳入 TFP 分析框架，测算了环境约束下1998—2007 年中国地区工业 TFP 增长及其成分，并对其收敛性进行了检验；涂正革和肖耿（2009）以工业二氧化硫排放量代表"坏"产出，构建了方向性环境生产前沿函数模型，采用非参数规划方法对 1998—2005 年环境约束下的中国工业增长模式进行了研究。二是从宏观区域层面的研究。胡鞍钢等（2008）采用以方向性距离函数为表述的 TFP 模型，在考虑环境因素的情况下，对 1999—2005 年中国 28 个省份的技术效率指标进行了重新排名，发现考虑污染排放因素与不考虑污染排放所得出的技术效率排名差距明显；王兵等（2008）采用 ML 生产率指数，测度了 APEC 17 个国家和地区 1980—2004 年包含二氧化碳排放的环境管制与 TFP 增长及其成分，发现在平均意义上考虑环境管制后 APEC 的 TFP 增长水平提高了；杨龙和胡晓珍（2010）运用熵权法将六种环境污染指标拟合为各地区综合环境污染指数，并将其引入 DEA 模型，测度了 1995—2007 年中国 29 个省份的绿色经济效率，并对其地区增长差异进行了收敛性检验；李静（2009）以工业"三废"排放作为"坏"产出，针对相关 DEA 模型的缺陷，采用 SBM 模型测算了

1990—2006 年中国各省份的环境效率，发现环境变量的引入，明显地降低了中国地区的平均效率水平；李胜文等（2010）将环境污染看成是一种有害投入，估算了中国 1986—2007 年各省份的环境效率。

综上可见，国内外研究者将环境因素纳入估计的生产模型中，主要思路有两个：一是将环境污染变量作为一种投入（Hailu 和 Veeman，2001；李胜文等，2010）；二是将环境污染变量作为一种非期望"坏"产出（Chung 等，1997；Fare 等，2001；Jeon 和 Sickles，2004；Yoruk 和 Zaim，2005；Kumar，2006；涂正革，2008；杨俊和邵汉华，2009；吴军，2009；涂正革和肖耿，2009；胡鞍钢等，2008；王兵等，2008）。将环境污染变量作为一种投入的办法虽然能够尽可能地减少非期望"坏"产出，但这不符合实际生产过程，而将环境污染变量作为一种非期望"坏"产出的办法又不能充分考虑投入产出的松弛性问题（李静，2009）。而且对于"好"产出和"坏"产出的不平衡处理也会扭曲对经济绩效和社会福利水平变化的评价，从而会误导政策建议（Hailu and Veeman，2000）。

同时，国内的类似研究只是考虑到了经济发展中的环境污染排放，却没有考虑到环境污染治理。值得庆幸的是，政府在对环境保护问题重视的同时，也加大了对环境保护力度。2008 年环境污染治理投资为4490.3 亿元，比 1998 年的 721.8 亿元增加了 522%，占当年 GDP 的1.49%。且对环境保护的投资也取得了明显效果，2008 年全国烟尘排放量总量为 901.6 万吨，比 1998 年的 1452 万吨减少了 38%；工业粉尘排放总量为 584.9 万吨，比 1998 年的 1322 万吨减少了 56%；工业废水排放达标率为 92.4%，比 1998 年工业废水排放达标率提高了 25.4%；工业固体废物综合利用率为 64.3%，比 1998 年提高了 16%；"三废"综合利用产品产值为 1621.4 亿元，是 1998 年 267.5 亿元的 6 倍多。可是，现在考察中国经济增长时，只考虑环境污染排放而忽略环境污染治理是不全面的。

基于现实环境与经济增长问题的迫切性及类似研究的局限性，本书主要考察环境约束下的中国经济增长状况，测评环境约束下的中国经济增长绩效，并以此为基础，考察中国经济增长绩效的影响因素。虽然胡鞍钢等（2008）、杨龙和胡晓珍（2010）从地区层面对此问题进行了有益探索，但是，除上述分析的不完善之处之外，两文献中均没有对中国经济增长的非效率影响因素进行探讨。本书将运用 1998—2008 年中国 29 个省级面板数据对环境约束下的中国经济增长绩效做进一步考察。

第二节　中国相对绿色 GDP 的估算及其结果分析

随着经济的快速发展，资源、环境问题与经济发展的矛盾日益凸显，传统 GDP 核算的弊端已为多数人所认同，对目前以 GDP 为主要指标的国民经济核算体系进行改革势在必行。传统观念认为，自然环境和资源是取之不尽、用之不竭的。所以，过去经济学家在研究经济发展时，没有考虑环境和资源因素在经济发展中的重要作用，以致在考核经济增长的核心指标 GDP 中没有体现出环境资源的价值损耗，而是仅仅体现了物质财富的总量增加，由此现行的基于名义 GDP 的国民经济核算体系没有对经济发展中的资源与环境代价进行核算，这就人为地夸大了经济收益，必将导致真实的国民福利大为减少，因而必须要对现有的国民核算体系进行校正。况且，长期以来，中国的干部晋升制度主要是以 GDP 来评价其优劣的，个别地方政府官员不惜以破坏生态环境、透支资源的方式来发展当地经济的现象不利于中国可持续发展。为此，绿色 GDP 的提出和发展是随着人们对环境和资源问题认识的不断升华而逐渐形成的。2006 年，中国首次公布了 2004 年绿色 GDP 核算报告。但是，由于绿色 GDP 核算工作的复杂性和困难，在短期内仍然不能准确地衡量环境因素对经济增长效率的影响。

按照可持续发展概念，绿色 GDP 是在传统 GDP 核算的基础上，通过相应的资源和环境数据调整而得到的。绿色 GDP 核算的目的是把经济活动的自然部分虚数[①]和人文部分虚数[②]从传统 GDP 中予以扣除并进

[①]　自然部分虚数从下列因素中扣除：（1）环境污染所造成的环境质量下降；（2）自然资源的退化与配比的不均衡；（3）长期生态质量退化所造成的损失；（4）自然灾害所引起的经济损失；（5）资源稀缺性所引发的成本；（6）物质、能量的不合理利用所导致的损失。

[②]　人文部分虚数从下列因素中扣除：（1）由于疾病和公共卫生条件所导致的支出；（2）由于失业所造成的损失；（3）由于犯罪所造成的损失；（4）由于教育水平低下和文盲状况导致的损失；（5）由于人口数量失控所导致的损失；（6）由于管理不善（包括决策失误）所造成的损失。

行调整，从而得出一组以绿色 GDP 为中心的综合性指标，为经济的持续发展服务。

可见，绿色 GDP 的核算是一个相当复杂和困难的工程，本书考察环境因素对中国经济增长绩效的影响，借鉴绿色 GDP 的核算，本书构造了考虑环境因素的相对绿色 GDP 核算指标，从而提供了一种较为简单可行的、考虑环境因素的衡量经济增长绩效的办法。为了尽量利用现有资料，同时考虑到绿色 GDP 核算的可操作性，且环境保护需要关注的重要领域是工业部门，因此，我们选择的指标主要侧重于工业领域的环境污染及其治理要素。

这里我们仅对扣除工业环境因素的绿色 GDP 核算方法进行了初步的探索和实践。我们的主要思路是：通过构建既考虑环境污染排放又考虑环境污染治理的环境指标，通过一定的定量方法测算出环境综合指数（ECI），ECI 综合概括了各地区经济发展中的环境因素（主要是环境治理效用）作用的大小，ECI 值越大，表明该地区经济发展的环境代价越小；反之则环境代价越大。然后，将各地区 GDP 与环境综合指数的乘积定义为各地区相对绿色 GDP（记为 EDP），并将其作为产出指标纳入经济增长效率测算模型，从而考察环境因素对中国经济增长效率的影响。

在构建既考虑环境污染排放又考虑环境污染治理的环境指标时，我们从环境的投入和产出入手，共有 8 个指标，其中包括 2 个绝对量指标和 6 个相对量指标。投入指标用污染治理投资总额来表示，产出指标主要考虑工业"三废"的排放及其处理情况，具体环境指标的构建及其指标定义如表 6-1 所示。

表 6-1　　　　　　　　　　指标说明

	指标	定义
投入	污染治理投资总额（万元）	工业污染治理投资总额
产出	废水排放达标率（%）	废水排放达标量/废水排放量×100%
	二氧化硫去除率（%）	二氧化硫去除量/二氧化硫排放量×100%
	工业烟尘去除率（%）	工业烟尘去除量/工业烟尘排放量×100%
	工业粉尘去除率（%）	工业粉尘去除量/工业粉尘排放量×100%
	固体废物综合利用率（%）	固体废物综合利用量/固体废物产生量×100%
	固体废物处置率（%）	固体废物处置量/固体废物产生量×100%
	"三废"综合利用产品产值（万元）	工业"三废"综合利用产品产值

在将由众多因素组成的环境指标转换成环境综合指数（ECI）时，难点在于权重的确定，此处借鉴樊纲和王小鲁等（2003）处理市场化指数的做法，我们采用因子分析来浓缩数据，构造环境综合指数，其中在确定因子权重时采用主成分分析法，主成分分析法的最大特点和优势在于客观性，即权重不是根据人为主观判断，而是由数据自身特征所确定的。主成分分析法是将多个指标问题简化为少数指标问题的一种多元统计分析方法。这种方法可以在尽可能保留原有数据所含信息的前提下实现对统计数据的简化，并达到更为简洁、明了地揭示变量间关系的目的。

在具体计算过程中，为了消除由于量纲不同可能带来的影响，我们首先对原始数据进行了标准化处理。全部数据均通过了巴特利特球体检验，即在显著性为1%的水平上拒绝了相关矩阵是单位阵的零假设，因此，本书所观测的数据适合做因子分析。在选择因子个数时，我们采用使前 k 个主成分累计方差贡献率达到80%的办法来确定。基于本书研究目的的考虑，在计算出综合因子得分之后，我们按以下公式将其转换成 [0，1] 区间取值，即为本书所测算的环境综合指数（ECI），如表 6-2 所示：

$$ECI_i = \frac{S_i}{Max(S_i) - Min(S_i)} \tag{6.1}$$

其中，S_i 为第 i 个省份的综合因子得分值，$Max(S_i)$ 为对应综合因子中的得分最大值，$Min(S_i)$ 为对应综合因子中的得分最小值。

从表 6-2 来看，1998—2008 年环境综合指数（ECI）处于前五位的是山东（0.80）、江苏（0.73）、浙江（0.70）、上海（0.68）和北京（0.68），可以发现，这些都处于中国的东部地区，东部地区由于早期快速经济发展过程中积累的丰富资本和技术优势，在经济快速发展的同时，污染排放量日趋减少，同时加强对环境污染治理力度，这些因素使东部地区经济发展的环境代价较小，表现出较高的环境综合指数值。而处于后五位的是青海（0.43）、新疆（0.49）、宁夏（0.51）、贵州（0.51）和内蒙古（0.52），这些都处于中国的西部地区，由于历史和地理因素的影响，西部地区经济发展水平较为落后，生态环境脆弱。虽然"西部大开发"战略的实施，在一定程度上促进了西部地区经济发展，但是，伴随而来的是污染产业转移、资源过度开发和利

表 6 - 2 环境综合指数 (ECI)

省份	1998 年	1999 年	2000 年	2001 年	2002 年	2003 年	2004 年	2005 年	2006 年	2007 年	2008 年	均值
北京	0.69	0.64	0.61	0.62	0.63	0.67	0.61	0.80	0.70	0.74	0.76	0.68
天津	0.57	0.54	0.63	0.53	0.66	0.64	0.59	0.63	0.63	0.67	0.66	0.61
河北	0.62	0.62	0.59	0.59	0.64	0.65	0.66	0.63	0.63	0.64	0.64	0.63
山西	0.53	0.54	0.60	0.54	0.63	0.65	0.66	0.58	0.60	0.65	0.62	0.60
内蒙古	0.52	0.50	0.53	0.52	0.52	0.47	0.50	0.51	0.55	0.54	0.60	0.52
辽宁	0.69	0.73	0.63	0.61	0.70	0.69	0.69	0.61	0.70	0.69	0.59	0.67
吉林	0.60	0.60	0.64	0.55	0.54	0.52	0.54	0.55	0.52	0.51	0.51	0.55
黑龙江	0.69	0.61	0.66	0.64	0.65	0.60	0.59	0.57	0.54	0.51	0.51	0.60
上海	0.82	0.65	0.56	0.70	0.65	0.56	0.64	0.87	0.67	0.67	0.71	0.68
江苏	0.85	0.74	0.71	0.76	0.68	0.72	0.72	0.66	0.77	0.71	0.69	0.73
浙江	0.67	0.69	0.74	0.81	0.71	0.71	0.69	0.64	0.74	0.69	0.67	0.70
安徽	0.63	0.62	0.65	0.62	0.69	0.66	0.59	0.60	0.58	0.61	0.63	0.62
福建	0.59	0.59	0.57	0.47	0.64	0.66	0.68	0.63	0.62	0.64	0.63	0.61
江西	0.47	0.50	0.49	0.52	0.72	0.56	0.63	0.61	0.57	0.64	0.67	0.58
山东	0.82	0.88	0.85	0.84	0.82	0.82	0.81	0.67	0.83	0.76	0.75	0.80
河南	0.66	0.67	0.65	0.63	0.61	0.65	0.64	0.60	0.64	0.63	0.63	0.63
湖北	0.61	0.64	0.61	0.72	0.66	0.64	0.62	0.60	0.62	0.60	0.60	0.63
湖南	0.72	0.67	0.58	0.62	0.56	0.57	0.57	0.57	0.60	0.57	0.55	0.60
广东	0.64	0.64	0.78	0.70	0.62	0.70	0.70	0.60	0.66	0.62	0.61	0.66
广西	0.56	0.63	0.58	0.67	0.58	0.56	0.55	0.54	0.56	0.58	0.55	0.58
海南	0.50	0.49	0.53	0.57	0.54	0.58	0.53	0.61	0.56	0.56	0.62	0.55
重庆	0.55	0.56	0.54	0.63	0.55	0.52	0.57	0.54	0.54	0.54	0.54	0.56
四川	0.54	0.62	0.61	0.59	0.54	0.58	0.63	0.57	0.60	0.59	0.60	0.59
贵州	0.49	0.50	0.52	0.49	0.45	0.52	0.52	0.55	0.52	0.54	0.56	0.51
云南	0.51	0.62	0.55	0.66	0.56	0.58	0.59	0.58	0.64	0.65	0.59
陕西	0.49	0.51	0.50	0.49	0.52	0.55	0.57	0.55	0.54	0.55	0.58	0.53
甘肃	0.50	0.53	0.52	0.49	0.57	0.52	0.52	0.55	0.61	0.62	0.54	0.54
青海	0.45	0.48	0.45	0.44	0.42	0.42	0.41	0.47	0.43	0.36	0.36	0.43
宁夏	0.54	0.48	0.60	0.44	0.46	0.48	0.57	0.55	0.47	0.49	0.55	0.51
新疆	0.52	0.51	0.53	0.53	0.50	0.48	0.49	0.49	0.46	0.43	0.42	0.49

用效率低下等问题，使西部地区经济发展的环境代价很大，表现出较低的环境综合指数值。进一步分析发现，1998—2008 年，东部地区环境综合指数（ECI）值最高，均值为 0.666；其次为中部地区，均值为 0.611；再次为东北老工业基地，均值为 0.606；西部地区最低，均值为 0.532。

本书将上述得到的各地区环境综合指数值（ECI）与各地区 GDP 乘积定义为各地区相对 EDP，即 $EDP_{it} = ECI_{it} \times GDP_{it}$。EDP 值越大，表明 GDP 中绿色 GDP 所占比重越大，即经济发展中的环境代价越小，这样越有利于地区经济的协调可持续发展；反之，EDP 值越小，表明 GDP 中绿色 GDP 所占比重越小，即经济发展中的环境代价越大，这样越不利于地区经济的协调可持续发展。

上述相对 EDP 值的测算方法，是在借鉴国家绿色 GDP 核算方法的基础上，采用一种简单可行的仅考虑环境因素的绿色 GDP 测算方法，是我们的一次有益尝试。当然，仍存在很多不足之处，比如，环境因素不仅涉及工业领域，还涉及其他各个领域，如生活领域、农业领域等；在考虑环境治理所带来的经济效益的同时，还应当考虑环境治理所产生的环境改善和生态效益；当年治理的工业污染只解决了当年的部分环境问题，没有解决过去积累的全部问题等，由于数据限制这些问题在测算过程中没有予以考虑。所以，本书计算的 EDP 值在一定程度上可能低估或者高估了环境因素对经济发展的影响。

第三节　基于绿色 GDP 估算的经济增长质量测算模型构建

一　模型构建

本书主要考察环境约束下的中国经济增长效率状况，将中国的各省份看作投入一定要素（劳动力、资本）进行生产活动产生一定产出的生产部门。经济增长的技术效率简称经济增长效率。法雷尔（1957）和莱宾斯坦（1966）分别从投入角度和产出角度给出了技术效率的含义，且认为技术效率是和生产前沿面联系在一起的。借鉴莱宾斯坦（1966）从产出角度关于技术效率的定义，本书将经济增长效率的含义界定为生产部门在等量要素投入条件下实际产出与最大产出（生产前沿面）的比率。经济增长效率处于 0—1，当效率值为 1 时，表明现有技术得到了充分发挥，实际产出量在生产前沿面上，此时要想提高效率则要考虑从提高技术进步角度出发，使生产前沿面上移；当效率值小于1 时，越接近于 1 说明效率越高，越接近于 0 说明效率越低，说明实际产出量不在生产前沿面上，两者之间的距离是由于现有技术没有得到充分发挥而引起的，此时应采取措施使在现有技术水平下技术效率得到提高。

对技术效率的测度关键在于对生产前沿面的确定。目前，在实证分析中对技术效率的测度主要有两类方法：一类为非参数方法，该类方法以查尼斯等（1978）提出的 DEA 方法为代表；另一类为参数方法，该类方法以 SFA 方法为代表。本书采用参数的 SFA 方法来测算环境约束下的中国经济增长效率及其影响因素。

根据 Meeusen 和 Broeck（1977），艾格纳、洛弗尔和施米特（1977），巴特斯和科拉（1977）等的研究成果，SFA 模型的一般形式如式（6.2）所示：

$$y_{it} = f(x_{it}; \beta) \exp(v_{it} - u_{it}) \tag{6.2}$$

式（6.2）中，y 表示产出，$f(\cdot)$ 表示生产前沿面，x 表示投入，β 表示待估计的参数。误差项为复合结构，由两个部分组成，第一部分 v 服从 $N(0, \sigma_v^2)$ 分布，表示随机扰动的影响；第二部分 $u \geqslant 0$，为技术非效率项，表示个体冲击的影响。根据巴特斯和科利（1992）的假定，u 服从非负截尾正态分布，即 u 服从 $N^+(u, \sigma_u^2)$，且有式（6.3）：

$$u_{it} = \exp[-\eta \cdot (t - T)] \cdot u_i \tag{6.3}$$

式（6.3）中，参数 η 表示时间因素对技术非效率项 u 的影响，$\eta > 0$、$\eta = 0$ 和 $\eta < 0$ 分别表示技术效率（$-u$）随时间变化递增、不变和递减，且 v 和 u 相互独立。

技术效率 TE 定义为实际产出期望和生产前沿面产出期望的比值，即式（6.4）：

$$TE_{it} = \frac{E[f(x_{it})\exp(v_{it} - u_{it})]}{E[f(x_{it})\exp(v_{it}) \mid u_{it} = 0]} = \exp(u_{it}) \tag{6.4}$$

显然，当 $u = 0$ 时，技术效率 TE $= 1$，表示生产单元处于生产前沿面上，此时为技术有效；当 $u > 0$ 时，技术效率 TE < 1，表示生产单元处于生产前沿面下方，此时为技术无效，即存在技术非效率。

为了改善不合理的估计方式，进入 20 世纪 90 年代 SFA 技术得到了更为深入的发展，巴特斯和科利（1995）提出了 BC 模型，该模型不仅可以测算个体效率水平，而且还能够就影响技术非效率的因素做进一步的剖析和测算。BC 模型假设技术非效率 u 服从非负截尾正态分布 $N(m_{it}, \sigma_u^2)$，同时假设 m 为各种影响因素的函数，如式（6.5）所示：

$$m_{it} = \sigma_0 + \sigma \cdot z_{it} \tag{6.5}$$

其中，z_{it} 为影响技术非效率的因素，δ_0 为常数项，δ 为影响因素的系数向量，若系数为负值，则说明该影响因素对技术效率 TE 有正的影响；反之则有负的影响。

巴特斯和科利（1995）还设定了方差参数 $\gamma = \sigma_u^2 / (\sigma_v^2 + \sigma_u^2)$ 来检验复合扰动项中技术非效率项所占比重，r 处于 0—1，若 r = 0 被接受，则表明实际产出与最大产出之间的距离均来自不可控的纯随机因素的影响，此时没有必要使用 SFA 技术，直接采用 OLS 方法即可。

此外，在选择生产函数时，较为常用的有对数型 C—D 生产函数和超越对数型 C—D 生产函数。前者虽然形式简单，但是，假定技术中性和产出弹性固定；后者放宽了这些假设，并且可以作为任何生产函数的二阶近似（傅晓霞、吴利学，2007），且在形式上更加灵活，能更好地避免由于函数形式的误设而带来的估计偏差。基于本书的数据基础和超越对数型 C—D 生产函数的优点，本书选用超越对数型 C—D 生产函数的随机前沿模型。

本书以 1998—2008 年为研究时间段，所使用的基础数据来源于《中国统计年鉴》（1999—2009）。需要说明的是，对于个别省份个别年份的缺省数据采取了取前后两年的平均数补齐的方式加以处理。为保持统计口径的一致性，书中四川省的数据包括重庆市数据，西藏由于数据不全，故不在考察范围之内，因此，本书研究对象为中国内地的 29 个省份。此外，按照传统的区域划分，并结合"西部大开发""振兴东北老工业基地""中部崛起"等国家重大发展战略，本书将 29 个省份分为东部地区、中部地区、东北老工业基地和西部地区，从而在更大范围内考察地区之间的效率差异。其中，东部地区包括北京、天津、河北、上海、江苏、浙江、福建、山东、广东和海南 10 个省份；中部地区包括山西、安徽、江西、河南、湖北、湖南 6 个省份；东北老工业基地包括辽宁、吉林和黑龙江 3 个省份；西部地区包括贵州、云南、陕西、甘肃、青海、宁夏、新疆、广西、四川（包括重庆）和内蒙古 10 个省份。

二　变量处理

有关经济增长的投入，文献中通常选用劳动和资本来表征。对于劳动投入一般采用年均从业人员指标来表示。虽然从业人员数据提供了劳动力的增长，但不包含任何有关劳动力质量的信息。特别是改革开放以来，廉价的非熟练农村劳动力大量向城市工业、服务业转移，构成了中国经济增长的一个主要推动因素，但是，近年来，产业部门对非熟练劳动力需求下降、对专业技术工人需求则上升。这意味着，低素质的劳动力在经济增长中的重要性下降，而人力资本的重要性上升（王小鲁等，2009）。鉴于此，本书使用人力资本存量指标（万人）来表征劳动投入。考虑到人力资本本身只包括正规教育时间的影响，而没有考虑在工作中"干中学"带来的人力资本存量的增加，但在现实中，从学校毕业后的劳动者通常在工作一段时间积累了一定的实践经验之后，才会有更高的生产率。因此，本书的人力资本存量选取了 3 年滞后项，即为1995—2005 年的人力资本存量数据。而又因为重庆市的数据 1997 年之后才独立统计，这是本书中把重庆市数据纳入四川省数据的主要原因。本书以受教育年限法来衡量人力资本指标。本书将从业人员的受教育程度划分为大学教育、高中教育、初中教育和小学教育四类，且把各类受教育程度的平均累计受教育年限分别界定为 16 年、12 年、9 年和 6 年。在计算人力资本存量指标时，采用岳书敬和刘朝明（2006）的做法，即使用平均教育年限和劳动力数量的乘积来表示人力资本存量，其中，劳动力数量用各省份历年从业人员数量表示，由于各省份经济发展水平不同，这里平均受教育年限用各省份总人口平均受教育年限表示。

资本投入采用年均资本存量（亿元）指标来表征。然而，在现有的统计资料中，年均资本存量数据并没有直接给出，不少学者对全国及各省份资本存量的估计做了许多有益探索，当前一般采用"永续盘存法"来估算资本存量。张军等（2004）对中国资本存量的估算进行了开创性的研究，多数学者都直接或者间接地采用张军估算的资本存量数据来进行研究。单豪杰（2008）在对基期资本存量和折旧率的确定进行细致推算的基础上，重新估算了 1952—2006 年全国和省份的资本存量。在众多类似研究中，单豪杰的成果比较具有代表性，数据也比较全面，因此，本书所使用的 1998—2008 年的资本存量数据直接采用单豪杰的测算结果。此外，2007 年和 2008 年资本存量数据依据其估算方法推算而来。单豪杰的资本存量数据是以 1952 年为基期的，为了研究的可比性，本书将各省份历年的资本存量全部按照 1990 年的可比价格进行了折算。

产出以 GDP 或者相对绿色 GDP（EDP）（亿元）指标来表征。且将其全部按照 1990 年的可比价格进行了折算。

到目前为止，仍没有一个正式的理论作为确定效率影响因素的依据（王兵等，2008），本书在已有类似研究的基础上，主要从对外经济开放度（外资依存度、贸易依存度）、经济结构（产业结构、产权结构）、环境污染治理强度以及政府规制等方面来考察中国经济增长效率状况。变量具体设定及说明如下：

（一）外资依存度

一般来说，在正常状态下，FDI 不仅能够部分地解决国内资本稀缺等问题，更重要的是，随着外资引进，先进技术和管理经验也随之引进，这能够在地区内部或者行业内部产生正的外溢效益。此外，FDI 还与环境污染有着争论性的联系，FDI 引致的环境污染是其对发展中国家的主要负面影响之一，这方面的理论以"污染天堂"假说为代表。FDI 的环境效应是一把"双刃剑"（张彦博和郭亚军，2009），对于作为发展中国家第一引资大国的中国来说，FDI 对环境约束下的经济增长效率的作用存在不确定性。本书以 FDI/GDP（EDP）表示外资依存度，为实际利用外商直接投资额（FDI）与当年 GDP（EDP）的比值，这可从整体上反映各省份所吸收外商直接投资的相对规模。其中，FDI 采用实际利用外商直接投资的统计口径，对于用美元表示的 FDI 按照当年人民币的平均汇率换算成人民币，且将其全部按照 1990 年的可比价格进行了折算。

（二）贸易依存度

改革开放以来，尤其是加入世界贸易组织以后，中国的对外贸易增长迅速，对外贸易对中国经济增长起到巨大的拉动作用的同时，由于中国能源消耗和环境污染日益加剧，学者也开始将快速增长的对外贸易与中国环境污染状况联系起来，考察对外贸易对中国污染排放的影响（沈利生和唐志，2008），认为对外贸易对中国经济增长的环境代价不容忽视（张友国，2009）。在各国减少污染排放的大背景下，一个重要的问题引起了中国学者的关注：通过国际贸易，发达国家是否会专业化生产并出口"干净型"产品，从中国进口污染密集型产品，从而使中国成为"污染产业天堂"呢？（李小和卢现祥，2010）因此，对外贸易对环境约束下的中国经济增长效率的作用也存在不确定性。本书以 Trade/GDP（EDP）表示贸易依存度，为进出口贸易总额与当年 GDP（EDP）的比值。其中，对于用美元表示的进出口贸易总额，也按照当年人民币平均汇率将其换算成人民币，且将其全部按照 1990 年的可比价格进行了折算。

（三）产业结构

产业结构优化是转型期中国面临的主要任务之一。中国处于工业化和城市化的关键时期，工业化水平的提高对于环境约束下的中国经济增长效率的影响是双面的，一方面工业化促进了当地经济发展，另一方面中国的工业化发展模式仍然是以资源消耗、环境污染为代价的粗放型模式，当然，这种粗放型工业增长模式正在逐步转变（涂正革和肖耿，2006）。本书以工业总产值/GDP（EDP）来表示产业结构特征，且将其按照 1990 年的可比价格进行了折算。

（四）产权结构

中国经济改革伴随着产权结构的变化，其现状高度概括的表述就是"国退民进"。有学者认为，"国退民进"是市场经济发展的必然结果，大量实证研究结果表明，非国有企业的效率要比国有企业的效率高（刘小玄，2000；姚洋和章奇，2001）。本书选择用国有单位职工人数/当地年均从业人员来刻画产权结构。

（五）环境污染治理强度

中国在经济发展过程中付出了巨大的环境代价，由于政府的高度重视，加大了环境污染治理力度，并且产生了积极效果。对环境污染治理强度的研究有利于认清环境投资绩效，加大环境保护力度。本书以工业环境污染投资总额/GDP（EDP）来刻度环境污染治理强度，且将其按照 1990 年的可比价格进行了折算。

（六）政府规制

在经济发展过程中，政府与市场的关系是学术界探讨的永恒话题之一。中国政府在宏观经济治理过程中处于控制性地位，成为中国经济增长的领导者和事实控制者（钟昌标等，2006）。财政收入是政府干预经济的一个重要手段，本书采用财政收入/GDP（EDP）作为政府规制指标，且将其按照1990年的可比价格进行了折算。

上述分析的变量及其定义如表6-3所示。

表6-3　　　　　　　　　　　　变量定义

变量	符号	定义
产出	Y	GDP 或 EDP（亿元），1990 年为基期
劳动投入	HC	滞后3年的人力资本存量（万人）
资本投入	K	年均资本存量（亿元），1990 年为基期
外资依存度	FDI	外商直接投资/GDP（EDP），1990 年为基期
贸易依存度	Trade	进出口总额/GDP（EDP），1990 年为基期
产业结构	Industry	工业总产值/GDP（EDP），1990 年为基期
产权结构	Property	国有单位职工人数/年均从业人员×100%
工业污染治理强度	Constr	工业污染投资总额/GDP（EDP），1990 年为基期
政府规制	Govern	财政收入/GDP（EDP），1990 年为基期

综上所述，本书根据巴特斯和科利（1992，1995）模型的基本原理，运用超越对数型 C—D 生产函数，在1998—2008年省级面板数据的基础上，建立了如下随机前沿研究模型（主函数模型和效率影响因素函数模型）：

$$\ln Y_{it} = \beta_0 + \beta_{hc}\ln HC_{it} + \beta_k\ln K_{it} + \beta_{hchc}(\ln HC_{it})^2 + \beta_{kk}(\ln K_{it})^2 +$$
$$\beta_{hck}\ln HC_{it}\ln K_{it} + v_{it} - u_{it}$$
$$m_{it} = \delta_0 + \delta_1 FDI_{it} + \delta_2 Trade_{it} + \delta_3 Industry_{it} + \delta_4 Property_{it} +$$
$$\delta_5 Constr_{i(t-1)} + \delta_6 Govern_{it}$$

基于本书研究目的的需要，根据是否考虑效率影响因素和环境因素，本书将设定四个模型来进行研究，即模型1（不考虑影响因素不考虑环境约束）、模型2（不考虑影响因素考虑环境约束）、模型3（考虑影响因素不考虑环境约束）和模型4（考虑影响因素考虑环境约束）。需要说明的是，考虑到在环境污染治理投资中会涉及技术研发等活动，使其投资效果会有一定时滞性，因此，工业污染治理强度变量采取了滞后1年处理。不考虑环境约束时，产出变量 Y 采用 GDP 指标表示；考虑环境约束时，产出变量 Y 采用 EDP 指标表示。当然，考

虑影响因素时，各影响因素指标要根据是否考虑环境约束作相应
变换。

第四节 基于绿色 GDP 估算的经济
增长质量测算结果分析

根据上述研究方法和面板数据，我们运用 Frontier 程序对中国
1998—2008 年经济增长效率及其影响因素进行了估计，具体实证分析
结果如下：

一 经济增长质量测算结果分析

表 6 - 4 给出了模型 1 至模型 4 的主函数 SFA 估计结果，从表 6 - 4
可见，在 4 个模型中 r 值均在 1% 的显著性水平上显著，印证了本书所
采用的 SFA 方法的合理性。特别是模型 1 和模型 2 中的值分别为 0.966
和 0.798，表明随机误差中大部分是来自技术非效率的影响，而小部分
是来自统计误差等外部因素的影响，这也说明进一步运用模型 3 和模型
4 考察技术非效率影响因素的必要性。模型 1 和模型 2 中的 γ 值大于 0，
说明中国经济增长不在生产前沿面上，即处于技术非效率状态，这表明
在技术进步率不变的前提条件下，中国经济还有较大的增长空间，应当
提高技术效率向生产前沿面靠拢。而模型 1 和模型 2 中 η 值显著不为
0，这表明技术非效率是随时间加速递减的，即经济增长效率是随时间
不断改善的。

从 4 个模型效率估算结果（见表 6 - 5 至表 6 - 8）来看，1998—
2008 年中国经济增长效率是波动缓慢上升的。图 6 - 1 显示，在不考虑
影响因素的情况下（模型 1 和模型 2），中国经济增长效率平均水平分
别为 0.323 和 0.346，而考虑影响因素的情况下（模型 3 和模型 4），中
国经济增长效率平均水平分别为 0.617 和 0.600。可见，在分析中国经
济增长效率时，如果不考虑效率影响因素的冲击，中国的经济增长效率
水平将会可能被低估。此外，从劳动和资本的平均产出弹性来看，相对
于模型 1 和模型 2 来说，模型 3 和模型 4 的设定更符合经济现实，中国
经济增长是典型的要素投入型增长。在此基础上，我们发现，不考虑环
境因素（模型 3）和考虑环境因素（模型 4）情况下，全国效率均值有

表 6 - 4　　　　　　　　　主函数 SFA 估计结果

变量	模型 1	模型 2	模型 3	模型 4
常数项	-1.183* (-1.168)	-0.524 (-0.530)	-3.910** (-2.991)	0.533 (0.310)
lnHC	0.018 (0.058)	-1.120* (-1.696)	1.031** (2.588)	-0.142 (-0.288)
lnK	0.982*** (4.620)	2.516*** (3.466)	0.828** (2.889)	0.830** (2.708)
$[\ln HC]^2$	0.066** (2.640)	0.248*** (3.506)	0.032* (1.028)	0.116*** (3.077)
$[\ln K]^2$	0.051*** (3.946)	0.140*** (6.702)	0.054*** (3.071)	0.092*** (4.543)
(lnHC)(lnK)	-0.081** (-2.729)	-0.415*** (-4.711)	-0.136*** (-3.739)	-0.188*** (-4.734)
σ^2	0.233*** (9.918)	0.111* (1.618)	0.101*** (12.490)	0.106*** (10.327)
r	0.966*** (172.534)	0.798*** (25.710)	0.339*** (3.144)	0.249*** (10.968)
u	0.948** (2.593)	0.596* (1.605)	—	—
η	0.009** (2.870)	0.057*** (6.063)	—	—
log 函数值	215.310	65.520	-66.655	-71.992
LR 检验	727.607	483.073	163.677	158.933

注：小括号内为 t 检验值，***、**和*分别表示显著性水平为 1%、5% 和 10%。

一定差异，不考虑环境因素的经济增长忽略了经济增长中的环境代价，因而测算的全国平均效率值（0.617）要高于考虑环境因素时的全国平均效率值（0.600）。1998—2008 年全国经济增长效率均值在 0.6 附近，这表明在不增加劳动力和资本要素投入的前提下，如果各地区同时提高技术效率，则在现有技术进步水平条件下全国经济增长总量将会在现有基础之上可以提高 40% 左右，即在现有技术进步条件下中国经济还有很大的增长空间，提高经济增长技术效率是提高中国经济增长质量的主要措施之一。

表 6 - 5 模型 1(不考虑影响因素和不考虑环境约束) 测算的经济增长效率

地区	1998 年	1999 年	2000 年	2001 年	2002 年	2003 年	2004 年	2005 年	2006 年	2007 年	2008 年
北京	0.138	0.141	0.143	0.146	0.148	0.151	0.154	0.156	0.159	0.162	0.164
天津	0.567	0.569	0.572	0.575	0.578	0.581	0.584	0.587	0.590	0.592	0.595
河北	0.148	0.151	0.154	0.156	0.159	0.162	0.164	0.167	0.170	0.173	0.175
山西	0.286	0.290	0.293	0.296	0.300	0.303	0.306	0.310	0.313	0.316	0.320
内蒙古	0.213	0.216	0.219	0.222	0.225	0.228	0.231	0.234	0.237	0.240	0.243
辽宁	0.714	0.717	0.719	0.721	0.723	0.725	0.727	0.729	0.732	0.734	0.736
吉林	0.356	0.359	0.362	0.366	0.369	0.372	0.376	0.379	0.382	0.386	0.389
黑龙江	0.362	0.366	0.369	0.372	0.376	0.379	0.382	0.386	0.389	0.392	0.396
上海	0.130	0.132	0.135	0.137	0.140	0.142	0.145	0.147	0.150	0.153	0.155
江苏	0.117	0.119	0.122	0.124	0.127	0.129	0.131	0.134	0.136	0.139	0.141
浙江	0.193	0.196	0.199	0.201	0.204	0.207	0.210	0.213	0.216	0.219	0.223
安徽	0.337	0.340	0.343	0.347	0.350	0.354	0.357	0.360	0.364	0.367	0.370
福建	0.490	0.493	0.496	0.500	0.503	0.506	0.509	0.512	0.515	0.518	0.521
江西	0.104	0.106	0.108	0.110	0.112	0.115	0.117	0.119	0.122	0.124	0.126
山东	0.105	0.107	0.109	0.111	0.114	0.116	0.118	0.120	0.123	0.125	0.128
河南	0.110	0.112	0.115	0.117	0.119	0.121	0.124	0.126	0.129	0.131	0.133
湖北	0.251	0.254	0.257	0.261	0.264	0.267	0.270	0.274	0.277	0.280	0.283
湖南	0.237	0.240	0.243	0.246	0.249	0.253	0.256	0.259	0.262	0.265	0.269
广东	0.147	0.150	0.152	0.155	0.158	0.160	0.163	0.166	0.168	0.171	0.174
广西	0.260	0.264	0.267	0.270	0.273	0.276	0.280	0.283	0.286	0.290	0.293
海南	0.743	0.745	0.747	0.749	0.751	0.753	0.755	0.757	0.758	0.760	0.762
四川	0.149	0.151	0.154	0.157	0.159	0.162	0.165	0.167	0.170	0.173	0.176
贵州	0.204	0.207	0.210	0.213	0.216	0.219	0.222	0.225	0.229	0.232	0.235
云南	0.972	0.972	0.973	0.973	0.973	0.973	0.974	0.974	0.974	0.974	0.974
陕西	0.145	0.147	0.150	0.153	0.155	0.158	0.161	0.163	0.166	0.169	0.171
甘肃	0.139	0.141	0.144	0.146	0.149	0.151	0.154	0.157	0.159	0.162	0.165
青海	0.629	0.632	0.635	0.637	0.640	0.643	0.645	0.648	0.650	0.653	0.655
宁夏	0.622	0.625	0.627	0.630	0.633	0.635	0.638	0.641	0.643	0.646	0.648
新疆	0.310	0.313	0.317	0.320	0.323	0.327	0.330	0.333	0.337	0.340	0.343
均值	0.316	0.319	0.322	0.325	0.327	0.330	0.333	0.335	0.338	0.341	0.344

表6-6　模型2(不考虑影响因素和考虑环境约束)测算的经济增长效率

地区	1998年	1999年	2000年	2001年	2002年	2003年	2004年	2005年	2006年	2007年	2008年
北京	0.164	0.181	0.199	0.218	0.237	0.257	0.277	0.298	0.319	0.340	0.361
天津	0.484	0.504	0.523	0.543	0.561	0.580	0.598	0.615	0.632	0.648	0.664
河北	0.210	0.229	0.249	0.269	0.289	0.310	0.331	0.352	0.373	0.394	0.415
山西	0.234	0.254	0.274	0.295	0.315	0.336	0.358	0.379	0.400	0.421	0.442
内蒙古	0.175	0.193	0.211	0.230	0.250	0.270	0.291	0.311	0.332	0.353	0.375
辽宁	0.593	0.610	0.627	0.644	0.660	0.675	0.690	0.705	0.718	0.732	0.745
吉林	0.281	0.302	0.322	0.343	0.365	0.386	0.407	0.428	0.448	0.469	0.489
黑龙江	0.349	0.370	0.391	0.412	0.433	0.453	0.474	0.494	0.514	0.533	0.552
上海	0.158	0.175	0.193	0.211	0.230	0.250	0.270	0.290	0.311	0.332	0.353
江苏	0.302	0.323	0.344	0.365	0.387	0.408	0.429	0.449	0.470	0.490	0.510
浙江	0.353	0.374	0.395	0.416	0.437	0.458	0.478	0.498	0.518	0.537	0.556
安徽	0.155	0.172	0.190	0.208	0.228	0.247	0.267	0.288	0.308	0.329	0.350
福建	0.461	0.482	0.502	0.521	0.541	0.560	0.578	0.596	0.613	0.630	0.647
江西	0.110	0.125	0.140	0.157	0.174	0.191	0.210	0.229	0.249	0.269	0.289
山东	0.285	0.306	0.327	0.348	0.369	0.390	0.411	0.432	0.453	0.473	0.493
河南	0.141	0.158	0.175	0.193	0.211	0.230	0.250	0.270	0.291	0.311	0.332
湖北	0.271	0.291	0.312	0.333	0.354	0.375	0.396	0.417	0.438	0.459	0.479
湖南	0.195	0.214	0.233	0.253	0.273	0.294	0.315	0.335	0.357	0.378	0.399
广东	0.330	0.351	0.373	0.394	0.415	0.436	0.456	0.477	0.497	0.517	0.536
广西	0.153	0.170	0.187	0.206	0.225	0.244	0.264	0.285	0.305	0.326	0.347
海南	0.456	0.476	0.496	0.516	0.535	0.554	0.573	0.591	0.609	0.626	0.642
四川	0.117	0.132	0.147	0.164	0.181	0.200	0.218	0.238	0.258	0.278	0.298
贵州	0.088	0.100	0.114	0.129	0.144	0.161	0.178	0.196	0.215	0.234	0.254
云南	0.156	0.173	0.191	0.209	0.228	0.248	0.268	0.288	0.309	0.330	0.351
陕西	0.121	0.136	0.152	0.169	0.187	0.205	0.224	0.244	0.264	0.284	0.305
甘肃	0.102	0.116	0.131	0.147	0.163	0.181	0.199	0.217	0.237	0.257	0.277
青海	0.271	0.291	0.312	0.333	0.354	0.375	0.396	0.417	0.438	0.459	0.479
宁夏	0.322	0.343	0.364	0.385	0.406	0.427	0.448	0.468	0.489	0.509	0.528
新疆	0.220	0.239	0.259	0.280	0.300	0.321	0.342	0.363	0.384	0.405	0.426
均值	0.250	0.269	0.287	0.307	0.326	0.346	0.365	0.385	0.405	0.425	0.445

表 6 – 7　模型 3（考虑影响因素和不考虑环境约束）测算的经济增长效率

地区	1998 年	1999 年	2000 年	2001 年	2002 年	2003 年	2004 年	2005 年	2006 年	2007 年	2008 年
北京	0.721	0.613	0.737	0.676	0.606	0.678	0.734	0.792	0.811	0.789	0.779
天津	0.938	0.931	0.917	0.945	0.936	0.946	0.961	0.963	0.968	0.971	0.971
河北	0.475	0.475	0.482	0.490	0.506	0.568	0.604	0.710	0.772	0.831	0.895
山西	0.421	0.410	0.390	0.424	0.449	0.531	0.509	0.609	0.547	0.750	0.777
内蒙古	0.366	0.368	0.370	0.403	0.425	0.451	0.482	0.566	0.597	0.682	0.778
辽宁	0.643	0.626	0.718	0.717	0.752	0.781	0.837	0.868	0.910	0.942	0.962
吉林	0.500	0.504	0.509	0.587	0.608	0.677	0.713	0.718	0.790	0.850	0.879
黑龙江	0.497	0.499	0.526	0.500	0.493	0.558	0.592	0.678	0.723	0.750	0.787
上海	0.857	0.835	0.854	0.885	0.884	0.934	0.942	0.941	0.948	0.949	0.947
江苏	0.777	0.808	0.835	0.840	0.893	0.923	0.934	0.956	0.964	0.970	0.972
浙江	0.651	0.641	0.684	0.725	0.801	0.873	0.977	0.939	0.950	0.956	0.956
安徽	0.372	0.369	0.378	0.397	0.420	0.447	0.478	0.541	0.609	0.718	0.803
福建	0.682	0.663	0.668	0.685	0.747	0.780	0.843	0.846	0.890	0.910	0.926
江西	0.350	0.347	0.341	0.354	0.391	0.419	0.429	0.489	0.573	0.686	0.778
山东	0.579	0.555	0.603	0.628	0.694	0.790	0.843	0.918	0.936	0.954	0.959
河南	0.431	0.426	0.436	0.448	0.454	0.480	0.505	0.602	0.688	0.824	0.873
湖北	0.536	0.530	0.523	0.538	0.556	0.575	0.615	0.636	0.679	0.750	0.832
湖南	0.391	0.391	0.405	0.412	0.430	0.454	0.476	0.524	0.575	0.677	0.750
广东	0.924	0.914	0.916	0.902	0.930	0.946	0.958	0.959	0.965	0.968	0.968
广西	0.374	0.341	0.329	0.335	0.354	0.372	0.390	0.423	0.485	0.565	0.622
海南	0.546	0.478	0.459	0.485	0.513	0.517	0.561	0.552	0.593	0.678	0.676
四川	0.415	0.379	0.379	0.399	0.415	0.436	0.441	0.509	0.572	0.664	0.763
贵州	0.288	0.290	0.295	0.295	0.307	0.321	0.327	0.369	0.389	0.427	0.468
云南	0.334	0.331	0.322	0.341	0.358	0.372	0.394	0.442	0.497	0.551	0.584
陕西	0.370	0.369	0.247	0.397	0.406	0.421	0.451	0.490	0.560	0.626	0.678
甘肃	0.344	0.318	0.420	0.415	0.394	0.412	0.410	0.486	0.523	0.582	0.613
青海	0.435	0.423	0.970	0.444	0.451	0.469	0.539	0.616	0.678	0.715	0.767
宁夏	0.424	0.423	0.375	0.376	0.398	0.480	0.419	0.610	0.608	0.678	0.669
新疆	0.444	0.454	0.371	0.466	0.464	0.496	0.495	0.594	0.660	0.698	0.750
均值	0.520	0.507	0.533	0.535	0.553	0.590	0.616	0.667	0.706	0.762	0.799

表6-8 模型4（考虑影响因素和考虑环境约束）测算的经济增长效率

地区	1998 年	1999 年	2000 年	2001 年	2002 年	2003 年	2004 年	2005 年	2006 年	2007 年	2008 年
北京	0.770	0.709	0.760	0.568	0.476	0.588	0.738	0.780	0.778	0.713	0.713
天津	0.936	0.932	0.922	0.930	0.935	0.941	0.961	0.963	0.961	0.963	0.957
河北	0.539	0.532	0.522	0.515	0.554	0.601	0.626	0.680	0.683	0.763	0.816
山西	0.405	0.396	0.451	0.404	0.457	0.492	0.498	0.479	0.377	0.674	0.657
内蒙古	0.359	0.346	0.403	0.398	0.406	0.390	0.430	0.445	0.506	0.601	0.646
辽宁	0.652	0.651	0.739	0.688	0.745	0.760	0.744	0.795	0.851	0.914	0.920
吉林	0.497	0.514	0.600	0.550	0.563	0.580	0.631	0.633	0.644	0.762	0.778
黑龙江	0.558	0.507	0.571	0.533	0.554	0.552	0.555	0.618	0.606	0.713	0.727
上海	0.730	0.691	0.769	0.713	0.684	0.833	0.926	0.841	0.873	0.844	0.813
江苏	0.855	0.843	0.852	0.826	0.884	0.918	0.934	0.951	0.949	0.958	0.956
浙江	0.743	0.738	0.766	0.711	0.749	0.818	0.981	0.893	0.904	0.915	0.903
安徽	0.425	0.414	0.442	0.441	0.490	0.506	0.478	0.517	0.522	0.670	0.708
福建	0.833	0.805	0.794	0.761	0.850	0.866	0.897	0.905	0.888	0.906	0.905
江西	0.368	0.371	0.360	0.362	0.480	0.447	0.524	0.511	0.521	0.658	0.685
山东	0.674	0.660	0.687	0.688	0.732	0.781	0.806	0.866	0.869	0.912	0.921
河南	0.494	0.488	0.495	0.491	0.487	0.519	0.528	0.570	0.606	0.738	0.784
湖北	0.575	0.556	0.561	0.605	0.603	0.621	0.610	0.617	0.613	0.720	0.766
湖南	0.502	0.487	0.476	0.488	0.463	0.464	0.479	0.522	0.548	0.681	0.709
广东	0.959	0.949	0.942	0.920	0.950	0.958	0.967	0.970	0.969	0.972	0.966
广西	0.417	0.401	0.378	0.370	0.354	0.362	0.368	0.415	0.440	0.595	0.631
海南	0.605	0.463	0.470	0.494	0.508	0.519	0.551	0.549	0.543	0.638	0.583
四川	0.426	0.407	0.413	0.418	0.406	0.421	0.411	0.451	0.458	0.553	0.628
贵州	0.255	0.264	0.267	0.231	0.220	0.264	0.269	0.308	0.293	0.387	0.409
云南	0.246	0.299	0.281	0.324	0.290	0.311	0.320	0.366	0.373	0.483	0.488
陕西	0.365	0.356	0.290	0.347	0.365	0.393	0.427	0.442	0.423	0.521	0.548
甘肃	0.347	0.364	0.445	0.376	0.417	0.390	0.430	0.468	0.543	0.624	0.604
青海	0.362	0.379	0.888	0.357	0.353	0.365	0.480	0.502	0.488	0.529	0.511
宁夏	0.369	0.374	0.427	0.331	0.360	0.387	0.502	0.491	0.443	0.566	0.614
新疆	0.437	0.421	0.405	0.429	0.378	0.422	0.446	0.491	0.476	0.561	0.595
均值	0.541	0.528	0.565	0.526	0.542	0.568	0.604	0.622	0.626	0.708	0.722

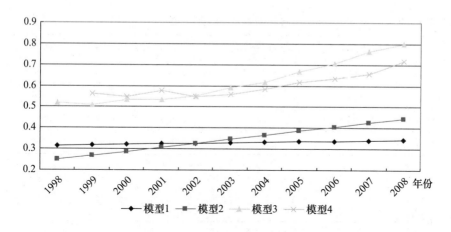

图 6 - 1 经济增长效率时间趋势

由表 6 - 9 可见，在不同模型处理下，1998—2008 年中国经济增长效率地区差异明显。整体来看，地区效率差异同地区经济发展水平相适应。从模型 3 和模型 4 来看，东部地区效率值最高，其次为东北老工业基地，再次为中部地区，西部地区效率值最低，这与胡鞍钢等（2008）的研究结论一致。东部地区由于早期快速经济发展过程中积累的丰富资本和技术优势，在经济快速发展的同时，污染排放量日趋减少，同时增加对环境污染治理力度，这些因素使东部地区经济发展的环境代价较小，表现出较高的环境综合指数值，从而经济增长效率值也最高。东北老工业基地是中国工业的摇篮，也是中国重工业的重要基地，在中国工业化进程中起到重要的作用，但是，由于粗放型的工业增长模式，使环境质量恶化，随着"振兴东北老工业基地"战略的实施，加上作为资金、技术密集型的重工业基地的独特优势，东北地区加快了产业结构的优化升级，粗放型的工业增长模式逐步发生转变，在经济发展的同时注重资源环境代价，表现出较高的经济增长效率值。由于历史和地理因素的影响，中西部地区经济发展水平较为落后，生态环境脆弱，"西部大开发"和"中部崛起"战略的实施，在一定程度上促进了中西部地区经济发展，但是，伴随着高能耗高污染产业逐渐向中西部地区转移，使中西部地区经济发展的环境代价很大，表现出较低的经济增长效率。图 6 - 2 给出了模型 4 的经济增长效率地区比较图。

表 6 - 9   经济增长效率地区比较

区域	东部地区	东北老工业基地	中部地区	西部地区	全国
模型 1	0.291	0.492	0.235	0.377	0.323
模型 2	0.420	0.503	0.281	0.265	0.346
模型 3	0.780	0.688	0.529	0.469	0.617
模型 4	0.816	0.678	0.513	0.414	0.600

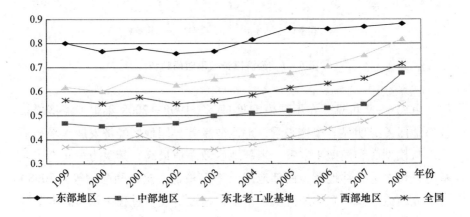

图 6 - 2   模型 4 的经济增长效率地区比较

综上所述,在测算中国经济增长效率时,如果不考虑效率影响因素的冲击,中国的经济增长效率水平将可能会被低估。因此,在测度经济增长效率时,应当加入适当的影响因素变量加以处理。此外,在加入效率影响因素的前提下,考虑环境因素的效率值要低于不考虑环境因素的效率值,且存在地区差异。

二　经济增长质量影响因素分析

表 6 - 10 显示了效率影响因素函数的 SFA 估计结果,且模型 3 和模型 4 的 σ^2 和 r 值均通过了显著性为 1% 的水平检验,表明技术非效率是经济增长实际产出未达到生产前沿面的重要原因。从效率影响因素的估计结果来看,模型 3 和模型 4 的影响方向大体一致,但影响幅度略有差异。下面对表 6 - 10 中的效率影响因素结果做进一步解析。

表 6-10　　　　　　　　　　效率影响因素函数 SFA 估计结果

变量	模型 3（不考虑环境因素）	模型 4（考虑环境因素）
常数项	1.137 *** （6.896）	0.471 ** （2.184）
外资依存度（FDI）	-0.031 *** （-3.265）	-0.022 * （-1.652）
贸易依存度（Trade）	-0.004 ** （-2.501）	-0.006 *** （-3.994）
产业结构（Industry）	-0.009 *** （-8.752）	-0.002 ** （-2.138）
产权结构（Property）	-0.005 * （-1.359）	-0.007 * （-1.398）
工业污染治理强度（Constr）	0.358 ** （2.066）	-0.006 （-0.056）
政府规制（Govern）	0.060 *** （3.054）	0.073 *** （6.526）
σ^2	0.101 *** （12.490）	0.106 *** （10.327）
Γ	0.339 *** （3.144）	0.249 *** （10.968）
log likelihood function	-66.655	-71.992
LR test of the one-sided error	163.677	158.933

注：小括号内为 t 检验值，***、** 和 * 分别表示显著性水平为 1%、5% 和 10%。

外资依存度（FDI）在不考虑环境因素时回归估计系数显著为负，表明 FDI 对中国经济增长效率有促进作用，外商直接投资相对规模每增长 1%，则效率水平将会增长 3.1%，这和何枫和陈荣（2004）、朱承亮等（2009）的研究结论一致。而在考虑环境因素的情况下，这一促进作用下降了 0.9%，即效率水平增长 2.2%。这表明，在考虑环境因素的情况下，FDI 在中国经济增长中起到了正的环境效应，但是，FDI 的技术外溢效应也受到相应的约束，说明在引资的过程中要提高引进外资的质量。

贸易依存度（Trade）在模型 3 和模型 4 中的回归系数都显著为负，表明对外贸易对中国经济增长效率具有促进作用。对外贸易相对规模每增长 1%，在不考虑环境因素的情况下效率水平将会增长 0.4%，这也和何枫和陈荣（2004）、朱承亮等（2009）的研究结论一致；而在考虑环境因素的情况下这一促进作用提高了 0.2%，即效率水平将会增长 0.6%。这说明，在自由贸易的情况下，即使在考虑环境因素的情况下，对外贸易没有抑制中国经济增长效率的提高，反而起到了显著的促进作用。中国并没有通过对外贸易成为发达国家的"污染产业天堂"，因为发达国家向中国转移的产业不仅仅是污染产业，同时也向中国转移了低排放系数的"干净"产业（李平和卢现祥，2010），并且随着经济发展和技术进步，中国的对外贸易结构也在发生变化，中国已经从低技术附加值出口为主转变为以中等技术附加值出口为主的出口结构，中国的高技术产品出口有所增加。但是，总体来看，中国出口品技术高度虽然有一定程度的提高，但仍没有达到世界平均水平（樊纲等，2006），且进口仍以中高技术产品为主，这可能是导致对外贸易对中国经济增长效率促进作用较低的主要原因之一。

产业结构（Industry）在模型 3 和模型 4 中的回归系数都显著为负，表明工业化对中国经济增长效率具有促进作用。中国处于工业化和城市化的关键时期，工业总产值占 GDP 比重从 1998 年的 74.45% 逐步上升到 2008 年的 133.52%，工业化水平的提高对中国经济增长起到了显著的推动作用。同时也注意到，在考虑环境因素的情况下，这一推动作用降低了 0.7 个百分点，说明中国在工业化的发展过程中给环境带来了一定影响，从而限制了对经济增长效率的促进作用。工业化发展过程是以一定的资源消耗和环境污染为代价的，然而，中国的粗放型工业增长模式正在逐步转变（涂正革和肖耿，2006），这也是产业结构变量在模型 4 中系数显著为负的主要原因。

非国有经济发展对中国经济增长效率会产生怎样的影响，本书以国有单位职工人数/当地年均从业人员来刻画产权结构，并以此考察产权结构差异与变化对经济增长效率的影响。全国国有单位职工人数占当年年均从业人员比重从 1998 年的 18.46% 逐步下降到 2008 年的 10.44%，同时地区间国有单位职工比重的差异也非常显著，中西部地区国有单位职工比重较高。实证分析发现，产权结构（Property）在模型 3 和模型 4 中的回归系数均为负，国有单位职工人数占年均从业人员比重下降 1%，经济增长效率在统计上显著上升 0.5%—0.7%，这说明外资企业、港澳台资企业和民营企业的发展壮大从总体上有利于经济增长效率的提高，这和刘小玄（2000）、姚洋和章奇（2001）的研究结论一致。

工业污染治理强度（Constr）在模型 3 中的系数显著为正，工业污染治理强度每增长 1%，则效率水平将会降低 35.8%，这说明工业污染投资在不考虑环境因素的情况下，对经济增长效率的提高并没有促进作用，反而有显著的负面影响。这是因为，在不考虑环境因素的情况下，各地政府主要以 GDP 的绝对增长作为业绩考核指标，没有考虑到经济增长中的环境代价，而将工业污染治理投资纳入经济增长成本核算体系，随着污染治理投资额的增加（环境污染治理投资总额占 GDP 比重从 1998 年的 0.86% 上升到 2008 年的 1.49%[①]），这大大削减了以 GDP 为主的考核指标绩效，因而对环境污染治理投资表现为对经济增长的抑制作用。而在考虑环境因素的情况下，工业污染治理强度变量的系数为负值，虽然没有通过任何检验，但这仍表明在考虑环境因素的情况下对污染治理的投资能对经济增长效率的提高起到促进作用。可见，改变现行的以 GDP 为主要指标的考核机制，考虑经济增长中的环境代价，有利于对中国经济增长的客观评价。同时，注意到 1998—2008 年环境污染治理投资总额占 GDP 比重增长缓慢，11 年间仅增长了 0.63%，而实证研究发现，对污染治理投资对环境约束下的经济增长效率提高起到促进作用，因此，应当加大对环境污染治理强度，促进中国经济"又好又快"发展。

政府规制（Govern）在模型 3 和模型 4 中的回归系数都显著为正，表明政府控制对中国经济增长效率具有抑制作用，财政收入占 GDP（EDP）比重每增加 1%，效率水平将会降低 6% 或 7.3%。1998—2008 年，财政收入占 GDP 比重从 12% 上升到 20%[②]，说明此期间政府对市场的干预在增强，实证结果表明，政府的过度干预不利于经济增长效率的提高。由于中国市场经济的不完善，政府干预在中国市场化进程中起到举足轻重的作用，由于政府对市场化进程的过度干预会降低经济效率，因此，应当转变政府职能，特别是在政府公共支出方面优化支出结构，从工业污染治理强度变量在模型 4 中的实证结果来看，应当加大对环境污染治理的投入，支持环境保护技术的研发。

本章小结

针对现有研究效率差异的文献中，要么忽略环境因素，要么仅考虑

[①] 据《全国环境统计公报》（1998、2008）统计，1998 年环境污染治理投资为 721.8 亿元，2008 年环境污染治理投资为 4490.3 亿元。

[②] 据《中国统计年鉴》（1998、2008）统计，1998 年财政收入为 9875.95 亿元，GDP 为 84402.3 亿元；2008 年财政收入为 61330.35 亿元，GDP 为 300670 亿元。

环境污染排放的缺陷，本书将环境污染排放和环境污染治理同时纳入效率测算框架，在构造各地区环境综合指数（ECI）测算了相对绿色 GDP 的基础上，采用超越对数型 C—D 生产函数随机前沿模型，对 1998—2008 年环境约束下的中国经济增长效率及其影响因素进行了分析，得到以下结论和启示：

第一，整体上看，中国经济增长效率呈上升趋势，但效率较低，仍有较大的提升空间，且存在地区差异。

第二，忽略效率影响因素会低估中国经济增长效率，且环境约束下的中国经济增长效率要低于无环境约束的效率，这表明在测评中国经济增长绩效时，既要考虑环境因素还要考虑其他相关因素的影响。这样，才能客观、真实地反映中国经济增长状况。

第三，外商直接投资和对外贸易对效率的提升有显著的促进作用，引进外资和发展对外贸易没有使中国成为"环境污染天堂"。要想对效率提升起到更大的促进作用，要求中国在积极引进外资和发展对外贸易的同时，应注重外资引进质量和改善对外贸易结构。

第四，工业化进程促进了中国效率的提升，但是，在环境约束下，工业化对效率提升的促进作用受到了制约，表明中国工业增长模式亟须改变，走科技含量高、经济效益好、资源消耗低、环境污染少、人力资源优势得到充分发挥的新型工业化模式，为中国经济增长效率的提高打好微观基础。

第五，非国有经济成分的上升有利于效率的提高，应当继续深入产权结构改革，加快非国有经济发展。

第六，环境污染治理强度对环境约束下效率的提升起到了积极的促进作用，而不考虑环境约束时，随着环境污染治理强度的加强反而抑制了效率提升。这说明各地政府应亟须改变以 GDP 为主要考核指标的政绩考核机制，要重视经济发展中的资源环境代价，加大对环境污染的预防和治理，提高环境污染治理强度。

第七，财政收入占 GDP 比重的上升不利于效率提升，说明政府对市场的过度干预会损害效率。政府应当积极转变职能，在环境约束下，积极引导企业走资源节约型、环境友好型生产模式。

总之，正确评价中国经济发展绩效，就必须在传统生产率研究基础上考虑环境因素的影响，只有将环境因素和地方经济增长目标统一起来，形成全面、科学的增长观，重视经济增长过程中的资源环境代价问题，才有利于实现经济发展和生态环境的和谐统一，实现中国经济又好又快发展。

第七章 基于 SBM – Undesirable 模型的 中国经济增长质量测度

第一节 国内外相关研究述评

改革开放以来，中国经济进入高速发展的"快车道"时期，进入 21 世纪以后，中国经济继续保持稳步高速增长。2011 年，中国 GDP 超 日本正式成为世界第二大经济体。在中国经济取得举世瞩目成就的同时 也使中国付出了巨大的资源环境代价。中国已成为世界第一能源消费大 国，且能源消耗强度偏高。《中国环境经济核算研究报告（2008）》的 数据显示，中国 2008 年的生态环境退化成本达到 12745.7 亿元，占当 年 GDP 的 3.9%；环境治理成本达到 5043.1 亿元，占当年 GDP 的 1.54%。尽管中国"十一五"期间污染减排取得了进展（全国化学需 氧量排放量较 2005 年下降了 12% 左右，二氧化碳排放量下降了 14% 左 右，均超额完成预先设定的 10% 减排指标），但是，经济发展造成的环 境污染代价持续增长，环境污染治理和生态破坏压力日益增大。随着科 学发展观与构建和谐社会理念的提出以及中国经济和科技实力的明显增 强，节约能源与环境保护已经成为转变经济发展方式和促进国民经济又 好又快发展不可或缺的组成部分（中国科学院可持续发展战略研究组， 2008）。目前，中国正处于工业化的中后期，在低碳经济背景下，如何 在保持经济增长的同时，节约资源、保护环境、实现经济又好又快发展 是中国"十二五"期间经济发展所面临的最紧迫任务之一。为此，本 书从效率视角对节能减排约束下中国绿色经济绩效进行研究。

与现有类似研究相比，本书在以下几个方面做了拓展：第一，将资 源和环境因素同时纳入效率测度框架，从而更加科学地考察中国绿色经济绩效；第二，劳动力投入指标采用注重劳动力质量且考虑"干中学"效应的人力资本指标表征；第三，构建了基于产出角度的 SBM – Undesirable 模型测度节能减排约束下中国经济增长效率，该模型将资源和环境因素正确纳入效率测算框架，能有效地避免效率测度偏差；第四，从产业结构、能源结构及效率、环境治理强度及能力等方面考察了效率影响因素。研究结果表明，考察期内节能减排约束下中国经济增长平均效率不容乐观，仍有 17.8% 的提升空间；中国经济增长效率地区差异明显；产业结构、能源效率、环境治理强度及能力对经济增长效率具有显著促进作用；能源结构对经济增长效率具有显著抑制作用；各因素对不同地区经济增长效率的影响有所不同。可见，在低碳经济背景下，中国转变经济发展方式以及经济结构战略性调整的重要性与紧迫性。

随着中国经济的快速发展，不少文献从生产率或者效率视角对中国经济增长模式进行了探讨（Chow 和 Lin，2002；易纲等，2003；颜鹏飞和王兵，2004；郑京海和胡鞍钢，2005；王志刚等，2006；朱承亮等，2009），这些研究得出了很多有意义的结论，但是，他们均在不同程度上忽略了资源环境因素对中国经济绩效的影响。这种仅考虑诸如 GDP 之类的期望产出，而没有考虑生产过程中产生的诸如二氧化硫排放之类的非期望产出的效率测度，会扭曲对中国经济绩效的评价，甚至会造成对政策建议的误导。

强调增长与资源环境的协调，转变发展方式，是中国经济潜力持续开发的关键（袁富华，2010）。随着中国经济增长中环境污染问题的出现并日益严重，近年来，国内不少学者在测度经济绩效时也开始考虑环境因素。但是，这些文献大多是关于工业行业的研究（涂正革，2008；杨俊和邵汉华，2009；吴军，2009；涂正革和肖耿，2009；岳书敬和刘富华，2009；李胜文等，2010；陈诗一，2010），仅少数文献是关于区域的研究，如胡鞍钢等（2008）采用以方向性距离函数为表述的 TFP 模型，在考虑环境因素的情况下，对中国 28 个省份的技术效率指标进行了重新排名，发现考虑污染排放因素与忽略污染排放所得出的技术效率排名差距明显；李静（2009）采用 SBM 模型测算了中国各省份的环境效率，发现环境变量的引入明显地降低了中国区域的平均效率水平；王兵等（2010）运用 SBM 方向性距离函数和卢恩伯格生产率指标测度了资源环境约束下的中国 30 个省份的环境效率、环境全要素生产率及其成分，并对其影响因素进行了实证研究；朱承亮等（2011）将环境污染排放及治理同时纳入效率测算框架，在构造环境综合指数测算相对绿色 GDP 的基础上，采用超越对数型随机前沿模型，对环境约束下的中国经济增长效率及其影响因素进行了分析。

从中国经济绩效研究现状来看，一般都将资源因素作为投入要素，而涉及环境因素时分歧较大，主要思路有两个：一是将环境因素作为投入要素来处置（陈诗一，2009；李胜文等，2010），明显与现实生产过程不符，环境污染具有产出特征，应当作为生产过程的副产品来处理；二是将环境因素作为产出要素来处置，但是，不少文献没有考虑到环境污染的负外部性，仍然把它和期望产出同样对待，这样在效率测度时没有正确考虑环境因素。事实上，环境因素应当被看作是具有负外部性的非期望产出，且在和期望产出同时引入效率测算框架时，要将期望产出和非期望产出进行严格区分。在 Chung 等（1997）提出的方向性距离函数基础上发展的 ML 生产率指数能较好地解决上述问题，从而得到广泛采用（胡鞍钢等，2008；涂正革，2008；王兵等，2008；陈诗一，2010）。

ML 生产率指数属于径向 DEA 模型，这样不能充分考虑到投入和产出的松弛性问题，因而度量的效率值也是有偏的。李静（2009）采用考虑非期望产出的 SBM 模型对中国区域环境效率进行了测度，虽然该模型属于非径向 DEA 模型，但是，该模型是在规模报酬不变（CRS）条件下给出的，从而限制了该模型的适用性。为了科学、合理地测度非期望产出的中国经济绩效，本书构建了基于产出角度的 SBM – Undesirable 模型，从而既考虑了非期望产出，又充分考虑了投入和产出的松弛性问题。

第二节　基于 SBM – Undesirable 模型的经济增长质量分析框架

根据是否考虑非期望产出可以将效率测度框架分为以下三种情形：（1）仅考虑期望产出，忽略非期望产出；（2）虽考虑了非期望产出，但将非期望产出和期望产出同等看待；（3）正确考虑非期望产出，将非期望产出和期望产出进行有效区分。本书所指的经济增长效率为正确考虑非期望产出的基于产出角度的技术效率。本书将中国的各省份看作

是投入一定要素进行生产活动产生一定产出的生产单元,从而构造每一
个时期的生产前沿面。

为简便起见,此处考虑存在一种非期望产出与一种期望产出时的情
形。如图 7 – 1 所示,x 轴表示非期望产出,y 轴表示期望产出。假设有
C、D、E 三个生产单位,对于第 i 个生产单位,x^i、y^i、b^i 分别表示投入
要素、期望产出和非期望产出,则第 i 个生产单位的生产技术可以表示为
生产可能集:P = $\{(x^i, y^i, -b^i): x^i$ 能够生产 $(y^i, b^i)\}$。其中,E 的
期望产出最大,过 E 点的、与 x 轴平行的直线与 y 轴相交于点 B。

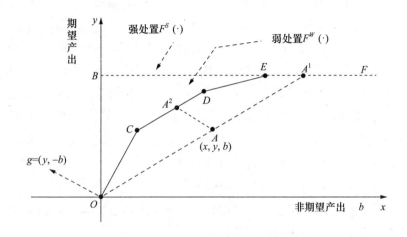

图 7 – 1 方向性产出距离函数示意

假设企业在生产时不考虑非期望产出,即非期望产出是"强处置"
或者"可自由处置"的,那么,非期望产出对企业产出并不形成约束,
企业可以生产无限量的非期望产出,此时最有效的生产单位即是 E,生
产可能性前沿即是几个生产单位中的最大产出 y^E,生产可能性集即为
$\{0, y^E\}$,在图中表示为第一象限中 BF 与 x 轴之间的部分。

假设考虑非期望产出不能随意处置,即非期望产出是"弱处置"
或"非自由处置"的。与 E 相比,C 与 D 的期望产出较低,但其非期
望产出也更低,这是因为,C 与 D 需要投入一部分资源处置非期望产
出,从而导致其期望产出的降低,因此,综合考虑期望产出与非期望产
出时,C 与 D 的生产效率未必低于 E。根据生产可能性集的单调性、凸
性以及期望产出与非期望产出的"零联合"处置等假设,此时的生产

可能性集为包络线 OCDEF 与 x 轴之间的部分，而包络线 OCDEF 即为生产可能性前沿面。

第三节 基于 SBM – Undesirable 模型的经济增长质量测算模型构建

一 模型构建

在 Tone（2003）考虑非期望产出的 SBM 模型基础上，本书构建了基于产出角度 SBM – Undesirable 模型。本书将每一个省份看作一个 DMU 来构造每一个时期的最佳生产前沿面。假设有 n 个 DMU，且每个 DMU 具有一个投入向量，记为 $x \in R^m$，每个 DMU 具有两个产出向量，一个为期望产出向量，记为 $y^g \in R^{s_1}$，另一个为非期望产出向量，记为 $y^b \in R^{s_2}$，则可以定义如下矩阵：$X = [x_1, \cdots, x_n] \in R^{m \times n}$，$Y^g = [y_1^g, \cdots, y_n^g] \in R^{s_1 \times n}$，$Y^b = [y_1^b, \cdots, y_n^b] \in R^{s_2 \times n}$，其中，$X > 0$，$Y^g > 0$，$Y^b > 0$。可以将生产可能性集（P）定义为：$P = \{ (x, y^g, y^b) | x \geq X\lambda, y^g \leq Y^g\lambda, y^b \geq Y^b\lambda, \lambda \geq 0 \text{ or } \sum \lambda = 1 \}$。

根据 Tone（2003）提出的 SBM 模型的处理办法，本书构建的基于产出角度的 SBM – Undesirable 模型如下：

$$\min \rho = \frac{1}{1 + \frac{1}{s_1 + s_2} \left(\sum_{r=1}^{s_1} \frac{s_r^g}{y_{r0}^g} + \sum_{r=1}^{s_2} \frac{s_r^b}{y_{r0}^b} \right)}$$

$$s.t. \begin{cases} y_0^g - Y^g\lambda + s^g = 0 \\ y_0^b - Y^b\lambda - s^b = 0 \\ s^g \geq 0, \ s^b \geq 0, \ \lambda \geq 0 \text{ or } \sum \lambda = 1 \end{cases}$$

上述模型中，s 表示投入、产出的松弛量，λ 表示权重向量，其中，当 $\lambda \geq 0$ 时，表示规模报酬不变（CRS）；当 $\sum \lambda = 1$ 时，表示规模报酬可变（VRS）。目标函数 $\rho \in [0, 1]$，当且仅当 $\rho = 1$ 时，被评价的 DMU 是有效率的，否则 DMU 是无效的。本模型与类似模型相比，不仅正确考虑了非期望产出问题，还具有以下优点：一是解决了投入产出的松弛性问题；二是充分考虑到规模报酬不变（CRS）和规模报酬可变

（VRS）两种情形。

基于研究目的的需要，根据是否考虑资源环境因素以及两种规模报酬假设，本书设定四个模型进行效率测度，分别为模型 1（忽略资源环境约束，CRS）、模型 2（忽略资源环境约束，VRS）、模型 3（考虑资源环境约束，CRS）、模型 4（考虑资源环境约束，VRS）。

二　数据说明

本书以 1998—2008 年为研究时间段，基础数据来源于《中国统计年鉴》《中国能源统计年鉴》和《中国环境统计年鉴》。为保持统计口径的一致性，书中四川省的数据包括重庆市数据，西藏由于数据不全，故不在考察范围之内，因此，本书研究对象为中国内地的 29 个省份。此外，按照传统的区域划分，并结合"西部大开发""振兴东北老工业基地""中部崛起"等国家重大发展战略，本书将 29 个省份划分为东部地区、东北老工业基地、中部地区和西部地区 4 个地区，从而在更大范围内考察地区之间的效率差异。其中，东部地区包括北京、天津、河北、上海、江苏、浙江、福建、山东、广东和海南 10 个省份；东北老工业基地包括辽宁、吉林和黑龙江 3 个省份；中部地区包括山西、安徽、江西、河南、湖北、湖南 6 个省份；西部地区包括贵州、云南、陕西、甘肃、青海、宁夏、新疆、广西、四川和内蒙古 10 个省份。

三　变量说明

（一）劳动投入

类似文献中对于劳动投入一般采用年均从业人员指标表示。虽然从业人员数据提供了劳动力的增长，但不包含任何有关劳动力质量的信息。低素质的劳动力在经济增长中的重要性下降，而人力资本的重要性上升。此外，考虑到"干中学"效应带来的人力资本存量增加，因此，本书采用滞后 3 年的人力资本存量表示劳动投入（王小鲁等，2009）。本书将从业人员的受教育程度划分为 4 类（大学教育、高中教育、初中教育和小学教育），且把各类受教育程度的平均累计受教育年限分别界定为 16 年、12 年、9 年和 6 年。在计算人力资本存量指标时，采用岳书敬和刘朝明（2006）的受教育年限方法，由于各省份经济发展水平不同，这里平均受教育年限用各省份总人口平均受教育年限表示。

（二）资本投入

资本投入采用年均资本存量（亿元）指标来表征。当前一般采用永续盘存法来估算资本存量。在众多类似研究中，单豪杰（2008）的成果比较具有代表性，数据也比较全面。因此，本书所使用的1998—2006年的资本存量数据直接采用其测算结果。此外，2007年和2008年资本存量数据依据其估算方法推算而来。单豪杰的资本存量数据是以1952年为基期的，为了研究的可比性，本书将各省份历年的资本存量全部按照1990年可比价格进行了折算。

（三）能源投入

采用能源消费量（万吨标准煤）表示，这里假定能源消费为非期望产出的主要来源，因此，当采用不考虑非期望产出的SBM模型测度效率时，投入中则不包括此项。

（四）期望产出

由于投入要素中包含具有中间投入品性质的能源要素，因此，期望产出采用GDP（亿元）指标来表示，且将其全部按照1990年可比价格进行了折算。

（五）非期望产出

由于中国"十一五"规划和"十二五"规划中规定的主要污染排放物是指二氧化硫和化学需氧量，因此，本书选择二氧化硫和化学需氧量排放量（万吨）作为非期望产出指标。

在低碳发展理念的指导及"十一五"规划减排指标的约束下，各地政府在经济发展过程中以节能减排为重点，采取了一系列措施来完成节能减排任务。归纳起来，这些措施主要包括以"退二进三"为主导的产业结构调整、对以煤炭为主体的能源结构的优化、提高能源效率、加强环境治理等。基于环境经济学的相关理论及现实背景，本书主要从产业结构调整、能源结构及能源效率、环境治理强度及能力等方面考察节能减排约束下中国绿色经济效率影响因素。

（1）产业结构（Industry）。用工业总产值/GDP衡量，且按照1990年可比价格进行折算。

（2）能源结构（ENST）。以折合为标准煤以后的煤炭消费量占能源消费量的比重表示。

（3）能源效率（ENEF）。以消耗单位能源所实现的GDP来衡量，单位为万元/吨标准煤。

（4）环境治理强度（Intensity）。用工业环境污染投资总额/GDP衡量，且按照 1990 年可比价格进行折算。考虑到在环境污染治理投资中涉及研发活动，其投资效果会有一定时滞性，因此，环境治理强度变量采取了滞后 1 年处理（朱承亮等，2011）。

（5）环境治理能力（Capacity）。用工业二氧化硫去除率衡量，工业二氧化硫去除率等于工业二氧化硫去除量比上工业二氧化硫去除量与排放量之和。

表 7 - 1 给出了各变量的描述性统计结果。1998—2008 年，中国经济增长呈现"高投入、高能耗、高增长、高污染"的特征。此期间年均 GDP 高速增长，与此同时，年均资本存量和能源消耗也呈现高速增长趋势，但年均人力资本存量增长缓慢，原因在于人力资本存量显示的是劳动力质量信息。考察期内，二氧化硫和化学需氧量排放量分别呈倒"U"形和倒"N"形趋势，排放量下降的拐点均出现在 2006 年附近，这可能得益于中国"十一五"规划中关于主要污染物排放总量削减 10% 的约束性指标的规制作用。产业结构中，第二产业仍占有绝对优势，能源结构呈曲折性下降趋势，但煤炭消费量在总体能源消费量中的比重仍占 65% 左右。能源效率较低但呈缓慢上升趋势，企业环境治理能力逐年增强，在 2006 年附近呈现加速趋势，而政府环境治理强度增长趋势不明显，近年来，工业环境污染投资总额占 GDP 比重在 0.2%—0.25% 的区间波动。

表 7 - 1　　　　　　　　各变量的描述性统计结果

变量	个数	年度区间（年）	最小值	最大值	均值	标准差
人力资本（万人）	319	1995—2005	1875.24	55127.20	18760.78	12928.70
资本存量（亿元）	319	1998—2008	60.33	8315.04	1657.64	1727.60
能源消费量（万吨标准煤）	319	1998—2008	407.00	30570.00	7518.70	5473.21
GDP（亿元）	319	1998—2008	123.20	18576.42	3228.90	3098.21
二氧化硫排放量（万吨）	319	1998—2008	2.00	214.10	74.71	51.69
化学需氧量排放量（万吨）	319	1998—2008	3.20	124.60	47.22	29.83
产业结构（%）	319	1998—2008	0.99	318.90	96.77	41.98
能源结构（%）	319	1998—2008	25.78	164.73	69.49	23.27
能源效率（万元/吨标准煤）	319	1998—2008	0.1057	0.8626	0.4038	0.1684
环境治理强度（%）	319	1997—2007	0.02	1.16	0.21	0.16
环境治理能力（%）	319	1998—2008	0.10	86.32	28.34	19.04

第四节 基于 SBM – Undesirable 模型的经济 增长质量测算结果分析

一 经济增长质量测算结果分析

表 7 – 2 至表 7 – 5 分别给出了 1998—2008 年四种模型测度的中国各地区经济增长效率值，表 7 – 6 给出了 1998—2008 年四种模型测度的中国各地区经济增长效率均值。我们发现，在同一种情形下，CRS 和 VRS 下的效率差异明显，VRS 假设下的效率要高于 CRS 假设下的效率。在忽略资源环境约束情形时，CRS 假设下的全国平均效率为 0.635，而 VRS 假设下的全国平均效率为 0.745；在考虑资源环境约束情形时，CRS 假设下的全国平均效率为 0.790，而 VRS 假设下的全国平均效率为 0.822。一般来说，当两种技术假设下得到不同的结果时，应当选择 VRS 假设下的结果（Zheng et al.，1998），因此，本节后续效率分析主要是对 VRS 假设下的效率结果进行分析。

表 7 – 2 模型 1（忽略资源环境约束，CRS）测算的经济增长效率

地区	1998 年	1999 年	2000 年	2001 年	2002 年	2003 年	2004 年	2005 年	2006 年	2007 年	2008 年
北京	0.770	0.763	0.771	0.733	0.753	0.718	0.704	0.786	0.761	0.767	0.689
天津	1.000	1.000	1.000	1.000	1.000	1.000	1.000	1.000	1.000	1.000	1.000
河北	0.610	0.608	0.598	0.533	0.528	0.540	0.589	0.561	0.562	0.574	0.557
上海	1.000	1.000	1.000	1.000	1.000	1.000	1.000	1.000	1.000	1.000	1.000
江苏	0.816	0.812	0.805	0.720	0.725	0.713	0.737	0.691	0.691	0.695	0.652
浙江	0.813	0.819	0.825	0.746	0.771	0.791	0.793	0.762	0.763	0.772	0.714
福建	1.000	1.000	0.975	0.886	0.883	0.887	0.895	0.811	0.799	0.819	0.788
山东	0.708	0.615	0.609	0.605	0.599	0.612	0.649	0.623	0.637	0.640	0.618
广东	0.964	0.931	0.927	0.816	0.806	0.784	0.779	0.876	0.878	0.882	0.808
海南	0.642	0.658	0.637	0.590	0.592	0.578	0.498	0.552	0.554	0.541	0.540
辽宁	1.000	1.000	1.000	1.000	1.000	1.000	1.000	1.000	1.000	1.000	1.000
吉林	0.557	0.584	0.583	0.592	0.602	0.613	0.631	0.619	0.627	0.639	0.640
黑龙江	0.826	0.801	0.771	0.675	0.677	0.716	0.757	0.674	0.673	0.673	0.659

续表

地区	1998 年	1999 年	2000 年	2001 年	2002 年	2003 年	2004 年	2005 年	2006 年	2007 年	2008 年
山西	0.520	0.465	0.457	0.420	0.431	0.480	0.520	0.599	0.577	0.602	0.609
安徽	0.658	0.632	0.593	0.596	0.599	0.611	0.643	0.623	0.626	0.637	0.638
江西	0.392	0.393	0.356	0.337	0.341	0.340	0.354	0.327	0.322	0.320	0.303
河南	0.461	0.455	0.444	0.399	0.383	0.376	0.417	0.426	0.433	0.448	0.461
湖北	0.694	0.687	0.678	0.617	0.607	0.609	0.639	0.553	0.549	0.570	0.561
湖南	0.575	0.543	0.517	0.482	0.478	0.473	0.505	0.498	0.498	0.517	0.490
内蒙古	0.511	0.505	0.496	0.464	0.458	0.470	0.476	0.504	0.502	0.542	0.583
广西	0.494	0.441	0.402	0.392	0.391	0.395	0.421	0.442	0.450	0.469	0.468
四川	0.593	0.467	0.436	0.429	0.425	0.429	0.378	0.456	0.485	0.505	0.503
贵州	0.300	0.300	0.280	0.261	0.251	0.254	0.263	0.287	0.296	0.304	0.309
云南	1.000	1.000	1.000	1.000	1.000	1.000	1.000	1.000	1.000	1.000	1.000
陕西	0.371	0.375	0.371	0.338	0.339	0.346	0.362	0.368	0.384	0.403	0.416
甘肃	0.284	0.285	0.269	0.300	0.289	0.283	0.290	0.286	0.288	0.294	0.285
青海	0.429	0.439	0.429	0.440	0.434	0.440	0.451	0.436	0.438	0.456	0.462
宁夏	0.441	0.444	0.422	0.394	0.382	0.395	0.405	0.442	0.444	0.475	0.490
新疆	0.709	0.680	0.681	0.620	0.601	0.594	0.585	0.549	0.550	0.544	0.533

表 7 – 3　模型 2（忽略资源环境约束，VRS）测算的经济增长效率

地区	1998 年	1999 年	2000 年	2001 年	2002 年	2003 年	2004 年	2005 年	2006 年	2007 年	2008 年
北京	0.781	0.776	0.786	0.744	0.767	0.743	0.727	0.851	0.837	0.849	0.803
天津	1.000	1.000	1.000	1.000	1.000	1.000	1.000	1.000	1.000	1.000	1.000
河北	0.732	0.727	0.713	0.718	0.725	0.749	0.801	0.705	0.698	0.693	0.701
上海	1.000	1.000	1.000	1.000	1.000	1.000	1.000	1.000	1.000	1.000	1.000
江苏	0.909	0.909	0.888	0.907	0.926	0.953	1.000	0.860	0.863	0.870	0.898
浙江	0.863	0.871	0.869	0.863	0.904	0.953	0.964	0.847	0.849	0.852	0.846
福建	1.000	1.000	0.982	0.903	0.903	0.918	0.928	0.829	0.817	0.837	0.817
山东	0.917	0.927	0.903	0.904	0.910	0.923	0.966	0.828	0.843	0.835	0.870
广东	1.000	1.000	1.000	1.000	1.000	1.000	1.000	1.000	1.000	1.000	1.000
海南	1.000	1.000	1.000	0.959	1.000	0.979	0.827	0.935	0.934	0.881	0.880
辽宁	1.000	1.000	1.000	1.000	1.000	1.000	1.000	1.000	1.000	1.000	1.000
吉林	0.564	0.593	0.583	0.593	0.604	0.615	0.633	0.623	0.637	0.651	0.660

续表

地区	1998 年	1999 年	2000 年	2001 年	2002 年	2003 年	2004 年	2005 年	2006 年	2007 年	2008 年
黑龙江	0.829	0.807	0.782	0.698	0.702	0.753	0.794	0.690	0.687	0.686	0.678
山西	0.523	0.468	0.459	0.425	0.438	0.491	0.534	0.609	0.588	0.613	0.628
安徽	0.803	0.757	0.704	0.708	0.710	0.723	0.767	0.746	0.754	0.764	0.758
江西	0.400	0.406	0.369	0.371	0.381	0.398	0.421	0.359	0.354	0.352	0.357
河南	0.750	0.749	0.743	0.748	0.748	0.757	0.812	0.731	0.715	0.716	0.749
湖北	0.818	0.780	0.761	0.761	0.744	0.728	0.742	0.625	0.629	0.648	0.668
湖南	0.740	0.711	0.700	0.694	0.694	0.667	0.704	0.676	0.685	0.704	0.712
内蒙古	0.512	0.507	0.501	0.475	0.475	0.510	0.536	0.555	0.586	0.633	0.698
广西	0.508	0.466	0.435	0.437	0.442	0.447	0.474	0.496	0.507	0.524	0.518
四川	1.000	0.987	0.940	0.948	0.957	0.955	0.822	0.892	0.914	0.936	0.951
贵州	0.312	0.315	0.293	0.265	0.254	0.256	0.264	0.289	0.297	0.306	0.313
云南	1.000	1.000	1.000	1.000	1.000	1.000	1.000	1.000	1.000	1.000	1.000
陕西	0.374	0.381	0.379	0.357	0.362	0.381	0.402	0.389	0.406	0.427	0.459
甘肃	0.284	0.286	0.271	0.308	0.299	0.300	0.308	0.296	0.298	0.304	0.300
青海	1.000	1.000	1.000	1.000	1.000	1.000	1.000	1.000	1.000	1.000	1.000
宁夏	1.000	1.000	1.000	1.000	1.000	1.000	1.000	1.000	0.998	0.998	1.000
新疆	0.710	0.684	0.687	0.632	0.615	0.614	0.606	0.560	0.561	0.554	0.549

表 7 - 4　模型 3（考虑资源环境约束，CRS）测算的经济增长效率

地区	1998 年	1999 年	2000 年	2001 年	2002 年	2003 年	2004 年	2005 年	2006 年	2007 年	2008 年
北京	1.000	1.000	1.000	1.000	1.000	1.000	1.000	1.000	1.000	1.000	1.000
天津	1.000	1.000	1.000	1.000	1.000	1.000	1.000	1.000	1.000	1.000	1.000
河北	0.681	0.671	0.699	0.703	0.687	0.742	0.757	0.759	0.740	0.737	0.739
上海	1.000	1.000	1.000	1.000	1.000	1.000	1.000	1.000	1.000	1.000	1.000
江苏	1.000	0.857	1.000	0.797	1.000	1.000	1.000	0.831	0.837	0.834	0.838
浙江	0.809	0.803	0.828	0.832	0.817	1.000	1.000	1.000	1.000	1.000	1.000
福建	1.000	1.000	1.000	1.000	1.000	1.000	1.000	1.000	1.000	1.000	1.000
山东	0.731	0.720	0.743	0.752	0.747	0.805	0.860	0.852	0.848	0.849	0.845
广东	0.864	0.885	0.859	0.806	0.815	0.897	0.909	1.000	1.000	1.000	1.000
海南	1.000	1.000	1.000	1.000	1.000	1.000	1.000	1.000	1.000	1.000	1.000
辽宁	1.000	1.000	1.000	1.000	1.000	1.000	1.000	1.000	1.000	1.000	1.000

续表

地区	1998 年	1999 年	2000 年	2001 年	2002 年	2003 年	2004 年	2005 年	2006 年	2007 年	2008 年
吉林	0.652	0.652	0.662	0.682	0.684	0.741	0.747	0.744	0.726	0.731	0.743
黑龙江	0.771	0.751	0.777	0.764	0.752	0.807	0.826	0.813	0.801	0.777	0.778
山西	0.599	0.557	0.593	0.591	0.588	0.624	0.636	0.694	0.684	0.688	0.683
安徽	0.843	0.845	0.834	0.840	0.830	0.888	0.911	1.000	1.000	1.000	1.000
江西	0.711	0.710	0.695	0.682	0.687	0.690	0.688	0.637	0.625	0.615	0.617
河南	0.677	0.658	0.704	0.700	0.686	0.748	0.759	0.754	0.743	0.745	0.751
湖北	0.730	0.716	0.734	0.729	0.707	0.760	0.762	0.763	0.751	0.763	0.779
湖南	0.687	0.679	0.690	0.673	0.658	0.677	0.689	0.725	0.723	0.724	0.736
内蒙古	0.622	0.623	0.622	0.614	0.619	0.626	0.639	0.658	0.647	0.648	0.657
广西	0.619	0.622	0.601	0.609	0.606	0.616	0.620	0.652	0.655	0.657	0.663
四川	0.665	0.671	0.649	0.648	0.643	0.673	0.648	0.727	0.730	0.733	0.741
贵州	0.557	0.566	0.571	0.574	0.558	0.579	0.585	0.640	0.639	0.636	0.646
云南	1.000	1.000	1.000	1.000	1.000	1.000	1.000	1.000	1.000	1.000	1.000
陕西	0.584	0.590	0.625	0.591	0.602	0.646	0.650	0.663	0.661	0.662	0.669
甘肃	0.680	0.678	0.673	0.687	0.635	0.632	0.644	0.626	0.626	0.623	0.613
青海	0.763	0.758	0.774	0.765	0.762	0.760	0.733	0.653	0.648	0.646	0.645
宁夏	0.522	0.533	0.513	0.516	0.521	0.543	0.583	0.576	0.577	0.584	0.595
新疆	0.690	0.675	0.711	0.702	0.683	0.706	0.679	0.672	0.663	0.650	0.637

表 7 – 5　　模型 4（考虑资源环境约束，VRS）测算的经济增长效率

地区	1998 年	1999 年	2000 年	2001 年	2002 年	2003 年	2004 年	2005 年	2006 年	2007 年	2008 年
北京	1.000	1.000	1.000	1.000	1.000	1.000	1.000	1.000	1.000	1.000	1.000
天津	1.000	1.000	1.000	1.000	1.000	1.000	1.000	1.000	1.000	1.000	1.000
河北	0.719	0.706	0.734	0.752	0.737	0.752	0.765	0.759	0.743	0.737	0.752
上海	1.000	1.000	1.000	1.000	1.000	1.000	1.000	1.000	1.000	1.000	1.000
江苏	1.000	1.000	1.000	1.000	1.000	1.000	0.875	0.893	0.900	0.917	
浙江	0.871	0.848	0.905	1.000	0.954	1.000	1.000	1.000	1.000	1.000	1.000
福建	1.000	1.000	1.000	1.000	1.000	1.000	1.000	1.000	1.000	1.000	1.000
山东	0.785	0.764	0.802	0.863	0.850	0.878	1.000	1.000	1.000	1.000	1.000
广东	1.000	1.000	1.000	1.000	1.000	1.000	1.000	1.000	1.000	1.000	1.000
海南	1.000	1.000	1.000	1.000	1.000	1.000	1.000	1.000	1.000	1.000	1.000

地区	1998 年	1999 年	2000 年	2001 年	2002 年	2003 年	2004 年	2005 年	2006 年	2007 年	2008 年
辽宁	1.000	1.000	1.000	1.000	1.000	1.000	1.000	1.000	1.000	1.000	1.000
吉林	0.656	0.657	0.667	0.687	0.690	0.742	0.759	0.754	0.735	0.746	0.743
黑龙江	0.773	0.751	0.779	0.765	0.753	0.807	0.828	0.818	0.806	0.785	0.778
山西	0.600	0.559	0.596	0.593	0.589	0.625	0.637	0.694	0.684	0.689	0.685
安徽	0.859	0.857	0.836	0.840	0.830	0.888	1.000	1.000	1.000	1.000	1.000
江西	0.716	0.716	0.700	0.685	0.691	0.691	0.694	0.642	0.629	0.620	0.620
河南	0.733	0.716	0.745	0.759	0.741	0.764	0.770	0.755	0.746	0.745	0.767
湖北	0.747	0.732	0.748	0.751	0.729	0.765	0.766	0.768	0.755	0.768	0.782
湖南	0.700	0.692	0.699	0.688	0.676	0.689	0.698	0.727	0.725	0.726	0.736
内蒙古	0.631	0.631	0.630	0.618	0.619	0.632	0.646	0.659	0.649	0.653	0.659
广西	0.624	0.628	0.606	0.615	0.610	0.619	0.627	0.655	0.658	0.660	0.667
四川	1.000	0.790	0.722	0.733	0.729	0.725	0.678	0.743	0.754	0.769	0.775
贵州	0.567	0.584	0.581	0.590	0.575	0.595	0.603	0.652	0.649	0.655	0.654
云南	1.000	1.000	1.000	1.000	1.000	1.000	1.000	1.000	1.000	1.000	1.000
陕西	0.586	0.591	0.629	0.595	0.604	0.647	0.652	0.664	0.662	0.664	0.670
甘肃	0.698	0.696	0.687	0.704	0.650	0.642	0.646	0.626	0.626	0.628	0.615
青海	1.000	1.000	1.000	1.000	1.000	1.000	1.000	1.000	1.000	1.000	1.000
宁夏	1.000	1.000	1.000	1.000	1.000	1.000	1.000	1.000	0.736	0.747	1.000
新疆	0.711	0.695	0.728	0.718	0.700	0.714	0.679	0.679	0.663	0.652	0.639

表 7 - 6　　　　四种模型测度的各地区效率值（1998—2008 年）

地区	忽略资源环境约束		考虑资源环境约束	
	CRS（模型 1）	VRS（模型 2）	CRS（模型 3）	VRS（模型 4）
东部地区	0.778	0.904	0.925	0.957
东北老工业基地	0.775	0.784	0.830	0.833
中部地区	0.506	0.636	0.728	0.739
西部地区	0.481	0.655	0.677	0.758
全国均值	0.635	0.745	0.790	0.822

　　考察期内，中国经济增长在忽略资源环境约束时全国平均效率为0.745，而在考虑资源环境约束时全国平均效率为0.822。可见，忽略

资源环境约束时的年均效率要低于考虑资源环境约束时的年均效率。这与胡鞍钢等（2008）的结论一致，从中可以发现，无论是考虑单一环境因素还是考虑两环境因素组，考虑环境约束之后全国的效率均值均高于忽略环境因素的全国效率均值。考察期内，节能减排约束下中国经济增长平均效率为 0.822，表明在现有技术进步不变及不增加现有要素投入的前提下，中国经济增长平均效率还有 17.8% 的提升空间，即还有部分省份未达到生产前沿。

表 7 - 7 给出了不同模型下测度的 1998—2008 年最佳实践省份，资源环境约束下的最佳实践省份包括北京、天津、上海、福建、广东、海南、辽宁、云南、青海 9 个，这些省份每年均处在生产前沿，即经济增长效率值达到了最大值 1，此时要想提高这些处在生产前沿上省份的效率值则要考虑从提高技术进步角度使生产前沿面上移。从最佳实践省份构成来看，除包括传统意义的处于东部地区的天津和上海两个省份以外，还包括处于西部地区的云南、青海等省份。这和胡鞍钢等（2008）的研究结果类似，他们在考虑化学需氧量和二氧化硫排放时发现，1999—2005 年的最佳实践省份包括上海、江苏、辽宁、安徽、湖北、海南、贵州、云南和西藏 9 个。此外，在资源环境约束下还有部分省份在某些年份也处于生产前沿。我们还发现，在考察期内资源环境约束下的年均效率排名靠后的均为内蒙古、山西、广西、陕西、甘肃、贵州等西部地区省份。从上述分析中可知，效率水平较低的省份全部为西部地区省份，但效率水平较高的省份未必全部为东部地区省份。

表 7 -7	1998—2008 年最佳实践省份
模型 1（忽略约束，CRS）	天津、上海、辽宁、云南
模型 2（忽略约束，VRS）	天津、上海、广东、辽宁、云南、青海、宁夏
模型 3（考虑约束，CRS）	北京、天津、上海、福建、海南、辽宁、云南
模型 4（考虑约束，VRS）	北京、天津、上海、福建、广东、海南、辽宁、云南、青海

考察期内中国经济增长效率区域差异明显。无论是否考虑资源环境约束，平均效率水平的地区分布均为：东部地区 > 东北老工业基地 > 全国平均 > 西部地区 > 中部地区。总体来看，地区效率差异同地区经济发展水平相适应，东部地区和东北老工业基地的效率值均在全国平均水平

之上，这与胡鞍钢等（2008）、李静（2009）的研究结论一致。但与他们不同的是，本书得出了中部地区效率低于西部地区的结论，研究结论的差异性可能与研究方法的不同有关。西部地区效率的改善也可能得益于"西部大开发"战略的实施，"西部大开发"战略的实施促进了西部地区经济增长，在缩小西部地区与中部地区经济发展差距方面起到了积极作用，促使中国区域经济从趋异转向收敛（刘生龙等，2009），且在全国平均 TFP 增长率处于下滑趋势的情况下，"西部大开发"战略的实施使西部地区 TFP 增长率从 1992—1999 年的 - 0.9% 上升到 2000—2007 年的 1.2%（朱承亮等，2009）。

二　经济增长质量影响因素分析

基于中国经济增长效率的地区差异性，本书对节能减排约束下全国及分地区的经济增长效率影响因素分别进行回归分析，以期得出更有意义的结论。豪斯曼检验表明，对于全国及东北老工业基地的回归分析均应选择固定效应模型，而对于东部地区、中部地区和西部地区的回归分析均应选择随机效应模型，表 7 - 7 给出了节能减排约束下经济增长效率影响因素分地区回归结果。

表 7 - 8　节能减排约束下经济增长效率影响因素分地区回归结果

变量	全国 （固定效应）	东部地区 （随机效应）	东北老工业基地 （固定效应）	中部地区 （随机效应）	西部地区 （随机效应）
α	0.6840 *** (15.6153)	0.8959 *** (20.5071)	1.7334 *** (8.1356)	0.6271 *** (5.1253)	0.9837 *** (10.8994)
Industry	0.0020 *** (9.5814)	0.0009 *** (5.8713)	- 0.0016 * (- 2.0427)	0.0005 (0.9023)	0.0004 (0.7638)
ENST	- 0.2102 *** (- 5.8448)	- 0.2769 *** (- 6.1155)	- 1.1193 *** (- 7.5979)	0.0589 (0.7491)	- 0.2252 *** (- 2.9996)
ENEF	0.1300 *** (2.3329)	0.2400 *** (4.6086)	- 0.1680 (- 0.3963)	0.0776 (0.3841)	- 0.5590 *** (- 3.5195)
Intensity	0.1168 *** (2.1909)	0.1145 *** (2.2110)	- 0.0385 (- 0.4496)	- 0.2692 *** (- 2.0091)	0.0601 (0.6606)
Capacity	0.00057 * (1.3601)	- 0.00173 *** (- 4.2175)	0.00509 *** (5.8092)	0.00101 (1.1085)	0.00179 *** (2.3414)
R^2	0.4374	0.6053	0.9227	0.2054	0.2027

注：括号内为 t 统计量，＊＊＊ 和 ＊ 分别表示显著性水平为 1% 和 10%。

产业结构对经济增长效率具有显著促进作用，表明在中国工业粗放型增长模式正在逐步转变（涂正革和肖耿，2006）的前提下，工业化水平的提高对中国经济增长效率起到了显著的推动作用，同时这一结论还表明，在节能减排约束下通过"退二进三"为主导的产业结构调整能够显著地提高中国经济增长效率。从分地区回归结果来看，东北老工业基地的产业结构不利于经济增长效率的改善，这主要是因为相对于其他地区而言，东北老工业基地的重化工业在其工业结构中所占比重较大，而地区重工业比重上升会导致环境技术效率下降，致使环境、资源与发展关系失衡（涂正革，2008），因此，不利于节能减排约束下经济增长效率的改善。可见，东北老工业基地的产业结构调整任重而道远，仍需在现有基础上进一步优化工业内部结构，加大产业结构调整力度。

能源结构对经济增长效率具有显著抑制作用，这和王兵等（2010）的研究结论一致。现阶段，煤炭消费量在中国总体能源消费量中的比重仍占 65% 左右，因此，在节能减排约束下应当不断改善以煤炭为主的能源结构。从分地区回归结果来看，中部地区能源结构对经济增长效率具有正的影响但不显著。

能源效率对经济增长效率具有显著的促进作用，表明在中国存在能源效率问题的基础上，将提高能源效率作为节能减排工作的重中之重，通过提高能源效率来转变经济增长方式是有效的。从分地区回归结果来看，东北老工业基地能源效率对经济增长效率具有负的影响但不显著，西部地区能源效率对经济增长效率具有显著的抑制作用。在现阶段以煤炭为主的能源结构情形下，西部地区具有较为优越的资源优势，但其能源效率相对于其他地区而言是最低的，属于能源低效地区（魏楚和沈满洪，2007）。西部地区能源效率对经济增长效率尚不具有促进作用，原因可能在于西部地区能源效率状况尚未达到提高其经济增长效率的"门槛水平"。可见，在节能减排约束下，进一步提高西部地区的能源效率对其经济增长效率的改善具有重要意义。

环境治理强度对经济增长效率具有显著促进作用。这和王兵等（2010）的研究结论不一致。他们认为，政府的环境管理能力与环境效率负相关，导致研究结论差异的可能原因在于代理变量选择的不一致性。从分地区回归结果来看，东北老工业基地的环境治理强度对经济增长效率具有负的影响但不显著，而中部地区环境治理强度对效率具有显著的抑制作用。中部地区产业结构层次较低，且在承接东部产业转移过程中可能引入了不少高能耗高污染产业，表现出较差的经济增长效率，而其环境治理强度对效率具有显著的抑制作用，可能的原因在于政府对工业环境污染的投资不足以弥补环境污染所带来的损失。可见，加大政府的环境治理强度，对于中部地区经济增长效率的提高具有重要意义。

环境治理能力对经济增长效率具有显著的促进作用，表明提高工业二氧化硫去除率、加强企业的环境治理能力对于节能减排约束下中国经济增长效率具有促进作用，应当在今后的节能减排中充分发挥企业的积极性（王兵等，2010）。从分地区回归结果来看，与其他地区不同的是，东部地区企业的环境治理能力对经济增长效率具有显著的抑制作用，这表明随着经济发展水平和居民对环境质量要求的提高，东部地区应当进一步加强环境治理能力。

本章小结

基于中国经济发展过程中资源环境约束的日趋强化，本书在构建基于产出角度的 SBM – Undesirable 模型的基础上，从效率视角对节能减排约束下中国绿色经济绩效进行了测算，而且考察了产业结构、能源结构及效率、环境治理强度及能力等因素对效率的影响。主要结论有：1998—2008 年，节能减排约束下中国经济增长平均效率水平不容乐观，仍有 17.8％的提升空间；从分省份来看，效率较低的省份全部为西部地区省份，但效率较高的省份未必全部为东部地区省份，西部地区个别省份在个别年份也处在最佳生产前沿上；从分地区来看，中国经济增长效率地区差异明显：东部地区＞东北老工业基地＞全国平均＞西部地区＞中部地区；产业结构、能源效率、环境治理强度及环境治理能力对经济增长效率具有显著的促进作用，而能源结构对经济增长效率具有显著的抑制作用。从分地区回归分析发现，产业结构对东北老工业基地经济增长效率具有显著的抑制作用，这可能与其工业内部结构中重化工业所占比重较大有关；能源效率对西部地区经济增长效率具有显著的抑制作用，这可能与西部地区能源效率较低且尚未达到提高其效率的门槛水平有关；环境治理强度对中部地区经济增长效率具有显著的抑制作用，这可能与其政府对工业环境污染的投资不足而无法弥补环境污染所带来的损失有关；环境治理能力对东部地区经济以增长效率具有显著的抑制作用，这可能与随着经济发展水平提高和居民生活质量日益改善与环境质量日益恶化的矛盾有关。

在低碳经济背景下，正确、科学地测度节能减排约束下中国绿色经济绩效具有重要的理论和现实意义。中国在经济发展过程中，应重视经济增长效率的提高，重视资源环境代价问题，要树立绿色、低碳的发展理念，以节能减排为重点，加快工业内部结构调整，加强以"退二进三"为主导的产业结构调整，提高能源效率，逐步改变以煤炭为主的能源消费结构，同时加强环境治理，提高政府的环境治理强度和企业的环境治理能力，在节能减排中充分发挥企业的积极性。同时，应注意，减排约束指标不能实行"一刀切"，由于地区差异的存在，应当对处于不同发展阶段的不同地区实行不同的减排指标约束，从而为落后地区争取发展空间，从而有利于地区间差距的缩小。

第八章　基于 ML 生产率指数的中国经济增长质量测度

第一节　国内外相关研究述评

自 1978 年改革开放以来，中国经济进入高速发展的"快车道"时期，GDP 保持了 30 多年的快速增长，且 2011 年中国 GDP 总量超过日本正式成为世界第二大经济体。这种"增长奇迹"使中国经济成为国内外学者研究的热点，其中，关于中国经济增长动力来源、可持续性、经济增长方式等的争论也从未停止过。这些研究基本上都达成了一个共识：中国经济增长并不是完全建立在科学增长方式基础上的，这种增长方式在推动中国经济高速增长的同时，也带来了诸多的经济与社会问题，因此，经济增长方式转变已经是大势所趋，到了非转变不可的时候了（魏杰，2011）。学术界关于中国经济增长方式的研究引起了政府高度重视，使转变经济增长方式成为近几十年来中国政府设定的主要任务之一。早在 20 世纪 80 年代初，中国政府就对经济增长方式转变问题给予了高度重视，党的十三大把转变经济增长方式写入了党代会的工作报告之中，"九五"期间提出经济增长方式由粗放型向集约型转变，党的十七大报告将"转变经济增长方式"改为"转变经济发展方式"，指出"加快经济发展方式转变，这是关系国民经济全局紧迫而重大的战略任务"。一直以来，学术界和政府关于实现经济增长方式转变的探索与实践从未停止过。

随着全球环境问题的日益凸显，尽管关于人类生产活动对气候的影响以及全球气候变暖的程度、机理等问题仍存在重大争议，但进入 21 世纪后，气候变化已成为人类经济和社会发展面临的共同挑战。随着全球环境保护的制度化发展，低碳转型理念受到国际社会的广泛关注，全球范围内的低碳转型成为大势所趋，目前，低碳经济已成为各国应对气候变化、转变增长方式的共识。作为一个负责任的大国，低碳转型已经成为中国当前政策规划和实施中的重要导向，近年来，中国在践行低碳转型道路上做出了不少尝试和贡献，中国在调整经济结构、发展循环经济、节约能源、提高能效、淘汰落后产能、发展可再生能源、优化能源结构等方面采取了一系列政策措施，取得了显著的成效，中国在"十一五"规划中提出了节能减排目标，在"十二五"规划中继续延续了低碳经济发展理念。党的十七大报告指出，要建设生态文明、基本形成节约能源资源和保护生态环境的产业结构、增长方式、消费模式。可见，低碳发展模式是中国可持续发展的内在要求，是深入实践科学发展观，努力建设资源节约型、环境友好型社会的必由之路。十七届五中全会进一步指出，加快经济发展方式转变，既是一场攻坚战，也是一场持久战。

那么，在这场全球性的低碳转型过程中，中国经济低碳转型绩效如何？中国经济增长方式是否发生了转变？中国经济增长是否具有稳定性和可持续性？中国各地区经济增长方式是否平衡？笔者试图在本书中对上述问题进行解答。正确评估经济发展方式转变可以使人们掌握经济发展方式所处的状态、明确转变的动力与阻碍，确定经济发展方式转变的方向（李玲玲和张耀辉，2011）。可见，本书研究具有十分重要的理论意义和现实意义。

本书将经济增长、资源节约与环境保护纳入一个统一框架，评估分析中国经济低碳转型绩效的历史变迁与地区差异，与类似研究相比，本书主要做了以下工作：一是对研究时间段进行了拓展，受数据、技术等因素限制，类似研究的起始时间一般都限定于 1998 年，本书将研究时间段扩展到了 1985 年，对"七五"计划到"十一五"计划五个五年计划期间（1985—2010 年）的低碳转型绩效进行评估，在更长时间内研究中国经济低碳转型的历史变迁与地区差异。二是从可持续发展视角出发，在测度转型绩效时，不仅仅考虑增长目标，还考虑到了增长的资源环境约束，即将经济增长、资源节约与环境保护纳入一个统一框架进行综合分析，并与传统分析框架相比较，阐述了两种分析框架实证结果的差别。三是进行增长核算分析，通过考察绿色全要素生产率（GTFP）

对产出增长的相对贡献，评估全国和各地区的低碳转型绩效及进程，分析中国经济低碳转型绩效的时序变化与地区差异。基于 1985—2010 年全国 27 个省份投入产出面板数据，运用基于方向性距离函数的 ML 生产率指数法和增长核算法，对中国经济低碳转型绩效进行了测度评估并发现：（1）不考虑环境因素会高估生产率及其对经济增长的贡献，从而对中国低碳转型绩效做出较为乐观的判断；（2）GTFP 增长主要源于技术进步，且受制度因素水平效应影响，考察期内 GTFP 增长率呈现"先升后降再平稳"的时间趋势特征；（3）GTFP 是经济增长重要驱动力之一，考察期内中国经济低碳转型绩效明显，受边际转型成本影响近年来有趋缓回落趋势，中国仍属于资本和能源双重驱动的粗放型经济增长方式；（4）中国经济低碳转型绩效的地区差异明显，部分欠发达省份也表现出了较高的转型绩效，但是，这种地区差距具有相对稳定性，仅在两次危机期间表现出了较大波动。

自改革开放以来，学术界针对经济增长方式转变问题展开了热烈讨论，按照林毅夫和苏剑（2007）的总结，这些研究主要围绕以下两个问题展开：一是中国经济增长方式的现状及目标增长方式是什么？二是如何实现中国经济增长方式的转变？对于第一个问题，学术界普遍认为，中国经济增长方式属于资本驱动型的粗放型增长方式（Chow，1993；Chow and Lin，2002；郭庆旺和贾俊雪，2005；邱晓华等，2006），认为经济增长方式转变的目标就是实现经济增长方式从粗放型到集约型的转变。对于第二个问题，学术界从不同角度提出了各种各样的政策建议，如扩大内需（刘世锦，2006）、政府职能转换（张卓元，2005）、科技创新（卫兴华和侯为民，2007）、城镇化（王国刚，2010）等。这些研究得出了很多有价值的结论，具有重要意义，在一定程度上有助于中国经济增长方式的转变。通过对上述文献的梳理发现，目前关于中国经济增长方式转型方面的研究以定性研究为主，定量研究相对较少。本书侧重于经济增长方式转型绩效的分析，因此，本书着重对此方面的文献进行梳理和述评。

通过对现有文献的掌握和梳理，发现中国学术界关于经济增长方式转型绩效的研究主要从以下两种路径展开：

第一种路径是通过对经济增长方式内涵的界定，构建一套反映其内涵的评价指标体系，进而进行定量分析。如顾海兵和沈继楼（2006）

通过指标体系设计对四种不同类型（集约型与粗放型、投资拉动型与消费拉动型、政府主导型与市场主导型、发展性与欠发展性）的经济增长方式进行了定量分析，发现 1996—2005 年中国转变经济增长方式有了一定进展，但总体上看还未实现根本上转变，仍是粗放型、政府主导和投资推动为主的经济增长，发展效应也并不令人满意。朱启荣（2011）从经济发展速度与质量、资源消耗与环境保护和民生状况三大方面构建了一套指标体系，采用主成分分析法对中国经济发展方式水平进行了评价，发现自 20 世纪 90 年代以来，中国经济发展方式水平总体处于不断上升趋势；沈露莹（2010）构建了一套由经济增长、服务经济、城市功能、自主创新、资源集约和以人为本六大部分构成的指标体系，对 2000—2008 年上海转变经济发展方式的成效进行了评估。评估结果显示，上海经济发展方式转变总体呈现趋于良好的态势，尤其在经济增长、城市功能、资源集约等领域发展方式转变取得明显成效，但在自主创新、以人为本等领域发展方式转变则相对滞后，服务经济领域发展方式转变甚至出现倒退。李玲玲和张耀辉（2011）构建了一套以经济增长、发展动力、资源环境支持、发展成果为基本框架的评价指标体系，对 2000—2009 年中国经济发展方式的变化进行了测评，得出中国经济发展方式已发生转变的结论。综上所述，这些研究得出了很多有意义的但并非一致的结论，且该种分析路径存在诸如指标选取随意性大、指标权重主观性强、指标内生性差等问题。

第二种路径是从全要素生产率（TFP）理论出发，进行经济增长方式转型绩效评价。认为只要我们对一个经济的增长中生产率提高的相对贡献能够进行定量测定，则至少可以对一个经济不同时期的增长方式或同一时期不同经济的增长方式的集约化程度进行比较。TFP 是宏观经济学的重要概念，是分析经济增长源泉的重要工具，尤其是政府制定长期可持续增长政策的重要依据（郭庆旺和贾俊雪，2005）。虽然 TFP 理论存在一定的局限性，一些学者对此也有过评论（郑玉歆，1999，2007；易纲等，2003；林毅夫和任若恩，2007），但如果能恰当地运用和解释，增长核算是一种很有价值的工具（Bosworth and Collins, 2003），正如张军等（2003）指出，尽管 TFP 理论存在局限性，但对经济学家来说，没有比研究经济增长和 TFP 变动更让人着迷的了，测度 TFP 水平及其变动模式始终是当代经济学家认真思考和认识经济增长的主要内容。随着研究方法的日渐成熟以及研究数据的日趋丰富，这类研究成果颇丰，比如，郭庆旺和贾俊雪（2005）利用索洛残差法、隐性变量法和潜在产出法对中国 1979—2004 年 TFP 增长率进行了估算，发现考察期内中国 TFP 平均增长率为 0.891%，对经济增长平均贡献率为 9.46%，这一测算结果低于 Wu（2003）的 13.5% 和 Young（2003）的 23%，更低于世界银行（1997）的 43%。吴延瑞（2008）基于随机前沿生产函数对 1992—2004 年中国 TFP 进行了估计，发现 TFP 以年均 2.94% 的增长速度解释了中国经济增长的 27%，远小于对日本（50%）和德国（58%）的类似估计值。傅勇和白龙（2009）采用 Malmquist 指数法对中国 1978—2006 年 TFP 增长率进行了测度，也得出了类似结论。张学良和孙海鸣（2009）采用 DEA 方法对长三角地区经济增长的真正源泉进行研究，发现长三角地区实际经济增长主要依赖于物质资本贡献。从分省份来看，仅上海的 TFP 主导着其经济增长。王小鲁等（2009）在扩展卢卡斯模型基础上，采用 1952—2007 年的全国时间序列数据测算发现，TFP 的作用正在变得越来越重要，1999—2007 年对经济增长贡献了 3.6%。马强文和任保平（2010）采用 Malmquist 指数法对 1978—2008 年全国 28 个省份的 TFP 进行了测度，并测算了经济发展方式的转变绩效，发现改革开放以来中国经济发展方式的转变绩效出现逐渐下降的趋势，但每一轮改革都能够带来提高发展方式转变绩效的水平效应。综上可见，这些研究结论差异也较大，其原因可能在于研究工具、参数设定、研究时间等差异，但这些研究得出了很多有价值的结论，对我们后续研究具有重要参考价值。

在领会到第二种研究路径研究意义的基础上，我们还注意到，这些研究均在不同程度上忽略了资源环境因素对中国经济增长方式转变绩效的影响。中国经济在取得举世瞩目成就的同时，也使中国付出了巨大的资源环境代价。随着中国经济增长中环境污染问题的出现并日益严重，类似的研究也开始尝试性地将资源环境因素内生到 TFP 测算框架。如田银华等（2011）采用基于序列 DEA 的 SML 指数法对 1998—2008 年中国各省份环境约束下的 TFP 指数进行估算，发现考虑环境约束之后，TFP 增长对中国经济增长的贡献不足 10%。此外，孙传旺等（2010）运用环境技术和方向性距离函数对碳强度约束下 2000—2007 年 TFP 进行了测算，王兵等（2010）运用 SBM 方向性距离函数和卢恩伯格生产率指标测度了考虑资源环境因素下中国 30 个省份 1998—2007 年的环境 TFD 生产率。但遗憾的是，这些研究仅对 TFP 及其分解、影响因素以及收敛性等进行了分析，并没有在此基础上对经济增长方式转型绩效展开更为深入的研究。此外，陈诗一（2012）基于 SBM—DDF—AAM 低碳经济分析理论机制，构建了低碳转型评估的动态指数体系，并对改革开放以来中国各地区的低碳转型进程进行了评估和预测，根据他的研究成果可以发现，"七五"期间和"十一五"期间有近乎半数以上省份的低碳经济转型评估指数超过了 0.5，这意味着中国基本上已经步入了集约型经济增长方式阶段，但这似乎与现阶段中国经济发展方式的"阶段性"规律相悖。经验研究表明，TFP 或要素投入作为增长来源的相对重要性是随发展阶段变化的，在发达国家，TFP 是增长的主要来源，而在发展中国家，TFP 对增长的贡献较小，发达国家在其工业化时期也曾经历过经济增长主要依靠要素积累的阶段，只是在资本积累到一定程度之后，这种增长方式才发生了改变。也就是说，TFP 提高是和经济发展阶段相联系的，超越发展阶段是不符合规律的，TFP 对经济增长的高贡献率一般只有在进入经济增长减速的成熟期才会出现（郑玉歆，1999）。与陈诗一（2012）的研究相区别，本书首先构建了一个能够将经济增长、资源节约与环境保护纳入统一内生的分析框架，然后基于 1985—2010 年全国 27 个省份投入产出面板数据，运用基于方向性距离函数的 ML 生产率指数法和增长核算法，对中国经济低碳转型绩效进行了测度评估，本书的分析框架能够敏锐地捕捉到中国经济低碳转型绩效的显著变动。

第二节　基于 ML 生产率指数的经济增长质量分析框架

　　转变经济增长方式的关键，在于不断提高以 TFP 为核心的经济增长质量在经济增长中的贡献份额，而类似分析框架大多仅从劳动和资本要素的角度进行分析，与类似分析框架不同，本书所构建的分析框架从可持续发展视角出发，考虑经济发展过程中的资源环境约束，从而深层次地剖析中国经济低碳转型绩效的经济学机理（见图 8 - 1）。

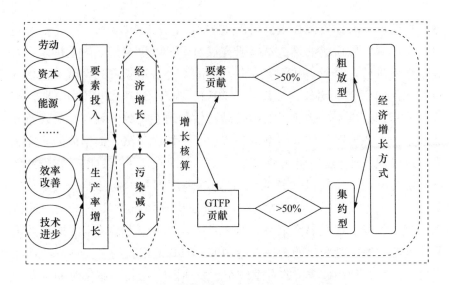

图 8 - 1　中国经济低碳转型绩效分析框架

　　按照西方宏观经济学的经济增长核算方法，一个经济体在某一时期的增长主要有两大来源：一是要素投入贡献；二是生产率增长贡献。其中，要素投入不仅包括传统的劳动和资本要素，还包括能源要素，生产率增长又可以分解为效率改善和技术进步两个增长路径。与传统分析框架最大的区别在于，本书分析框架指出，一个经济体在某一时期的产出不仅包括经济增长（GDP）等期望产出，还包括"三废"污染等非期望产出。而我们期望的是，期望产出在不断增长的同时，非期望产出也在不断减少。也就是说，该分析框架的目标是多元化的，不仅仅要"稳增长"，还需要"低能耗"和"低排放"。本书在测算 TFP 时，不仅将能源要素作为重要的要素投入指标，并且将具有负外部性的以工业"三废"为代表的非期望产出作为产出指标，为了与传统全要素生产率（TTFP）相区别，本书将这种考虑资源环境约束的全要素生产率定义为绿色全要素生产率（GTFP）。

　　所谓经济增长方式，是指一个经济体在实现经济增长时生产率提高和要素积累贡献的相对大小（林毅夫和苏剑，2007）。中国此次转变经济增长方式的内容包括从出口导向型转向内需拉动型、从投资拉动型转向消费支撑型、从粗放型转向节能环保型、从以成本优势为特征转向以技术创新为特征和从以政府为主导转向以市场经济为基础（魏杰，

2011)。其依据生产要素的利用方式来界定经济增长方式，本书所说的经济增长方式转变指的是从粗放型转向节能环保型（又称集约型）。根据增长核算法，参照吴延瑞（2008）测算 TFP 贡献份额的方法，测算出 GTFP 贡献份额的相对大小，然后与 50% 相比较，若 GTFP 贡献份额大于 50%，则称为 GTFP 增进型增长方式，即集约型经济增长方式；反之，若 GTFP 贡献份额小于 50%，此时要素贡献份额大于 50%，则称为要素积累型增长方式，即粗放型经济增长方式。

第三节　基于 ML 生产率指数的经济增长质量测算模型构建

相比不考虑环境污染的情形，衡量环境污染对产出的影响有两种思路（涂正革，2008）：一种思路是将环境污染的治理费用作为要素投入来考虑，污染减少就必须增加用于污染治理的资源投入。但这种方法很难厘清要素资源投入中哪些用于污染治理、哪些用于期望产出的生产，因此，在实证研究中较少采用此类方法。另一种思路是将环境污染作为一种不受欢迎的副产品，减少这种副产品必须将一部分资源用于污染治理，其结果必将导致好产品的减产。下文的分析中，本书采用第二种思路衡量环境污染对产出的影响。

一　基于方向性距离函数的 ML 生产率指数

ML 生产率指数的计算基本思路为：首先通过 DEA 技术构造出某经济体的生产可能性边界，再利用方向性距离函数计算出经济体中每个决策单元（DMU）与生产可能性边界的距离，最后基于两个时期的方向性距离函数计算出此期间的 ML 指数。

（一）考虑非期望产出的生产可能集

为简便起见，此处考虑存在一种非期望产出与一种期望产出时的情形。如图 8-2 所示，x 轴表示非期望产出，y 轴表示期望产出。假设有 C、D、E 三个生产单位，对于第 i 个生产单位，x^i、y^i、b^i 分别表示投入要素、期望产出和非期望产出，则第 i 个生产单位的生产技术可以表示为生产可能集：$P = \{(x^i, y^i, -b^i): x^i$ 能够生产$(y^i, b^i)\}$。其中，E 的期望产出最大，过 E 点的、与 x 轴平行的直线与 y 轴相交于点 B。

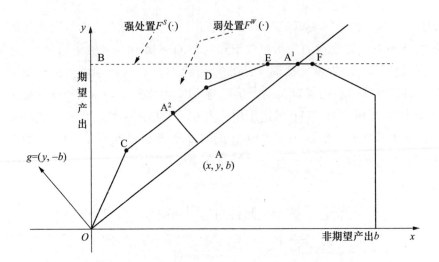

图 8 - 2　方向性环境产出距离函数示意

假设企业在生产时不考虑非期望产出，即非期望产出是"强处置"或者是"可自由处置"的，那么，非期望产出对企业产出并不形成约束，企业可以生产无限量的非期望产出，此时最有效的生产单位即是 E，生产可能性前沿即是几个生产单位中的最大产出 y^E，生产可能性集即为 $\{0, y^E\}$，在图 8 - 2 中，表示为第一象限中 BF 与 x 轴之间的部分。

假设考虑非期望产出不能随意处置，即非期望产出是"弱处置"或"非自由处置"的。与 E 相比，C 与 D 的期望产出较低，但其非期望产出也更低，这是因为，C 与 D 需要投入一部分资源处置非期望产出，从而导致其期望产出的降低，因此，综合考虑期望产出与非期望产出时，C 与 D 的生产效率未必低于 E。根据生产可能性集的单调性、凸性以及期望产出与非期望产出的"零联合"处置等假设，此时的生产可能性集为包络线 OCDEF 与 x 轴之间的部分，而包络线 OCDEF 即为生产可能性前沿面。

（二）环境技术

经济活动特别是工业经济活动往往会带来诸如废水、废气、固体废弃物等非期望产出的产生，而环境技术反映了这样一种同时包括期望产出和非期望产出的特殊投入产出技术结构。它可以表示为以下产出集合的形式（Fare et al.，2007）：

$$P(x) = \{(y, \ b): x \ 能生产出 (y, \ b)\}, \quad x \in R_+^N \tag{8.1}$$

式（8.1）中，$P(x)$ 为投入 $x \in R_+^N$ 所能生产的期望产出 $y \in R_+^M$ 和非期望产出 $b \in R_+^I$ 的所有可能性集合。

（三）方向性距离函数

在生产可能性边界的基础上，我们就可以通过方向性距离函数（Directional Distance Functions，DDF）来计算出每个 MDU 离生产可能性边界的距离即相对效率。DDF 的具体形式为：

$$\vec{D}_0(x, \ y, \ b; \ g) = \sup\{\beta: (y, \ b) + \beta g \in p(x)\} \tag{8.2}$$

式（8.2）中，$g = (g_y, \ -g_b)$ 为产出扩张的方向向量。方向向量 g 的选取反映了人们对期望产出和非期望产出进行取舍的不用效用偏好，本书假定 $g = (y, \ -b)$，即期望产出和非期望产出在其原有存量基础上成比例增减。DDF 表示在既定投入向量 x 下，沿着方向向量 g，产出向量 $(y, \ b)$ 所能扩张的最大倍数 β。DDF 值越小，表明生产越接近生产可能性边界，生产效率就越高，DDF 值等于 0 时，表明 DMU 已处于生产可能性边界之上，生产是完全有效率的。

（四）ML 生产率指数

根据 Chung 等（1997），在 DDF 基础上定义的 t 期和（t+1）期之间的基于产出的 ML 生产率指数为：

$$ML_t^{t+1} = \left\{ \frac{[1+\vec{D}_0^t(x^t, \ y^t, \ b^t; \ g^t)]}{[1+\vec{D}_0^t(x^{t+1}, \ y^{t+1}, \ b^{t+1}; \ g^{t+1})]} \times \frac{[1+\vec{D}_0^{t+1}(x^t, \ y^t, \ b^t; \ g^t)]}{[1+\vec{D}_0^{t+1}(x^{t+1}, \ y^{t+1}, \ b^{t+1}; \ g^{t+1})]} \right\}^{1/2} \tag{8.3}$$

ML 生产率指数也可以分解为技术效率变化（EFFCH）和技术进步指数（TECH）：

$$ML = EFFCH \times TECH \tag{8.4}$$

$$EFFCH_t^{t+1} = \frac{1+\vec{D}_0^t(x^t, \ y^t, \ b^t; \ g^t)}{1+\vec{D}_0^{t+1}(x^{t+1}, \ y^{t+1}, \ b^{t+1}; \ g^{t+1})} \tag{8.5}$$

$$TECH_t^{t+1} = \left\{ \frac{[1+\vec{D}_0^{t+1}(x^t, \ y^t, \ b^t; \ g^t)]}{[1+\vec{D}_0^t(x^t, \ y^t, \ b^t; \ g^t)]} \times \frac{[1+\vec{D}_0^{t+1}(x^{t+1}, \ y^{t+1}, \ b^{t+1}; \ g^{t+1})]}{[1+\vec{D}_0^t(x^{t+1}, \ y^{t+1}, \ b^{t+1}; \ g^{t+1})]} \right\}$$

$$\tag{8.6}$$

二 基于 DEA 的 Malmquist 生产率指数

Malmquist 生产率指数运用距离函数来定义，用来描述不需要说明具体行为标准的多输入、多输出生产技术。从 t 时期到 $(t+1)$ 时期，基于产出的度量 TFP 增长的 Malmquist 生产率指数可以表示为：

$$M_i(x_{t+1},\ y_{t+1};\ x_t,\ y_t) = \left[\frac{D_i^t(x_{t+1},\ y_{t+1})}{D_i^t(x_t,\ y_t)} \times \frac{D_i^{t+1}(x_{t+1},\ y_{t+1})}{D_i^{t+1}(x_t,\ y_t)}\right]^{1/2}$$

(8.7)

在式 (8.7) 中，$(x_{t+1},\ y_{t+1})$ 和 $(x_t,\ y_t)$ 分别表示 $(t+1)$ 时期和 t 时期的投入和产出向量；D_i^t 和 D_i^{t+1} 分别表示以 t 时期的技术 T^t 为参照的时期 t 和时期 $(t+1)$ 的距离函数。

Malmquist 生产率指数可以被分解为不变规模报酬假定下的技术效率变化指数（EC）和技术进步指数（TP）：

$$M_i(x_{t+1},\ y_{t+1};\ x_t,\ y_t) = EC(x_{t+1},\ y_{t+1};\ x_t,\ y_t) \times TP(x_{t+1},\ y_{t+1};\ x_t,\ y_t)$$

(8.8)

在式 (8.8) 中，技术效率（EC）测度了从 t 时期到 $(t+1)$ 时期每个观察对象到最佳生产前沿边界的追赶程度。技术进步（TP）测度了技术边界从 t 时期到 $(t+1)$ 时期的移动。

第四节　经济增长质量测算的相关数据说明与变量处理

本书构造了 1985—2010 年全国 27 个省份投入产出面板数据库对中国生产率进行测算（四川、重庆、海南以及西藏由于数据缺失过多，故将此 4 个省份进行了剔除）。按照传统地区划分，并结合"西部大开发""振兴东北老工业基地""中部崛起"等国家重大发展战略，本书将 27 个省份划分为东部地区、东北老工业基地、中部地区和西部地区四个区域，在更大范围内考察低碳转型绩效的区域差异。其中，东部地区包括北京、天津、河北、上海、江苏、浙江、福建、山东和广东 9 个省份；东北老工业基地包括辽宁、吉林和黑龙江 3 个省份；中部地区包括山西、安徽、江西、河南、湖北、湖南 6 个省份；西部地区包括贵州、云南、陕西、甘肃、青海、宁夏、新疆、广西和内蒙古 9 个省份。

基础数据来源于《中国统计年鉴》《中国能源统计年鉴》《中国环境统计年鉴》《新中国五十五年统计资料汇编》以及部分省份的统计年鉴。在对生产率进行测算时，本书所涉及的所有投入和产出数据如下：

一 投入指标

（1）劳动投入。采用年均从业人员（万人）指标表示。

（2）资本投入。采用年均资本存量（亿元）指标表示。一般均采用永续盘存法估算资本存量，在众多类似研究中，单豪杰（2008）的成果比较具有代表性，数据也比较全面，单豪杰测算了以 1952 年为基期的 1952—2006 年的全国 30 个省份及全国总量的资本存量。因此，本书所使用的 1985—2006 年的资本存量数据直接采用其测算结果，此外，2007—2010 年资本存量数据依据其估算方法推算而来。

（3）能源投入。类似文献对生产率的测算仅仅考虑劳动和资本投入要素，本书考虑劳动、资本和能源三个投入要素。之所以加入能源投入是因为本书对生产率的测算考虑了非期望产出，而能源投入是非期望产出的主要来源。本书采用能源消费量（万吨标准煤）表示能源投入指标。

二 产出指标

与类似研究不同，本书的产出指标包括两大类：一类为诸如 GDP 的期望产出，另一类为诸如工业"三废"的非期望产出。

（一）期望产出

由于投入要素中包含具有中间投入品性质的能源要素，因此，期望产出采用 GDP（亿元）指标表示。由于资本存量数据是以 1952 年为基期的，此处将 GDP 指标按照 1952 年为基期的商品零售价格指数进行了折算。

（二）非期望产出

现有文献关于非期望产出指标的选择问题没有统一标准，如胡鞍钢等（2008）选取了废水、工业固体废弃物排放总量、化学需氧量、二氧化硫和二氧化碳排放总量五个指标作为非期望产出，但涂正革（2008）、王兵等（2008）、陈诗一（2009，2010）选择了二氧化碳排放量指标表示非期望产出。此外，王兵等（2010）依据中国"十一五"规划中规定的主要污染排放物是指二氧化硫和化学需氧量，因此选择二氧化硫排放量和二氧化碳排放量作为非期望产出指标。由于本书基于省

级面板数据的研究时间起点为 1985 年，类似研究时间起点一般为 1998
年，受数据可得性限制，本书选择工业废水排放量（万吨）、工业废气
排放量（亿标立方米）以及工业固体废弃物排放量（万吨）作为非期
望产出指标。改革开放期间，只占全国 40.1% 的工业 GDP 的生产却消
耗了全国 67.9% 的能源，排放出全国二氧化碳的 83.1%（陈诗一，
2009）。可见，经济活动中的污染源绝大部分来源于工业经济部门，选
择工业"三废"排放量作为非期望产出指标具有代表性，也是合理的。

第五节　基于 ML 生产率指数的经济
增长质量测算结果分析

一　经济增长质量的历史变化

我们分别运用 Malmquist 生产率指数和基于 DDF 的 ML 生产率指数
对不考虑和考虑环境污染两种情形下的生产率指数进行测度。表 8 - 1
报告了年度 TFP 增长率及其分解与贡献份额测算结果。

表 8 - 1　　　　年度 TFP 增长率及其分解与贡献份额测算结果　　　单位:%

年份	GEF	GTE	GTFP	TTFP	GTFP 贡献	TTFP 贡献
1986	0.3	4.6	3.1	0.5	42.6	6.9
1987	-0.4	13.7	7.7	10.9	39.6	56.0
1988	0.1	18.5	9.2	17.8	35.7	69.0
1989	-0.8	14.5	12.1	8.4	93.2	64.7
1990	0.6	14.1	9.0	8.9	64.1	63.4
1991	-0.2	12.2	9.4	10.5	63.0	70.3
1992	1.8	16.9	7.9	14.9	37.7	71.2
1993	-0.2	13.5	7.8	29.6	19.9	75.6
1994	-0.8	17.6	5.2	14.7	22.3	63.1
1995	0.0	6.0	4.0	9.7	21.9	53.2
1996	1.2	28.8	4.8	20.8	17.9	77.4
1997	0.1	11.7	2.8	2.2	43.0	33.8
1998	-3.9	10.4	0.8	12.9	5.6	90.7

续表

年份	GEF	GTE	GTFP	TTFP	GTFP 贡献	TTFP 贡献
1999	2.2	3.6	4.1	1.7	73.6	30.5
2000	0.6	5.1	2.7	5.1	23.1	43.7
2001	0.9	-2.9	2.1	5.6	19.6	52.3
2002	-0.3	2.6	1.2	1.1	11.5	10.5
2003	0.4	0.5	2.5	6.0	15.4	36.9
2004	-0.4	1.8	2.3	8.0	11.7	40.7
2005	1.6	0.3	1.8	8.5	9.0	42.5
2006	-1.0	5.5	1.6	10.9	8.0	54.4
2007	0.6	1.6	2.3	2.9	9.9	12.5
2008	1.3	0.6	2.3	12.5	11.1	60.5
2009	-1.0	0.1	0.7	-0.8	33.5	-40.2
2010	0.3	5.6	3.8	20.6	12.5	67.5
平均	0.1	8.3	4.4	9.8	29.8	48.3

注：GEF 和 GTE 分别表示 GTFP 分解的技术效率增长率和技术进步增长率。

（一）不考虑环境因素会高估 TFP 及其对经济增长的贡献，从而对中国经济增长方式做出较为乐观的判断

图 8-3 给出了两种生产率指数及其增长核算结果的时间趋势。表 8-1 显示，整体而言，考虑环境污染因素的 GTFP 指数要明显低于不考虑环境污染因素的 TTFP 指数，1985—2010 年 GTFP 年均增长率为 4.4%，而 TTFP 年均增长率为 9.8%，仅个别年份的测算结果显示 GTFP 指数要高于 TTFP 指数，比如 1986 年的 GTFP 指数比 TTFP 指数高出 2.6 个百分点，1989 年高出 3.7 个百分点，1997 年高出 0.6 个百分点，1999 年高出 2.4 个百分点，2009 年高出 1.5 个百分点，而 1990 年和 2002 年仅高出 0.1 个百分点。由于 GTFP 指数要低于 TTFP 指数，通过生产率对经济增长贡献的估算发现，GTFP 对经济增长的贡献也要明显地低于 TTFP 对经济增长的贡献，1985—2010 年 GTFP 对经济增长的贡献为 29.8%，而 TTFP 对经济增长的贡献为 48.3%，也仅相应年份的贡献率出现了例外。可见，不考虑环境因素会高估 TFP 及其对经济增长的贡献，从而对中国经济增长方式做出较为乐观的判断，这会导致政策的

偏误。

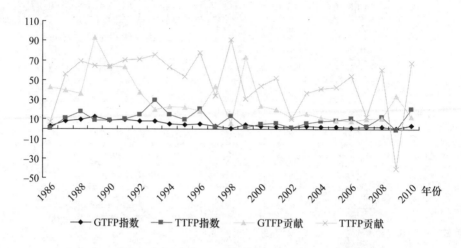

图 8 – 3　GTFP 指数和 TTFP 指数及其贡献的时间趋势

（二）受政策及制度因素水平效应的影响，考察期内 GTFP 增长率
呈现"先升后降再平稳"的时间趋势特征

从时间趋势来看，1985—2010 年中国 GTFP 增长率呈现"先升后降
再平稳"的趋势，GTFP 增长率从 1985—1986 年的 3.1% 上升至 1988—
1989 年的 12.1%，后快速下降至 1997—1998 年的 0.8%，之后的
1999—2010 年，特别是进入 21 世纪以来（以 2001 年加入世界贸易组
织为标志），GTFP 增长率呈现升降互现的态势，但是，相比 20 世纪 80
年代中后期和整个 90 年代，GTFP 在 21 世纪的头 10 年保持着相对稳定
的增长，年均增长率为 2% 左右。值得注意的是，在整个考察期内，中
国 GTFP 增长率始终保持正增长，仅在两次金融危机期间出现较大回
落，一次是受 1997 年亚洲金融危机影响使 1997—1998 年的 GTFP 增长
率下降至 0.8%，相比 1997 年亚洲金融危机，2008 年的全球金融危机
对中国影响更大，使 2008—2009 年的 GTFP 增长率下降至 0.7%。考察
期内中国 GTFP 增长率之所以呈现"先升后降再平稳"的趋势，主要原
因在于受改革期间中国政策和制度因素的影响。加入世界贸易组织之
前，中国 TFP 变动主要受制于国内制度改革的影响，随着政策措施的变
化而大起大落，且每一轮改革都能够提高 TFP 的水平效应；加入世界贸

易组织之后，随着中国改革开放力度的进一步加大，外部因素对中国 TFP 增长的冲击较大，同时使中国 TFP 变动日趋平稳，这在某种程度上也表明了中国市场经济发育在趋向于成熟。

（三）考察期内中国 GTFP 增长主要源于技术进步，技术效率改善进程缓慢

图 8 - 4 给出了累计 GTFP 增长率及其分解变化示意图，从图中我们可以清楚地看出，1986—2010 年中国 GTFP 增长主要源于技术进步，两者的 Pearson 相关系数为 0.659，Spearman 相关系数为 0.778，且都在 1% 的水平上显著，此期间技术进步年均增长率为 8.3%。而考察期内中国技术效率改善进程缓慢，年均增长率仅为 0.1%，GTFP 与技术效率之间的 Pearson 相关系数为 0.098，Spearman 相关系数为 0.127，且均未能通过任何显著性检验。从图中我们还能看到，类似于前文的发现和分析，累计 GTFP 增长率与累计 GTE 增长率在 21 世纪之前保持着一定速率的快速增长，到 2000 年附近，两者增长速度趋于稳定。

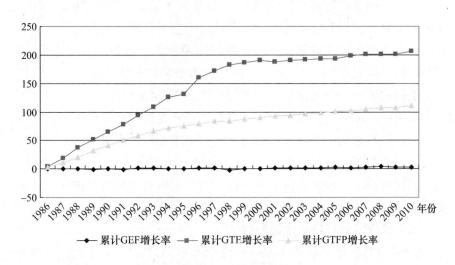

图 8 - 4　累计 GTFP 增长率及其分解变化示意（1986—2010 年）

（四）中国仍属于资本和能源双重驱动的粗放型增长方式，但 GTFP 已经成为中国经济增长的重要驱动力之一，劳动要素对中国经济增长的贡献为负

以 1952 年为基期，考察期内中国 GDP 年均增长率为 17.1%，劳动

增长率为 -3.0%, 资本增长率为11.2%, 能源增长率为5.5%, GTFP增长率为4.4%, 通过增长核算, 我们发现, 资本、能源和GTFP对中国GDP增长起到了重要作用, 其中, 资本是第一驱动力, 对经济增长的贡献率达66%, 能源要素超过GTFP是第二驱动力, 对经济增长的贡献率为32%。可见, 考察期内中国经济增长方式仍属于资本和能源双重驱动的粗放型增长方式。但是, GTFP已经成为中国经济增长的重要驱动力之一, GTFP对经济增长的贡献率接近30%。值得注意的是, 考察期内劳动增长率为负值, 劳动要素对中国经济增长的贡献为负, 这可能与本书使用的劳动指标未考虑人力资本因素有关。

(五) 考察期内中国低碳转型绩效明显, 为中国经济可持续增长提供了新的证据, 但受边际转型成本影响近年来有趋缓回落趋势

从GTFP对经济增长的贡献来看, 20世纪80年代中后期以及整个90年代中国经济增长方式转变绩效波动较大, 稳定性较差, 最低的是1997—1998年的5.6%, 最高的是1988—1989年的93.2%。进入21世纪以来, 中国低碳转型绩效进程表现得较为平稳, 特别是2008—2009年转型绩效有所提升, 这可能与中国政府为应对金融危机严峻形势而采取的一系列经济刺激计划以及节能减排政策有关。从整个考察期来看, GTFP对经济增长的贡献为正, 这也为中国经济增长能够保持可持续性提供了新的证据。但是, 我们注意到, 进入21世纪以来, GTFP对经济增长的贡献逐渐减弱, 即中国经济增长方式转变速度有回落迹象, 这可能与当经济转型到一定阶段之后边际转型成本逐渐加大等因素有关。可见, 在未来相当长一段时间内, 中国经济低碳转型是促进增长方式转变、实现可持续发展的必由之路, 这是一个充满艰辛的摸索过程, 任重而道远。

二 经济增长质量的地区差异

(一) GTFP增长率及其对经济增长贡献的地区差异明显, 但部分欠发达省份也表现出了较高的低碳转型绩效

从表8-2和表8-3可以看出, 中国各地区GTFP增长率及其对经济增长贡献显示出较大的地区差异。GTFP增长率排名前五位的省份分别是天津、广东、上海、贵州和北京, 排名后五位的省份分别是内蒙古、江西、青海、甘肃和宁夏。从GTFP增长率及其对经济增长贡献的地区排名来看, 两者显示出较为明显的一致性, 两者之间的Pearson相

表 8 – 2　　　　　　　　　中国各地区 GTFP 比较　　　　　　单位:%

省份	"七五"时期	"八五"时期	"九五"时期	"十五"时期	"十一五"时期	全周期	排名
安徽	10.4	9.4	0.3	0.4	0.2	4.2	12
北京	6.2	13.3	11.0	2.8	– 0.5	6.5	5
福建	11.6	2.6	0.4	0.1	1.9	3.3	18
甘肃	5.6	2.8	0.5	0.4	0.2	1.9	26
广东	30.9	5.6	0.5	1.3	1.5	8.0	2
广西	5.9	7.5	0.2	0.2	2.8	3.3	19
贵州	8.0	6.3	5.9	6.4	7.2	6.8	4
河北	6.7	6.1	– 0.1	0.3	2.0	3.0	21
河南	8.5	6.8	1.9	1.2	5.7	4.8	10
黑龙江	7.8	9.4	– 1.2	2.5	– 0.1	3.7	16
湖北	7.7	9.0	5.9	1.5	5.5	5.5	9
湖南	4.8	6.6	2.6	0.4	6.6	4.2	13
吉林	6.4	4.3	0.0	– 0.5	3.6	2.8	22
江苏	12.2	14.2	3.4	2.0	0.7	6.5	6
江西	6.6	3.7	2.5	– 0.3	0.2	2.5	24
辽宁	8.3	6.8	3.0	– 0.2	2.0	4.0	15
内蒙古	5.3	5.6	0.9	0.7	1.8	2.8	23
宁夏	1.0	8.4	– 1.7	– 0.2	– 0.2	1.4	27
青海	2.4	4.5	1.3	2.3	0.4	2.2	25
山东	9.1	5.1	3.8	0.7	– 0.6	3.6	17
山西	5.2	6.7	2.3	6.0	0.9	4.2	14
陕西	9.3	5.9	0.2	0.5	0.1	3.2	20
上海	10.5	3.8	9.5	5.3	5.3	6.9	3
天津	16.2	7.1	7.2	4.3	6.2	8.2	1
新疆	8.6	9.0	6.6	5.4	0.3	6.0	7
云南	3.0	11.7	7.7	5.7	1.9	6.0	8
浙江	3.7	3.1	7.3	4.4	4.2	4.5	11

表 8 - 3　　　　　　　　中国各地区绿色增长绩效核算　　　　单位:%

省份	产出	劳动	资本	能源	GEF	GTF	GTFP	TTFP	TTFP 贡献	GTFP 贡献	排名
安徽	16.2	-2.1	10.1	5.3	0.0	6.2	4.2	8.9	54.9	25.9	11
北京	18.0	1.0	13.3	3.1	0.0	23.3	6.5	13.1	72.8	36.1	5
福建	19.5	-0.5	12.6	8.9	0.0	6.7	3.3	8.9	45.6	16.9	21
甘肃	15.6	-4.4	10.6	3.4	1.1	0.8	1.9	10.0	64.1	12.2	26
广东	19.8	0.4	14.5	9.9	0.0	8.0	8.0	12.4	62.6	40.3	4
广西	17.9	-2.0	10.9	8.0	-0.1	7.5	3.3	5.2	29.1	18.5	18
贵州	16.0	-0.9	8.9	7.1	1.2	9.1	6.8	7.4	46.3	42.5	3
河北	17.6	-2.9	12.4	6.6	-0.1	22.3	3.0	10.9	61.9	17.0	20
河南	17.6	-1.3	11.9	5.3	0.1	5.1	4.8	10.0	56.8	27.2	10
黑龙江	15.0	-4.1	7.6	1.5	0.0	2.8	3.7	11.5	76.7	24.7	14
湖北	16.5	-3.7	11.7	5.6	0.0	9.5	5.5	9.4	57.0	33.3	9
湖南	17.1	-3.0	9.6	5.4	0.6	4.3	4.2	10.9	63.7	24.6	15
吉林	16.8	-4.2	11.5	3.1	0.4	5.1	2.8	10.9	64.9	16.6	22
江苏	18.7	-3.1	15.5	6.9	0.1	11.6	6.5	14.1	75.4	34.7	7
江西	17.0	-3.1	12.6	5.4	0.4	1.6	2.5	8.8	51.8	14.7	23
辽宁	15.9	-5.2	10.2	3.4	0.0	19.6	4.0	10.7	67.3	25.1	12
内蒙古	19.3	-3.8	15.2	8.7	-0.6	3.5	2.8	12.8	66.3	14.5	24
宁夏	18.0	-0.7	9.6	8.5	0.2	6.7	1.4	-2.3	-12.8	7.8	27
青海	16.5	-2.0	10.2	7.7	0.0	3.8	2.2	2.1	12.7	13.3	25
山东	18.1	-2.1	13.1	7.7	0.0	6.5	3.6	14.0	77.3	19.9	17
山西	16.9	-3.2	9.1	4.8	0.3	4.3	4.2	12.3	72.8	24.9	13
陕西	18.0	-3.4	10.9	5.7	0.2	3.0	3.2	9.5	52.8	17.8	19
上海	16.2	-6.4	13.7	5.3	0.0	1.1	6.9	12.4	76.5	42.6	2
天津	17.7	-7.5	10.3	4.9	0.0	1.0	8.2	11.9	67.2	46.3	1
新疆	17.4	-2.7	11.8	6.5	-0.6	17.5	6.0	11.0	63.2	34.5	8
云南	16.9	-1.5	10.8	7.2	0.0	9.2	6.0	6.4	37.9	35.5	6
浙江	18.8	-1.3	15.0	9.2	0.0	20.0	4.5	9.2	48.9	23.9	16
东部	18.3	-2.5	13.4	6.9	0.0	11.2	5.6	11.9	65.4	30.9	—
中部	16.9	-2.7	10.8	5.3	0.2	5.2	4.2	10.1	59.5	25.1	—
西部	17.3	-2.4	11.0	7.0	0.2	6.8	3.7	6.9	40.0	21.8	—
东北	15.9	-4.5	9.8	2.7	0.1	9.2	3.5	11.0	69.6	22.1	—

关系数为 0.992，Spearman 相关系数为 0.999，且都在 1% 的水平上显著。此外，我们发现，GTFP 增长率及其对经济增长贡献排名靠后的省份均分布在中西部地区，但是，与 TTFP 增长率及其对经济增长的贡献排名不同的是，GTFP 增长率及其对经济增长贡献排名靠前的省份除绝大部分分布于东部地区外，还有个别省份分布于西部地区，比如贵州和云南。这与胡鞍钢等（2008）、朱承亮等（2012）在估算环境约束下经济增长效率最佳实践省份的结论相类似，胡鞍钢等（2008）发现，1999—2005 年考虑化学需氧量和二氧化硫排放约束的最佳实践省份除上海、江苏、辽宁、安徽、湖北和海南外，还包括贵州、云南和西藏 3 个省份；朱承亮等（2012）发现环境约束下的最佳实践省份除包括传统意义的处于东部地区的天津和上海以外，还包括处于西部地区的云南、青海等省份，这主要是因为，与传统分析框架仅考虑经济增长目标相比，本书的分析框架基于可持续发展视角，考虑到了经济发展的"稳增长""低能效"和"低排放"等多元目标，并且将三者纳入一个统一分析框架进行研究。贵州、云南等西部地区经济欠发达省份虽经济发展速度较慢，但其消耗的能源和排放的污染也相对较少。因此，在本书分析框架下，这些西部地区经济欠发达省份也表现出了较高的低碳转型绩效。

（二）中国经济低碳转型绩效存在显著区域差异性，且经济增长方式转型释放空间巨大，其中西部地区释放空间最大，其次为东北老工业基地，再次为中部地区，最后为东部地区

图 8-5 报告了 1985—2010 年产出（GDP）、劳动、资本、能源、GTFP 年均增长率以及 GTFP 年均贡献率的地区差异状况。从产出增长率来看，排序从高到低依次为东部地区（18.3%）、西部地区（17.3%）、中部地区（16.9%）和东北老工业基地（15.9%）；从劳动增长率来看，排序从高到低依次为西部地区（-2.4%）、东部地区（-2.5%）、中部地区（-2.7%）和东北老工业基地（-4.5%）；从资本增长率来看，排序从高到低依次为东部地区（13.4%）、西部地区（11.0%）、中部地区（10.8%）和东北老工业基地（9.8%）；从能源增长率来看，排序从高到低依次为西部地区（7.0%）、东部地区（6.9%）、中部地区（7.0%）和东北老工业基地（2.7%）；从 GTFP 增长率来看，排序从高到低依次为东部地区（5.6%）、中部地区

（4.2%）、西部地区（3.7%）和东北老工业基地（3.5%）；从 GTFP
贡献率来看，排序从高到低依次为东部地区（30.9%）、中部地区
（425.1%）、东北老工业基地（22.1%）和西部地区（21.8%）。可
见，西部地区虽然拥有丰富的劳动和能源要素，在四大地区中两要素均
排名第一，但 GTFP 贡献率却最低；东部地区虽在劳动和能源要素方面
排名第二，但其资本、产出和 GTFP 增长率以及 GTFP 贡献率在四大地
区中均独占鳌头。总体而言，中国经济增长方式转型释放空间巨大，其
中西部地区释放空间最大，其次为东北老工业基地，再次为中部地区，
最后为东部地区。

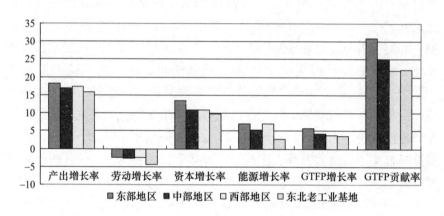

图 8 - 5　各指标的地区差异比较（1985—2010 年）

（三）中国经济低碳转型绩效的地区差距具有相对稳定性，变异系
数和基尼系数显示出较为明显的收敛特征，但在两次危机期间表现出了
较大波动

　　为进一步考察中国经济低碳转型绩效的地区差异及其收敛性，我们
分别计算出了 1987—2010 年 27 个省份经济低碳转型绩效的变异系数和
基尼系数。图 8 - 6 显示了中国经济低碳转型绩效地区差异的收敛变化
趋势。由图 8 - 6 可以看出，用变异系数和基尼系数表示的中国 1987—
2010 年 27 个省份经济低碳转型绩效差距的变化趋势是相似的。整个考
察期内，中国经济低碳转型绩效的地区差距具有相对稳定性，变异系数
和基尼系数显示出较为明显的收敛特征，但是，在两个特殊时间段内中
国经济低碳转型绩效的地区差距出现了异常波动状态：第一次是受

1997 年亚洲金融危机影响，使变异系数和基尼系数分别从 1997 年的 1.79 和 0.95 迅速上升至 1998 年的 8.29 和 1.71，至 1999 年又迅速下降至 1.56 和 −1.15；第二次是受 2008 年全球金融危机影响，使变异系数从 2008 年的 2.15 迅速上升至 2009 年的 6.96，至 1999 年又迅速下降至 1.04，而基尼系数从 2008 年的 1.46 迅速下降至 2009 年的 −0.78，至 1999 年继续迅速下降至 −2.86。可见，金融（经济）危机对中国经济低碳转型绩效地区差异的冲击较大，一些地区，特别是以出口导向为主的地区，在两次危机中受到的冲击较大，从而给这些地区的经济增长及转型带来了压力和挑战。但每次危机到来之时，危险和机遇伴生，一些地区抓住机遇，勇于创新和改革，反而在颓势背景下有助于经济增长及低碳转型，以致在危机期间中国经济低碳转型绩效地区差异会出现较大的波动。

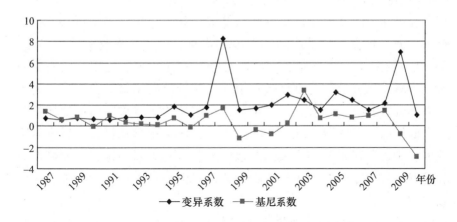

图 8−6　中国经济低碳转型绩效地区差异收敛变化趋势

本章小结

在低碳经济背景下，低碳发展模式是中国可持续发展的内在要求，是深入实践科学发展观、建设"两型"社会的必由之路。一直以来，学术界和政府关于实现经济增长方式转变的探索与实践从未停止过。现有研究在不同程度上忽略了资源环境因素对中国经济增长方式转变绩效的影响。本书基于可持续发展视角，构建了一个能够将经济增长、资源节约与环境保护纳入统一内生的分析框架中，然后基于 1985—2010 年全国 27 个省份投入产出面板数据，运用基于方向性距离函数的 ML 生产率指数法和增长核算法，对中国经济低碳转型绩效进行了测度评估，本书分析框架同时考虑了"稳增长""低能耗"和"低排放"的多元目标，能够敏锐地捕捉到中国经济低碳转型绩效的显著变动。本书研究发现，不考虑环境因素会高估生产率及其对经济增长的贡献，从而对中国经济增长方式做出较为乐观的判断。1985—2010 年中国 GTFP 增长主要源于技术进步，技术效率改善进程缓慢；受制度因素水平效应影响，考察期内 GTFP 增长率呈现"先升后降再平稳"的时间趋势特征；中国经济增长方式仍属于资本和能源双重驱动的粗放型增长方式，但 GTFP 已经成为中国经济增长的重要驱动力之一，劳动要素对中国经济增长的贡献为负；中国低碳转型绩效明显，为中国经济可持续增长提供了新的证据，但受边际转型成本影响，近年来有趋缓回落趋势；GTFP 增长率及其对经济增长贡献的地区差异明显，但部分欠发达省份也表现出了较高的转型绩效；中国经济低碳转型绩效存在显著的地区差异性，且经济增长方式转型释放空间巨大，其中，西部地区释放的空间最大，其次为东北地工业基地，再次为中部地区，最后为东部地区；中国经济低碳转型绩效的地区差距具有相对稳定性，变异系数和基尼系数显示出较为明显的收敛特征，但在两次危机期间表现出了较大波动。

面对这场全球性的低碳经济模式转型，无论是欧美发达国家以环保之名遏制发展中国家的一种政治手段的"阴谋论"，还是环境治理可导致环境和经济双赢发展的"双赢论"，在本书中我们确实捕捉到了中国低碳转型绩效明显的信息，但在低碳经济背景下，中国经济低碳转型速度受边际转型成本影响，近年来有趋缓回落趋势。可见，在未来相当长一段时间内，中国经济低碳转型是促进增长方式转变、实现可持续发展的必由之路，这是一个充满艰辛的摸索过程，任重而道远。但是，中国政府有着转变经济增长方式的决心和勇气，提出"十二五"期间以加快转变经济发展方式为主线，并且指出了明确的实现路径，即经济结构战略性调整为主攻方向、科技进步和创新为重要支撑、保障和改善民生为根本出发点和落脚点、建设"两型"社会为重要着力点、改革开放为强大动力，提高发展的全面性、协调性、可持续性，实现经济社会又好又快发展。因此，综合来看，中国经济低碳转型是艰难与希望并存的。

第九章　中国西部地区经济增长质量测度

第一节　关于西部地区经济增长
质量的相关文献述评

　　自"西部大开发"战略实施以来，中国西部地区经济增长也取得了令人注目的成绩。1998—2008 年，按 1990 年可比价格计算的西部地区 GDP 总量呈逐年增长趋势，由 1998 年的 8130.36 亿元增长到 2008 年的 30110.67 亿元。在此期间，西部地区劳动力和资本投入水平呈现增长趋势，人力资本存量水平由 1998 年的 130375.83 万人增长到 2008 年的 153872.88 万人，按 1990 年可比价格计算的资本存量由 1998 年的 3509.25 亿元增长到 2008 年的 12853.21 亿元。在已有的研究中我们注意到，关于西部地区经济增长的定量评价大多仅关注其经济增长的总量和速度，没有（正确）考虑或者忽略了西部地区在经济增长过程中的资源环境代价问题。事实上，西部地区在带来令人注目经济成绩的同时，也付出了巨大的资源环境代价，且其经济增长的资源环境约束在进一步强化。西部地区在经济增长过程中所消耗的能源总量由 1998 年的 33749 万吨标准煤增长到 2008 年的 82151 万吨标准煤。与此同时，西部地区在保持经济增长的同时也带来了环境污染问题，1998—2008 年，西部地区二氧化硫排放量从 1998 年的 666.4 万吨迅速增长到 2006 年的 929.7 万吨，由于"十一五"规划中对减排目标的约束，二氧化硫排放量在 2006 年出现了拐点，从而逐步下降到 2008 年的 848.3 万吨；而化学需氧量排放量从 1998 年的 372.135 万吨增长到 2006 年的 404.588 万吨，化学需氧量排放量在 2006 年也出现了拐点，逐步下降到了 2008 年的 378.205 万吨。

　　我们知道，仅仅从 GDP 总量角度评价一个地区的经济增长绩效具有一定的局限性，因为对一个地区经济增长绩效的评价，不仅要看其经济增长数量方面，更要注重其经济增长质量方面。因此，为了准确、客观地评价"西部大开发"战略实施以来西部地区经济增长绩效，应当要考虑西部地区在经济增长过程中的资源环境约束。在保持经济增长的同时，节约资源、保护环境、实现经济的又好又快发展是中国"十二五"期间经济发展所面临的最紧迫任务之一。为了实现能源、经济、环境可持续协调发展，政府实施了一系列的环境保护政策，比如在"十一五"规划中，中国确定了主要污染物排放总量削减 10% 的约束性指标。本书运用 1998—2008 年西部地区面板数据对节能减排约束下西部地区经济增长效率进行研究，有利于正确地评估西部地区经济增长绩效，有利于认清西部地区经济增长过程中的资源环境代价，为资源节约型、环境友好型社会的实现、转变经济发展方式提供建议和参考，从而最终有利于西部地区经济的又好又快发展。

　　长期以来，关于中国经济绩效的考察主要从生产率或者效率的角度进行研究，如郑京海和胡鞍钢（2005）、王志刚等（2006）、朱承亮等（2009）对中国经济增长绩效进行了实证研究。这些研究得出了很多有意义的结论，但是，他们都忽略了资源环境约束对中国经济增长绩效的影响。忽略资源消耗和环境污染的经济绩效测度不利于经济可持续发展。国外学者在将资源环境因素纳入绩效测算研究方面有突破性进展。Chung 等（1997）在测度瑞典纸浆厂的生产率时引入了一个方向性距离函数，并且在该函数的基础上构建了 ML 生产率指数，该指数在测算 TFP 时不仅要求期望产出（如 GDP 等"好产出"）不断增加，同时还要求非期望产出（如二氧化硫和化学密氧量等"坏产出"）不断减少。从此以后，运用考虑了非期望产出的 ML 生产率指数的实证研究逐渐增多，如 Jeon 和 Sickles（2004）；Yoruk 和 Zaim（2005）；Kumar（2006）等。强调增长与资源环境的协调，转变发展方式是中国经济潜力持续开发的关键（袁富华，2010）。但是，将环境因素纳入效率测算框架的研究国内并不多见，近年来，不少学者在这方面做了有益探索，但已有的研究成果大多是基于工业行业角度的研究（如涂正革，2008；涂正革和肖耿，2009；陈诗一，2010），仅少数研究成果是基于地区角度的（如胡鞍钢等，2008；李静，2009；王兵等，2010；朱承亮等，2011）。

　　从中国经济增长绩效研究现状来看，研究者在资源约束方面分歧就较小，均将其纳入投入要素考虑，而涉及环境约束时分歧就较大，主要思路有两个：一是将污染变量作为投入要素来处置，明显与现实生产过程不符，环境污染具有产出特征，应当作为生产过程的副产品来处理；二是将污染变量作为产出要素来处置，但是，不少研究者没有考虑到污染的负外部性，仍然把它和好产出同样对待，这样，在效率测度过程中仍没有正确考虑环境约束的影响。事实上，环境污染不仅要看作是生产过程中的副产品，而且应当被看作是具有负外部性的非期望产出，要和期望产出一起引入生产过程，并且在效率测算框架中将期望产出和非期望产出进行严格区分。将期望产出和非期望产出同时纳入效率测算模型且将现有处理方法可以分为以下几类：一是 Seiford 和 Zhu（2002）提出的逆产出模型，但该模型只能在规模报酬可变（VRS）条件下求解效率，从而限制了其适用性；二是 Scheel（2001）和 Zhu（2003）提出的倒数法模型，但该模型与将非期望产出作为投入处理的模型一样，都不符合现实逻辑，从而限制了其适用性；三是在 Chung 等（1997）等提出方向性距离函数基础上发展的 ML 生产率指数模型，该模型较好地解决了考虑非期望产出的效率评价问题，从而得到广泛采用（胡鞍钢等，2008；涂正革，2008；王兵等，2008；陈诗一，2010）。事实上，DEA 测度效率的模型可以分成四类（Cooper et al.，2007）：径向的和角度的、径向的和非角度的、非径向的和角度的、非径向的和非角度的。其中，径向是指投入或者产出按照同比例变动，径向的 DEA 模型不能充分考虑投入和产出的松弛性问题，而角度是指基于投入或产出角度假设。上述的基于方向性距离函数的 ML 生产率指数模型属于径向的 DEA 模型，这样，不能充分考虑投入和产出的松弛性问题，因而度量的效率值也是有偏的。此外，李静（2009）采用考虑非期望产出的 SBM 模型对中国地区环境效率进行了测度，虽然该模型属于非径向和非角度 DEA 模型，但是，该模型是在规模报酬不变（CRS）条件下给出的，从而限制了其适用性。为了科学、合理地测度考虑非期望产出的西部地区经济增长效率问题，针对上述考虑非期望产出模型的缺陷与不足，本书构建了基于产出角度的 SBM - Undesirable 模型，从而既正确考虑了非期望产出，又充分考虑到投入和产出的松弛性问题。

第二节　经济增长效率概念界定

本书所说的经济增长效率指的是基于产出角度的经济增长的技术效率。本书将中国各省份看作是投入一定要素进行生产活动、产生一定产出的生产单元，从而构造每一个时期的生产前沿面。经济增长效率取值区间为 [0, 1]，当效率值为 1 时，表明现有技术得到了充分发挥，实际产出在生产前沿面上，此时要想提高效率，则要考虑从提高技术进步角度出发使生产前沿面上移；当效率值小于 1 时，越接近于 1 说明效率越高，越接近于 0 说明效率越低，说明实际产出不在生产前沿面上，两者之间的距离是由于现有技术没有得到充分发挥而引起的，此时应采取措施使在现有技术水平下技术效率得到提高。

现有关于效率测度的文献中针对是否考虑非期望产出可以分为以下三种情形。情形 1：不考虑期望产出，即仅考虑期望产出，忽略了非期望产出；情形 2：没有正确考虑非期望产出，即虽考虑了非期望产出，但将非期望产出和期望产出同等看待，并没有进行有效区分；情形 3：正确考虑非期望产出，并将非期望产出和期望产出进行有效区分。这三种情形的区分如图 9-1 所示。

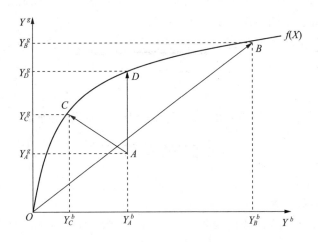

图 9-1　基于产出角度的经济增长效率示意

图 9-1 中，f(X) 表示生产前沿面，X 表示投入，横坐标表示非期望产出 Y^b，纵坐标表示期望产出 Y^g。某生产单元因各种因素影响（如管理上的无效等）使其最终只能达到 A 点。

情形 1：不考虑非期望产出

A 点的实际产出为 Y_A^g，此时，A 点的最优点应为沿着路径 AD 移动而到达处于生产前沿面上的 D 点，此时最优产出为 Y_D^g，则该生产单元的经济增长效率值可以表述为实际产出 Y_A^g 距离最优产出 Y_D^g 的距离。

情形 2：没有正确考虑非期望产出

当考虑非期望产出时，A 点的实际期望产出为 Y_A^g，实际非期望产出为 Y_A^b，此时，A 点的最优点应为沿着路径 AB 移动而到达处于生产前沿面上的 B 点，此时 B 点的最优期望产出为 Y_B^g，但非期望产出也增加到了 Y_B^b，即 $Y_B^g > Y_A^g$，但 $Y_B^b > Y_A^b$。

情形 3：正确考虑非期望产出

此时，A 点的最优点应为沿着路径 AC 移动而到达处于生产前沿面上的 C 点，此时 C 点的最优期望产出为 Y_C^g，且最优非期望产出减少到了 Y_C^b，即 $Y_C^g > Y_A^g$，但 $Y_C^b < Y_A^b$。

对于情形 2 和情形 3 的经济增长效率表述，不仅要考虑期望产出的增加程度，更重要的是，还要考虑非期望产出的减少程度。特别地，情形 2 时的处在生产前沿上的最优非期望产出增加了，因而此情形时的效率测度违背了非期望产出减少的逻辑。

综上所述，本书所研究的经济增长效率指的是正确考虑资源环境约束（情形 3）的基于产出角度的经济增长的技术效率。

第三节　中国西部地区经济增长质量测算模型构建

一　模型构建

针对现有文献在测度资源环境约束下经济增长效率时的缺陷与不足，本书在 Tone（2003）考虑非期望产出的 SBM 模型基础上构建了基于产出角度 SBM - Undesirable 模型。本书将每一个省份看作是一个

DMU 来构造每一个时期的最佳生产前沿面。假设有 n 个 DMU，且每个 DMU 具有一个投入向量，记为 $x \in R^m$，每个 DMU 具有两个产出向量，一个为期望产出向量，记为 $y^g \in R^{s_1}$；另一个为非期望产出向量，记为 $y^b \in R^{s_2}$。则可以定义如下矩阵：$X = [x_1, \cdots, x_n] \in R^{m \times n}$，$Y^g = [y_1^g, \cdots, y_n^g] \in R^{s_1 \times n}$，$Y^b = [y_1^b, \cdots, y_n^b] \in R^{s_2 \times n}$，其中，$X > 0$，$Y^g > 0$，$Y^b > 0$。可以将生产可能性集（P）定义为：$P = \{(x, y^g, y^b) \mid x \geqslant X\lambda\}$，$\{y^g \leqslant Y^g\lambda, y^b \geqslant Y^b\lambda, \lambda \geqslant 0 \text{ or } \sum\lambda = 1\}$。

根据 Tone（2003）提出的 SBM 模型的处理办法，本书构建的基于产出角度的 SBM - Undesirable 模型如下：

$$\text{Min } \rho = \cfrac{1}{1 + \cfrac{1}{s_1 + s_2}\left(\sum_{r=1}^{s_1} \dfrac{s_r^g}{y_{r0}^g} + \sum_{r=1}^{s_2} \dfrac{s_r^b}{y_{r0}^b} \right)}$$

$$\text{s. t. } \begin{cases} y_0^g - Y^g\lambda + s^g = 0 \\ y_0^b - Y^b\lambda - s^b = 0 \\ s^g \geqslant 0, s^b \geqslant 0, \lambda \geqslant 0 \text{ or } \sum \lambda = 1 \end{cases}$$

上述模型中，s 表示投入、产出的松弛量，λ 表示权重向量，其中，当 $\lambda \geqslant 0$ 时表示规模报酬不变（CRS），当 $\sum \lambda = 1$ 时表示规模报酬可变（VRS）。目标函数 $\rho \in [0, 1]$，当且仅当 $\rho = 1$ 时，被评价的 DMU 是有效率的，否则 DMU 无效。需要说明的是，该模型是一个非线性规划模型，可以根据查尼斯和库珀（Charnes and Cooper，1962）的办法将其转化为线性规划模型，再对其进行求解。本模型与类似模型相比，不仅正确考虑了非期望产出问题，还具有以下优点：一是解决了投入产出的松弛性问题；二是充分考虑到规模报酬不变（CRS）和规模报酬可变（VRS）两种情形。当不考虑资源环境约束时，只需将上述模型中涉及非期望产出向量的 y^b 部分略去即可，此时的模型为不考虑非期望产出的基于产出角度的 SBM 模型。

基于研究目的的需要，根据是否考虑资源环境约束以及两种规模报酬假设，本书设定四个模型进行效率测度，分别为模型 1（忽略资源环境约束，CRS）、模型 2（忽略资源环境约束，VRS）、模型 3（考虑资源环境约束，CRS）和模型 4（考虑资源环境约束，VRS）。

二　变量设计

本书以 1998—2008 年为研究时间段，基础数据来源于《中国统计年鉴》《中国能源统计年鉴》和《中国环境统计年鉴》。书中四川省的数据包括重庆市，西藏由于数据不全故不在考察范围之内。因此，本书所指的西部地区包括贵州、云南、陕西、甘肃、青海、宁夏、新疆、广西、四川和内蒙古 10 个省份。

投入包括劳动投入、资本投入和资源投入，产出包括期望产出和非期望产出，具体变量说明如下：

（一）劳动投入

类似文献中对于劳动投入一般采用年均从业人员指标表示。虽然从业人员数据提供了劳动力的增长，但不包含任何有关劳动力质量的信息。低素质的劳动力在经济增长中的重要性下降，而人力资本的重要性上升（王小鲁等，2009）。此外，考虑到"干中学"效应带来的人力资本存量增加，因此，本书采用滞后 3 年的人力资本存量表示劳动投入。本书将从业人员的受教育程度划分为 4 类（大学教育、高中教育、初中教育和小学教育），且把各类受教育程度的平均累计受教育年限分别界定为 16 年、12 年、9 年和 6 年。在计算人力资本存量指标时，采用岳书敬和刘朝明（2006）的受教育年限方法，即使用平均教育年限和劳动力数量的乘积来表示人力资本存量，其中，劳动力数量用各省份历年从业人员数量表示，由于各省份经济发展水平不同，这里平均受教育年限用各省份总人口平均受教育年限表示。

（二）资本投入

资本投入采用年均资本存量（亿元）指标来表示。当前一般采用永续盘存法来估算资本存量。在众多类似研究中，单豪杰的成果比较具有代表性，数据也比较全面，因此，本书所使用的 1998—2008 年的资本存量数据直接采用其测算结果。此外，2007 年和 2008 年资本存量数据依据其估算方法推算而来。单豪杰（2008）的资本存量数据是以1952 年为基期的，为了研究的可比性，本书将各省份历年的资本存量全部按照 1990 年的可比价格进行了折算。

（三）资源投入

采用能源消费量（万吨标准煤）表示，这里假定能源消费为非期望产出的主要来源，因此，当采用不考虑非期望产出的 SBM 模型测度效率时，投入中则不包括资源投入项。

（四）期望产出

由于投入要素中包含具有中间投入品性质的能源要素，因此，期望产出采用 GDP（亿元）指标来表示，且将其全部按照 1990 年的可比价格进行了折算。

（五）非期望产出

现有文献中关于非期望产出指标的表征问题没有统一标准，基于数据的可得性以及中国"十一五"规划和"十二五"规划中规定的主要污染排放物是指二氧化硫和化学需氧量，因此，本书选择二氧化硫排放量（万吨）和化学需氧量排放量（万吨）作为非期望产出指标。

面对经济发展过程中日趋强化的资源环境约束，中国政府将节能减排作为约束性指标首次写入了国家"十一五"规划要求。在低碳发展理念的指导下，各地政府在经济发展过程中以节能减排为重点，采取了一系列措施来完成节能减排任务。由于第二产业和第三产业在资源投入和污染排放方面的差异，各地政府把以"退二进三"为主导的产业结构调整作为节能减排工作的主要措施之一。此外，在中国一次能源消费结构中，煤炭约占 70%，由于不同能源品在能耗、污染排放等方面的差异，因此，对以煤炭为主体的能源结构的优化也是各地政府完成节能减排工作的措施之一。当前中国的能源形势不容乐观，一方面能源供需矛盾凸显，另一方面存在能源效率问题（魏楚、沈满洪，2007），各地政府将提高能源效率作为节能减排工作的重中之重。此外，缓解中国经济发展中的资源环境约束，需要加强各方面的治理工作，从政府角度看，要加大对环境污染治理的投资，提高环境治理强度；从企业角度看，要加强研发力度，提高环境治理能力。类似研究大多仅考虑到了经济发展中的污染排放，却没有考虑到污染治理。事实上，中国政府在对环境保护问题重视的同时，也加大了环境保护力度，且对环境保护的投资也取得了较为明显的效果。可见，在考察中国经济增长效率时，只考虑污染排放而忽略污染治理是不全面的。综上分析，从环境经济学的相关理论及现实背景出发，本书主要从产业结构调整、能源结构及能源效率、环境治理强度及能力等方面考察中国经济增长效率影响因素，具体说明如下：

（1）产业结构（Industry）。用工业总产值占 GDP 比重衡量，且将其按照 1990 年的可比价格进行折算。

（2）能源结构（ENST）。以折合为标准煤以后的煤炭消费量占能源消费量的比重表示。

（3）能源效率（ENEF）。以消耗单位能源所实现的 GDP 来衡量，单位为万元/吨标准煤。

（4）环境治理强度（Intensity）。用工业环境污染投资总额占 GDP 比重来刻度，且将其按照 1990 年的可比价格进行折算。需要说明的是，考虑到在环境污染治理投资中会涉及技术研发等活动，使其投资效果会有一定的时滞性，因此，环境治理强度变量采取了滞后 1 年处理。

（5）环境治理能力（Capacity）。用工业二氧化硫去除率衡量，工业二氧化硫去除率等于工业二氧化硫去除量比上工业二氧化硫去除量与排放量之和。

第四节　中国西部地区经济增长质量测算结果

一　经济增长质量测算结果分析

根据上述研究方法和面板数据，本书对中国西部地区 10 个省份 1998—2008 年的经济增长效率及其影响因素进行了估计，具体实证分析结果如下：

表 9 - 1 至表 9 - 4 分别给出了 1998—2008 年四种模型测度的中国西部地区各省份经济增长效率值。表 9 - 5 和图 9 - 2 分别给出了 1998—2008 年四种模型测度的中国西部地区各省份经济增长效率均值及年均效率水平变化趋势。我们发现，在忽略资源环境约束时，CRS 假设下的西部地区平均效率水平为 0.481，而 VRS 假设下的西部地区平均效率水平为 0.655；在考虑资源环境约束时，CRS 假设下的西部地区平均效率水平为 0.677，而 VRS 假设下的西部地区平均效率水平为 0.758。可见，在同一种情形下，CRS 和 VRS 下的效率水平差异明显，VRS 下的效率水平要高于 CRS 下的效率水平。一般来说，当两种技术假设下得到不同的结果时，应当选择 VRS 假设下的结果（Zheng et al.，1998）。因此，本书后续效率分析主要是对 VRS 假设下的效率结果进行分析。

表9-1　模型1（忽略资源环境约束，CRS）测算的经济增长效率

地区	1998 年	1999 年	2000 年	2001 年	2002 年	2003 年	2004 年	2005 年	2006 年	2007 年	2008 年
内蒙古	0.511	0.505	0.496	0.464	0.458	0.470	0.476	0.504	0.502	0.542	0.583
广西	0.494	0.441	0.402	0.392	0.391	0.395	0.421	0.442	0.450	0.469	0.468
四川	0.593	0.467	0.436	0.429	0.425	0.429	0.378	0.456	0.485	0.505	0.503
贵州	0.300	0.300	0.280	0.261	0.251	0.254	0.263	0.287	0.296	0.304	0.309
云南	1.000	1.000	1.000	1.000	1.000	1.000	1.000	1.000	1.000	1.000	1.000
陕西	0.371	0.375	0.371	0.338	0.339	0.346	0.362	0.368	0.384	0.403	0.416
甘肃	0.284	0.285	0.269	0.300	0.289	0.283	0.290	0.286	0.288	0.294	0.285
青海	0.429	0.439	0.429	0.440	0.434	0.440	0.451	0.436	0.438	0.456	0.462
宁夏	0.441	0.444	0.422	0.394	0.382	0.395	0.405	0.442	0.444	0.475	0.490
新疆	0.709	0.680	0.681	0.620	0.601	0.594	0.585	0.549	0.550	0.544	0.533

表9-2　模型2（忽略资源环境约束，VRS）测算的经济增长效率

地区	1998 年	1999 年	2000 年	2001 年	2002 年	2003 年	2004 年	2005 年	2006 年	2007 年	2008 年
内蒙古	0.512	0.507	0.501	0.475	0.475	0.510	0.536	0.555	0.586	0.633	0.698
广西	0.508	0.466	0.435	0.437	0.442	0.447	0.474	0.496	0.507	0.524	0.518
四川	1.000	0.987	0.940	0.948	0.957	0.955	0.822	0.892	0.914	0.936	0.951
贵州	0.312	0.315	0.293	0.265	0.254	0.256	0.264	0.289	0.297	0.306	0.313
云南	1.000	1.000	1.000	1.000	1.000	1.000	1.000	1.000	1.000	1.000	1.000
陕西	0.374	0.381	0.379	0.357	0.362	0.381	0.402	0.389	0.406	0.427	0.459
甘肃	0.284	0.286	0.271	0.308	0.299	0.300	0.308	0.296	0.298	0.304	0.300
青海	1.000	1.000	1.000	1.000	1.000	1.000	1.000	1.000	1.000	1.000	1.000
宁夏	1.000	1.000	1.000	1.000	1.000	1.000	1.000	1.000	0.998	0.998	1.000
新疆	0.710	0.684	0.687	0.632	0.615	0.614	0.606	0.560	0.561	0.554	0.549

表9-3　模型3（考虑资源环境约束，CRS）测算的经济增长效率

地区	1998 年	1999 年	2000 年	2001 年	2002 年	2003 年	2004 年	2005 年	2006 年	2007 年	2008 年
内蒙古	0.622	0.623	0.622	0.614	0.619	0.626	0.639	0.658	0.647	0.648	0.657
广西	0.619	0.622	0.601	0.609	0.606	0.616	0.620	0.652	0.655	0.657	0.663
四川	0.665	0.671	0.649	0.648	0.643	0.673	0.648	0.727	0.730	0.733	0.741
贵州	0.557	0.566	0.571	0.574	0.558	0.579	0.585	0.640	0.639	0.636	0.646
云南	1.000	1.000	1.000	1.000	1.000	1.000	1.000	1.000	1.000	1.000	1.000

续表

地区	1998 年	1999 年	2000 年	2001 年	2002 年	2003 年	2004 年	2005 年	2006 年	2007 年	2008 年
陕西	0.584	0.590	0.625	0.591	0.602	0.646	0.650	0.663	0.661	0.662	0.669
甘肃	0.680	0.678	0.673	0.687	0.635	0.632	0.644	0.626	0.626	0.623	0.613
青海	0.763	0.758	0.774	0.765	0.762	0.760	0.733	0.653	0.648	0.646	0.645
宁夏	0.522	0.533	0.513	0.516	0.521	0.543	0.583	0.576	0.577	0.584	0.595
新疆	0.690	0.675	0.711	0.702	0.683	0.706	0.679	0.672	0.663	0.650	0.637

表 9 – 4   模型 4（考虑资源环境约束，VRS）测算的经济增长效率

地区	1998 年	1999 年	2000 年	2001 年	2002 年	2003 年	2004 年	2005 年	2006 年	2007 年	2008 年
内蒙古	0.631	0.631	0.630	0.618	0.619	0.632	0.646	0.659	0.649	0.653	0.659
广西	0.624	0.628	0.606	0.615	0.610	0.619	0.627	0.655	0.658	0.660	0.667
四川	1.000	0.790	0.722	0.733	0.729	0.725	0.678	0.743	0.754	0.769	0.775
贵州	0.567	0.584	0.581	0.590	0.575	0.595	0.603	0.652	0.649	0.655	0.654
云南	1.000	1.000	1.000	1.000	1.000	1.000	1.000	1.000	1.000	1.000	1.000
陕西	0.586	0.591	0.629	0.595	0.604	0.647	0.652	0.664	0.662	0.664	0.670
甘肃	0.698	0.696	0.687	0.704	0.650	0.642	0.646	0.626	0.626	0.628	0.615
青海	1.000	1.000	1.000	1.000	1.000	1.000	1.000	1.000	1.000	1.000	1.000
宁夏	1.000	1.000	1.000	1.000	1.000	1.000	1.000	1.000	0.736	0.747	1.000
新疆	0.711	0.695	0.728	0.718	0.700	0.714	0.679	0.679	0.663	0.652	0.639

表 9 – 5   西部地区各省份经济增长效率值（1998—2008 年）

省区	忽略资源环境约束		考虑资源环境约束	
	CRS（模型 1）	VRS（模型 2）	CRS（模型 3）	VRS（模型 4）
内蒙古	0.501	0.544	0.634	0.639
广西	0.433	0.478	0.629	0.633
四川	0.464	0.936	0.684	0.765
贵州	0.282	0.288	0.595	0.609
云南	1.000	1.000	1.000	1.000
陕西	0.370	0.392	0.631	0.633
甘肃	0.287	0.296	0.647	0.656
青海	0.441	1.000	0.719	1.000

续表

省区	忽略资源环境约束		考虑资源环境约束	
	CRS（模型1）	VRS（模型2）	CRS（模型3）	VRS（模型4）
宁夏	0.430	1.000	0.551	0.953
新疆	0.604	0.615	0.679	0.689
西部地区	0.481	0.655	0.677	0.758
东部沿海	0.778	0.904	0.925	0.957
东北老工业基地	0.775	0.784	0.830	0.833
中部地区	0.506	0.636	0.728	0.739
全国均值	0.635	0.745	0.790	0.822

　　注：东部地区包括北京、天津、河北、上海、江苏、浙江、福建、山东、广东和海南10个省份；东北老工业基地包括辽宁、吉林和黑龙江3个省份；中部地区包括山西、安徽、江西、河南、湖北和湖南6个省份。

　　1998—2008年，西部地区经济增长在忽略资源环境约束时，VRS假设下的平均效率水平为0.655，而在考虑资源环境约束时，VRS假设下的平均效率水平为0.758。可见，忽略资源环境约束时的年均效率水平要低于考虑资源环境约束时的效率水平（见图9-2）。这与胡鞍钢等（2008）的结论一致，从他们的研究中可以发现，无论是考虑单一环境因素还是考虑两环境因素组，考虑环境约束之后全国的效率均值均高于忽略环境因素的全国效率均值。

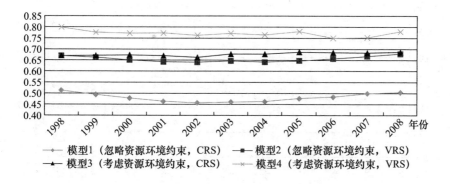

图9-2　西部地区年均效率水平比较

　　1998—2008 年，考虑资源环境约束 VRS 下的中国西部地区经济增长平均效率水平为 0.758，这表明在现有技术进步不变及不增加现有要素投入的前提下，西部地区经济增长平均效率还有 24.2% 的提升空间，即还有部分省份未达到生产前沿。

　　从分区域来看，1998—2008 年中国经济增长效率区域差异明显。在考虑资源环境约束 VRS 下，考察期内平均效率水平的区域分布为：东部地区 > 东北老工业基地 > 全国平均 > 西部地区 > 中部地区，如图 9 - 3 所示。总体来看，区域效率差异同区域经济发展水平相适应，东部地区和东北老工业基地的效率值均在全国平均水平之上，而中西部地区的效率值均在全国平均水平之上。但我们注意到，与胡鞍钢等（2008）、李静（2009）的中部地区效率高于西部地区的结论相比，我们得出了中部地区的效率低于西部地区的结论，研究结论的差异性可能与研究方法的不同有关，这也可能得益于"西部大开发"战略的实施。"西部大开发"战略的实施，促进了西部地区经济增长，在缩小西部地区与中部地区经济发展差距方面起到了积极作用，促使中国区域经济从趋异转向收敛（刘生龙等，2009），且在全国平均 TFP 增长率处于下滑趋势的情况下，"西部大开发"战略的实施使西部地区 TFP 增长率从 1992—1999 年的 -0.9% 上升到 2000—2007 年的 1.2%（朱承亮等，2009）。可见，相关研究初步佐证了"'西部大开发'战略对西部地区经济增长追赶效应起到促进作用"的观点，但其中的机理仍有待进一步研究。

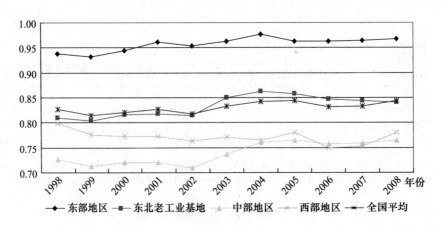

图 9 - 3　经济增长效率区域差异（模型 4）

表9-6给出了不同模型下测度的1998—2008年全国范围内的最佳实践省份。考虑资源环境约束 VRS 下的最佳实践省份包括北京、天津、上海、福建、广东、海南、辽宁、云南、青海9个，这些省份每年均处在生产前沿，说明这些省份在现有技术进步不变及不增加现有要素投入的前提下，经济增长效率值达到了最大值1，此时要想提高这些处在生产前沿上的省份的效率值则要考虑从提高技术进步角度出发使生产前沿面上移。从最佳实践省份构成来看，除包括传统意义的处于东部地区的天津和上海两个省份以外，还包括处于西部地区的云南、青海等省份，这和胡鞍钢等（2008）的研究结果类似，他们在考虑化学需氧学和二氧化硫排放时发现，1999—2005年的最佳实践省份包括上海、江苏、辽宁、安徽、湖北、海南、贵州、云南和西藏9个。1998—2008年在考虑资源环境约束 VRS 下，西部地区除云南和青海两个省份处于生产前沿以外，其余各省份经济增长效率均有待进一步改善，效率改善空间由大至小分别是：贵州为39.1%，陕西和广西均为36.7%，内蒙古为36.1%，甘肃为34.4%，新疆为31.1%，四川为23.5%，宁夏为4.7%。

表9-6	1998—2008年最佳实践省份
模型1（忽略约束，CRS）	天津、上海、辽宁、云南
模型2（忽略约束，VRS）	天津、上海、广东、辽宁、云南、青海、宁夏
模型3（考虑约束，CRS）	北京、天津、上海、福建、海南、辽宁、云南
模型4（考虑约束，VRS）	北京、天津、上海、福建、广东、海南、辽宁、云南、青海

图9-4和图9-5分别给出了1998年和2008年考虑资源环境约束 VRS 下的西部地区各省份经济增长效率的雷达图，从中我们能够更加清楚、直观地看到西部地区各省份经济增长效率水平的动态变化。我们可以发现，宁夏、青海和云南3个省份经济增长效率值在1998年和2008年均达到了最大值1，内蒙古、贵州和陕西3个省份经济增长效率呈现缓慢上升趋势，新疆经济增长效率呈现先升后降趋势，而广西和四川经济增长效率均呈现先降后升趋势，甘肃经济增长效率则呈现下降趋势。

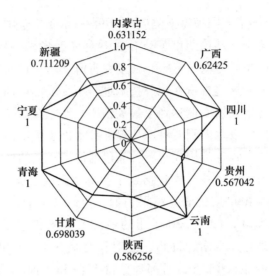

图 9 – 4 1998 年西部地区各省份经济增长效率

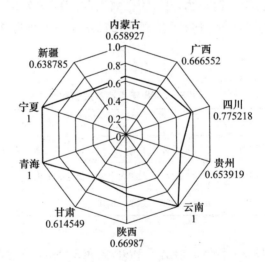

图 9 – 5 2008 年西部地区各省份经济增长效率

二 经济增长质量影响因素分析

为检验产业结构、能源效率、环境治理等影响因素对西部地区经济增长效率的影响，我们构建了如下面板数据回归模型：

$$TE = \alpha + \sum \beta z + \varepsilon$$

其中，TE 表示经济增长效率，α 为截距项，z 表示影响因素，分别

为产业结构、能源结构、能源效率、环境治理强度以及环境治理能力，
β 为被估计参数，ε 为随机误差。表 9-7 给出了分别采用随机效应模型
和固定效应模型的考虑资源环境约束 VRS 下西部地区经济增长效率影
响因素的估计结果。从表 9-7 可见，两个模型所测度的各因素的影响
方向是一致的，影响幅度也大致相当，但豪斯曼检验表明，对于西部地
区的回归分析应选择固定效应模型，因此，表 9-7 中随机效应模型所
估计的结果仅作为参考。

表 9-7　考虑资源环境约束 VRS 下西部地区经济增长效率影响因素估计结果

变量	随机效应模型		固定效应模型	
	系数	T 值	系数	T 值
A	0.9837 ***	10.8994	0.9508 ***	8.6923
Industry	0.0004	0.7638	0.0005	0.8911
ENST	- 0.2252 ***	- 2.9996	- 0.2234 ***	- 2.8840
ENEF	- 0.5590 ***	- 3.5195	- 0.5230 ***	- 3.0260
Intensity	0.0601	0.6606	0.0811	0.8449
Capacity	0.0018 ***	2.3414	0.0020 ***	2.4348
R^2	0.2027		0.2149	

注：*** 表示显著性水平为 10%；在回归过程中，加入了 AR 项以修正模型中存在的序列
相关。

（1）产业结构对西部地区经济增长效率具有促进作用，但不显著。
这表明在节能减排约束下通过以"退二进三"为主导的产业结构调整
能够改善经济增长效率。但截至 2009 年年底，西部地区产业结构中第
二产业仍占有绝对比重，平均占 45.9%，部分省份第二产业比重在
50% 以上，例如，内蒙古为 52.5%，陕西为 51.9%，青海为 53.2%，
西部地区第三产业平均比重为 40.7%。可见，西部地区的产业结构调
整任重而道远，仍需加大产业结构调整力度。

（2）能源结构对西部地区经济增长效率具有显著抑制作用，这和
王兵等（2010）的研究结论一致。现阶段，就全国而言，煤炭消费量
在总体能源消费量中的比重仍占 65% 左右，而在西部地区这一比重更
高。1998—2008 年，西部地区能源消费结构中煤炭消费量占 72.26%，

远高于全国平均比重。西部地区虽在煤炭等资源方面具有优势，但以煤炭为主的能源结构是导致环境污染问题的重要原因，因此，在节能减排约束下，西部地区应当不断改善以煤炭为主的能源结构，不断发展新能源。

（3）能源效率对西部地区经济增长效率具有显著抑制作用。在现阶段以煤炭为主的能源结构情形下，西部地区虽具有较为优越的资源优势，但其能源效率相对于其他地区而言是最低的，属于能源低效区（魏楚和沈满洪，2007）。1998—2008 年，全国能源效率平均水平为4038.133 元/吨标准煤，而西部地区能源效率平均水平仅为2778.773元/吨标准煤，远低于全国平均水平。可见，在节能减排约束下，提高能源效率对西部地区经济增长效率的改善具有重要意义。

（4）环境治理强度对西部地区经济增长效率具有促进作用，但不显著。中国在经济发展过程中付出了巨大的环境代价，由于政府的高度重视，加大了环境污染治理力度，并且产生了积极效果。但政府的环境治理投资强度仍较低，1998—2008 年，西部地区对工业环境污染的投资仅占地区生产总值的 0.246%。可见，加大政府的环境治理强度对于西部地区经济增长效率的提高具有重要意义。

（5）环境治理能力对西部地区经济增长效率具有显著促进作用。在考察期内，西部地区二氧化硫去除率不断提高，从 1998 年的16.25% 提高到 2008 年的 41.64%，企业的环境治理能力不断增强。可见，提高工业二氧化硫去除率，加强企业的环境治理能力，对于节能减排约束下的西部地区经济增长效率具有促进作用，应当在今后的节能减排中充分发挥企业的积极性。

本章小结

基于西部地区经济增长过程中资源环境约束的日趋强化以及类似研究的局限性，本书在构建基于产出角度的 SBM – Undesirable 模型基础上，对资源环境约束下西部地区 10 个省份 1998—2008 年的经济增长效率进行了测度，且考察了产业结构、能源结构及效率、环境治理强度及能力等因素对效率的影响。研究发现，忽略资源环境约束时的年均效率水平要低于考虑资源环境约束时的效率水平；资源环境约束 VRS 下的西部地区经济增长效率平均水平为 0.758；从分省份来看，除云南和青海处于生产前沿以外，其余各省份经济增长效率均有待于进一步改善；从分地区来看，西部地区经济增长效率水平低于全国平均水平，但略高于中部地区，这可能得益于"西部大开发"战略的实施；产业结构、环境治理强度及环境治理能力对经济增长效率具有促进作用，而能源结构和能源效率对经济增长效率具有显著抑制作用。

在低碳经济背景下，面对日趋强化的资源环境约束，正确、科学地测度节能减排约束下的经济增长效率具有重要的理论和现实意义。西部地区在经济发展过程中，应重视经济增长效率的提高，应重视资源环境代价问题，要树立绿色、低碳的发展理念，以节能减排为重点，加强以"退二进三"为主导的产业结构调整，提高能源效率，逐步改变以煤炭为主的能源消费结构。同时加强环境治理，提高政府的环境治理强度和企业的环境治理能力，在节能减排中充分发挥企业的积极性。这样，才能有利于西部地区能源、经济、环境的和谐统一，有利于经济发展方式的转变，从而有利于西部地区经济又好又快可持续发展。

第十章　生产率增长、要素重置与经济增长

第一节　国内外相关研究述评

新经济增长理论认为，生产效率提高的机制主要是产业结构变迁、科学技术进步与内生经济增长。科技进步和内生增长通过提高部门全要素生产率水平来实现经济总体生产效率的提升；产业结构变迁对生产率增长的影响是将生产要素从低生产率水平或低生产率增长的部门向高生产率水平或高生产率增长的部门流动来实现的。结构主义理论认为，产业结构变迁通过要素再配置实现生产效率的提升是经济增长的一个重要源泉，这种要素再配置对经济增长产生的影响叫作要素重置效应。

通过 TFP 测算分析技术进步等诸因素对中国经济增长影响的文献较多，本书就不再累赘了。选择从要素重置与结构变迁视角来研究经济增长的文献大多肯定了要素重置在改革开放初期对中国生产率增长的积极作用（郭克莎，1993；Maddison，1998；Wu，2004）。由于产业间要素边际生产率存在较大差异，未来中国经济依然可以从产业结构变迁中获得巨大的收益（温杰等，2010）。姚战琪（2009）却发现，要素重置作为生产率增长的一个来源，在改革后的表现不尽如人意，在经济总体 6 部门和工业部门都表现为要素再配置的贡献效应较低。干春晖等（2009）则认为，要素重置效应具有明显的阶段性。虽然产业结构变迁对中国经济增长的贡献一度十分显著，但是，随着市场化程度的提高，产业结构变迁对经济增长的贡献逐渐让位于技术进步（刘伟和张辉，2008）。

技术进步与结构变迁在促进中国经济增长中的贡献效应到底如何？对经济总体各部门 TFP 和部门间要素配置效率的科学、合理测度是分析这一问题的关键。本书以此为出发点，对经济总体 8 大部门以及工业

18 个分行业的 TFP 以及要素配置效率进行了测算，并构建回归模型，分析 TFP 增长与要素重置对中国经济增长的影响。主要贡献在于：第一，在工业部门生产率增长与部门间要素配置效率测算中考虑了资源环境问题。第二，将 Wurgler（2000）模型要素配置的标准从部门规模或利润的增长改进为部门生产率的增长。第三，采用分行业面板数据模型较三次产业法扩大了样本数据选择范围，测算结果更加客观与可靠。第四，将生产率增长与要素重置相结合来研究经济增长比较鲜见。

第二节　中国工业分行业生产率测算分析

一　中国工业分行业生产率测算模型构建

由于本书在测算工业分行业的生产率时，考虑了诸如二氧化硫排放的非期望产出，因此，本书的生产率测算模型分为两个部分：一部分为测算经济总体 8 大部门的传统生产率测算模型——基于数据包络分析（DEA）的 Malmquist 生产率指数；另一部分为测算工业部门 18 个分行业的绿色生产率测算模型——基于方向性距离函数的 ML 生产率指数。

（一）基于 DEA 的 Malmquist 生产率指数

Malmquist 生产率指数运用距离函数来定义，用来描述不需要说明具体行为标准的多输入、多输出生产技术。从 t 时期到（t+1）时期，基于产出的度量 TFP 增长的 Malmquist 生产率指数可以表示为：

$$M_i(x_{t+1}, y_{t+1}; x_t, y_t) = \left[\frac{D_i^t(x_{t+1}, y_{t+1})}{D_i^t(x_t, y_t)} \times \frac{D_i^{t+1}(x_{t+1}, y_{t+1})}{D_i^{t+1}(x_t, y_t)} \right]^{1/2}$$

(10.1)

在式（10.1）中，(x_{t+1}, y_{t+1}) 和 (x_t, y_t) 分别表示 $(t+1)$ 时期和 t 时期的投入和产出向量；D_0^t 和 D_0^{t+1} 分别表示以 t 时期的技术 T^t 为参照，时期 t 和时期 $(t+1)$ 的距离函数。

Malmquist 生产率指数可以被分解为不变规模报酬假定下的技术效率变化指数（EC）和技术进步指数（TP）：

$$M_i(x_{t+1}, y_{t+1}; x_t, y_t) = EC(x_{t+1}, y_{t+1}; x_t, y_t) \times TP(x_{t+1}, y_{t+1}; x_t, y_t)$$

(10.2)

在式（10.2）中，技术效率（EC）测度了从 t 时期到 $(t+1)$ 时期每个观察对象到最佳生产前沿边界的追赶程度。技术进步（TP）测度了技术边界从 t 时期到 $(t+1)$ 时期的移动。

（二）基于方向性距离函数的 ML 生产率指数

ML 生产率指数的计算基本思路为：首先通过 DEA 技术构造出某经济体的生产可能性边界，再利用方向性距离函数计算出经济体中每个生产决策单元与生产可能性边界的距离，最后基于两个时期的方向性距离函数计算出此期间的 ML 生产率指数。

工业经济活动往往会带来诸如二氧化硫等非期望产出的产生，而环境技术反映了这样一种同时包括期望产出和非期望产出的特殊投入产出技术结构。它可以表示为以下产出集合的形式（Fare et al.，2007）：

$$P(x) = \{(y, b): x 能生产出 (y, b)\}, \ x \in R_+^N \tag{10.3}$$

式（10.3）中，$P(x)$ 为投入 $x \in R_+^N$ 所能生产的期望产出 $y \in R_+^M$ 和非期望产出 $b \in R_+^I$ 的所有可能性集合。

在生产可能性边界的基础上，我们就可以通过方向性距离函数（DDF）来计算出每个生产决策单元离生产可能性边界的距离即相对效率。DDF 的具体形式为：

$$\vec{D}_0(x, y, b; g) = \sup\{\beta: (y, b) + \beta g \in p(x)\} \tag{10.4}$$

式（10.4）中，$g = (g_y, -g_b)$ 为产出扩张的方向向量。方向向量 g 的选取反映了人们对期望产出和非期望产出进行取舍的不用效用偏好，本书假定 $g = (y, -b)$，即期望产出和非期望产出在其原有存量基础上成比例增减。DDF 表示在既定投入向量 x 下，沿着方向向量 g，产出向量 (y, b) 所能扩张的最大倍数 β。DDF 值越小，表明生产越接近生产可能性边界，生产效率就越高；DDF 值等于 0 时，表明生产决策单元已处于生产可能性边界之上，生产是完全有效率的。

根据 Chung 等（1997），在 DDF 基础上定义的 t 期和 $(t+1)$ 期之间的基于产出的 ML 生产率指数为：

$$ML_t^{t+1} = \left\{ \frac{[1 + \vec{D}_0^t(x^t, y^t, b^t; g^t)]}{[1 + \vec{D}_0^t(x^{t+1}, y^{t+1}, b^{t+1}; g^{t+1})]} \times \frac{[1 + \vec{D}_0^{t+1}(x^t, y^t, b^t; g^t)]}{[1 + \vec{D}_0^{t+1}(x^{t+1}, y^{t+1}, b^{t+1}; g^{t+1})]} \right\}^{1/2} \tag{10.5}$$

ML 生产率指数也可以分解为技术效率变化（EFFCH）和技术进步指数（TECH）：

$$ML = EFFCH \times TECH \tag{10.6}$$

$$EFFCH_t^{t+1} = \frac{1 + \vec{D}_0^t(x^t, y^t, b^t; g^t)}{1 + \vec{D}_0^{t+1}(x^{t+1}, y^{t+1}, b^{t+1}; g^{t+1})} \tag{10.7}$$

$$TECH_t^{t+1} = \left\{ \frac{[1 + \vec{D}_0^{t+1}(x^t, y^t, b^t; g^t)]}{[1 + \vec{D}_0^t(x^t, y^t, b^t; g^t)]} \times \frac{[1 + \vec{D}_0^{t+1}(x^{t+1}, y^{t+1}, b^{t+1}; g^{t+1})]}{[1 + \vec{D}_0^t(x^{t+1}, y^{t+1}, b^{t+1}; g^{t+1})]} \right\} \tag{10.8}$$

本书使用 1999—2009 年的经济总体 8 大部门和污染排放主要来源的工业部门的两个面板数据分别对生产率增长进行测算。其中，经济总体的 8 大部门分别为农、林、牧、渔业，工业，建筑业，交通运输、仓储和邮政业，批发和零售业、住宿和餐饮业，金融业，房地产业和其他服务业。由于本书在测算工业部门的生产率增长时，考察了污染排放的环境因素影响，受部分行业数据缺失限制本研究的工业部分归并调整为以下 18 个分行业：采掘业，电力煤气及水生产供应业，纺织业，非金属矿物制品业，黑色金属冶炼及压延加工业，化学纤维制造业，化学原料及化学制品制造业，机械、电气、电子设备制造业，金属制品业，皮革、毛皮、羽毛（绒）及其制品业，石油加工、炼焦及核燃料加工业，食品、饮料和烟草制造业，塑料制品业，橡胶制品业，医药制造业，印刷业和记录媒介的复制，有色金属冶炼及压延加工业和造纸及纸制品业。

在对生产率进行测算时，基础数据来源于 2000—2010 年的《中国统计年鉴》和《中国工业经济统计年鉴》，本书所涉及的所有投入和产出数据如下：（1）劳动投入指标，8 大部门和工业部门 18 个分行业的劳动投入均采用从业人员（万人）指标作为代理变量。（2）资本投入指标，8 大部门和工业部门 18 个分行业的劳动投入均采用固定资产净值（亿元）指标作为代理变量，且将其全部按照 1999 年为基期的固定资产投资价格指数进行了平减。（3）产出指标，8 大部门的产出指标采用 GDP（亿元）指标作为代理变量，且将其全部按照 1999 年为基期的商品零售价格指数进行了平减。由于考虑到工业生产对环境问题的影响，工业部门 18 个分行业的产出包括两个部分：一部分为期望产出，采用工业总产值（亿元）指标作为代理变量，且将其全部按照1999年为基期的工业品出厂价格指数进行了平减；另一部分为非期望产出，采用二氧化硫排放量（万吨）指标作为代理变量。

二 中国工业分行业生产率测算结果分析

表10-1和表10-2分别给出了经济总体8大部门分年份和分部门的TFP指数及其分解情况。图10-1和图10-2分别给出了经济总体8大部门分年份和分部门的TFP指数及其分解情况。总体来看，1999—2009年，经济总体TFP年均增长率为2.4%，其中，技术效率年均增长率为1.5%，技术进步年均增长率为3.9%。可见，此期间经济总体TFP增长主要得益于技术进步，而技术效率则出现了负增长。在研究时间段内，经济总体TFP呈现逐年增长趋势，但在2008年后呈明显的下降趋势。

表10-1　　　　　　　　　8大部门分年份TFP指数及分解

年份	技术效率指数	技术进步指数	TFP指数
2000/1999	0.978	0.930	0.910
2001/2000	1.088	0.882	0.960
2002/2001	1.003	0.957	0.960
2003/2002	0.992	1.002	0.994
2004/2003	1.159	0.895	1.038
2005/2004	0.894	1.207	1.078
2006/2005	0.903	1.237	1.118
2007/2006	0.871	1.352	1.178
2008/2007	1.054	0.989	1.042
2009/2008	0.950	1.048	0.995
平均	0.985	1.039	1.024

但是，经济总体TFP增长来源在不同时间段呈现不同特征，如图10-1所示，以2005年为分界点，1999—2004年TFP增长主要得益于技术效率增长，此期间技术效率增长水平高于技术进步增长水平；2006—2009年，TFP增长主要得益于技术进步增长，此期间技术进步增长水平高于技术效率增长水平。

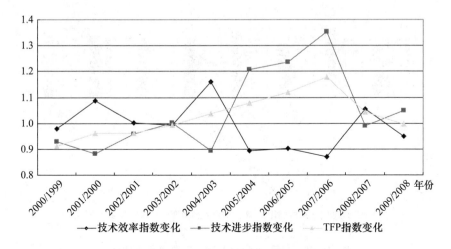

图 10 - 1　8 大部门分年份 TFP 指数及分解情况

表 10 - 2　　　　　　　　大部门分部门 TFP 指数及分解情况

部门	技术效率指数	技术进步指数	TFP 指数
第一产业（农、林、牧、渔业）	0.943	0.908	0.856
工业	1.005	1.208	1.209
建筑业	1.058	0.936	0.990
交通运输、仓储和邮政业	0.968	1.148	1.111
批发和零售业、住宿和餐饮业	0.954	1.066	1.017
金融业	1.000	1.026	1.026
房地产业	1.000	1.061	1.061
其他服务业	0.979	1.158	1.134
平均	0.985	1.039	1.024

　　从经济总体分部门情况来看，TFP 年均增长率由低到高的排名分别是：农、林、牧、渔业（ - 14.4%），建筑业（1%），批发和零售业、住宿和餐饮业（1.7%），金融业（2.6%），房地产业（6.1%），交通运输、仓储和邮政业（11.1%）和其他服务业（13.4%），工业（20.9%）。其中，工业部门 TFP 年均增长率最高，服务业的几大部门次之，而农、林、牧、渔业 TFP 年均增长率最低甚至出现了负增长。从 TFP 增长来源看，仅农、林、牧、渔业和建筑业的 TFP 增长主要源于技术效率，而其他 6 大部门 TFP 增长主要源于技术进步。

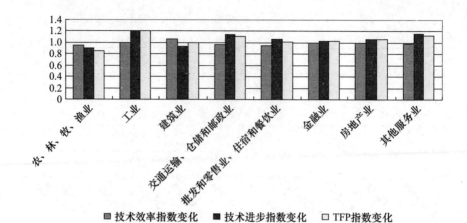

图 10 - 2 大部门分部门 TFP 指数及分解情况

　　在对工业部门生产率测算中为了与不考虑非期望产出的传统 TFP 相区分，本书将考虑非期望产出的工业部门 TFP 定义为绿色 TFP。表 10 - 3 和表 10 - 4 分别给出了考虑二氧化硫排放非期望产出的工业部门分年份和分部门的绿色 TFP 指数及其分解情况。图 10 - 3 和图 10 - 4 分别给出了考虑二氧化硫排放非期望产出的工业部门分年份和分部门的绿色 TFP 指数及其分解情况。

表 10 -3　　　　　　　工业部门分年份绿色 TFP 指数及分解情况

年份	技术效率	技术进步	ML 生产率指数
2000/1999	0.9514	1.3473	1.2692
2001/2000	0.9718	1.0905	1.0557
2002/2001	1.0250	1.1115	1.1377
2003/2002	1.0501	1.2840	1.3400
2004/2003	1.0144	1.5955	1.6023
2005/2004	1.0193	1.1754	1.1964
2006/2005	0.9888	1.2393	1.2222
2007/2006	1.0154	1.1519	1.1731
2008/2007	0.9923	1.1019	1.0939
2009/2008	1.0169	0.9805	0.9970
平均	1.0046	1.2078	1.2087

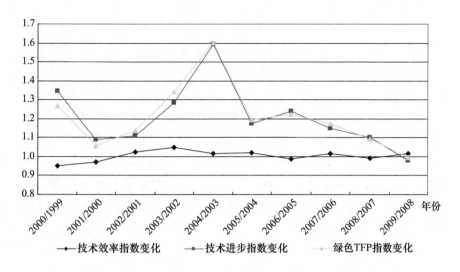

图 10 - 3　工业部门分年份绿色 TFP 指数及分解情况

表 10 - 4　　　　　工业部门分部门绿色 TFP 指数及分解情况

部门	技术效率	技术进步	ML 生产率指数
采掘业	0.9969	1.0115	1.0083
电力、煤气及水生产供应业	1.0171	1.2161	1.2211
纺织业	0.9972	1.0095	1.0066
非金属矿物制品业	1.0065	1.0205	1.0266
黑色金属冶炼及压延加工业	1.0422	1.2986	1.3623
化学纤维制造业	1.0196	1.0851	1.1034
化学原料及化学制品制造业	1.0104	1.0603	1.0702
机械、电气、电子设备制造业	1	1.0651	1.0651
金属制品业	1.0102	1.7192	1.7031
皮革、毛皮、羽毛（绒）及其制品业	1	1.236	1.236
石油加工、炼焦及核燃料加工业	1	2.0419	2.0419
食品、饮料和烟草制造业	0.9908	1.2145	1.1739
塑料制品业	0.9684	1.3391	1.2956
橡胶制品业	1.0028	1.0407	1.0437
医药制造业	0.9846	1.136	1.1147
印刷业和记录媒介的复制	0.9962	1.1383	1.1388
有色金属冶炼及压延加工业	1.0321	1.0767	1.1086
造纸及纸制品业	1.0071	1.0309	1.0375
平均	1.0046	1.2078	1.2087

　　总体来看，1999—2009 年工业部门绿色 TFP 年均增长率为 20.87%，其中，技术效率年均增长率为 0.46%，技术进步年均增长率为 20.78%，可见，此期间工业部门绿色 TFP 增长主要得益于技术进步。在研究时间段内，工业部门绿色 TFP 增长和技术进步以 2005 年为分界点均呈现先升后降的倒 "U" 形趋势，而技术效率一直处于较低的增长水平。从工业分部门情况来看（见图 10 - 4），绿色 TFP 年均增长率排名前五位的分别是：石油加工、炼焦及核燃料加工业（104.19%），金属制品业（70.31%），黑色金属冶炼及压延加工业（36.23%），橡胶制品业（29.56%），皮革、毛皮、羽毛（绒）及其制品业（23.6%）。

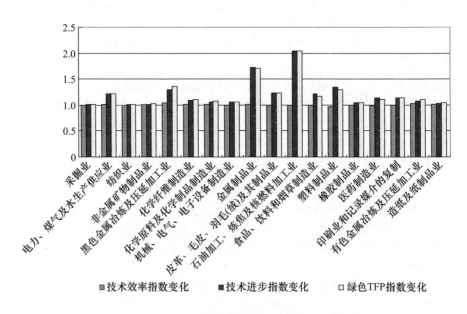

图 10 - 4　工业分部门绿色 TFP 指数及分解

第三节　中国工业分行业要素配置效率测算分析

　　在已有的类似研究中，大多数学者（Fan et al., 2003；Bhaumik and Estrin, 2007；Bosworth and Collins, 2008；Gong and Lin, 2008）都

是从三次产业间要素再配置角度研究要素重置与结构变迁对生产率提高和经济增长的影响作用。但是，这些研究均忽略了各产业内部行业间的要素流动，显然，从分行业角度研究要素重置与结构变迁对经济增长的影响会更加客观与全面。

研究要素重置与结构变迁效应的方法主要有两种：一种是法布里肯特（Fabricant，1942）提出的偏离—份额法；另一种是切纳里（Chenery，1986）在分析多国模型中使用的方法。偏离—份额法是一种有效地分析结构问题的方法，但是，在使用这一方法分析的时候，它只能考虑单个要素的结构变迁效应，对产业结构变化的分析不够细致。多国模型法虽然可以同时考虑资本和劳动结构变迁对经济增长的贡献，但是，多国模型中对回归的控制变量选择具有模糊性，容易造成省略变量问题，从而导致问题分析的不准确，同时模型中对产业结构采取的衡量方式也是一个难点。这两种方法的共同局限都是将结构变迁效应作为从生产率中分解出来的一部分来解释。本书使用改进后的 Wurgler 模型，将要素再配置效应作为与生产率增长并列的因素来研究两者之间的关系，它以要素流动对生产率变化的敏感程度作为要素配置效率的衡量标准，可以同时考虑多种要素的配置效应变化，在一定程度上避免了前两种方法研究中的不足。

一　中国工业分行业要素配置效率测算方法

Wurgler（2000）创造性地构造出估算资本配置效率的模型，用来检验金融体系与资本配置效率之间的关系，该模型得到了理论界的认同和应用（Durnev，Li，Mork and Yeung，2004；Almeida and Wolfenzon，2005）。方军雄（2006）根据该基本模型，提出了修正后的 Wurgler 模型，研究了中国市场化进程与资本配置效率之间的关系。本书对经典的 Wurgler（2000）基本模型做了一些改进，将要素配置的标准从部门规模或利润的增长改进为部门生产率的增长，这样，改进后的 Wurgler 模型与 Wurgler（2000）模型相比有以下两点不同：（1） Wurgler（2000）模型是以投资变化对规模变动的敏感性作为资本配置效率的基准，而本模型是以生产率增长率变化作为资本（劳动）配置效率的标准。（2） Wurgler（2000）模型侧重于各个行业自身的对比，但在总量一定的前提下，资本（劳动）流动不仅与行业自身生产率增长有关，还要考虑本行业在整体国民经济中生产率增长相对位置的变化，而 TFP 的计算以

数据点的外包络面为基础，较好地考虑了行业之间的相对性。改进后的
Wurgler 模型如下：

$$\ln \frac{I_{i,t}}{I_{i,t-1}} = \alpha_t + \eta_t \ln \frac{TFP_{i,t}}{TFP_{i,t-1}} + \varepsilon_{i,t} \tag{10.9}$$

式（10.9）中，i 为行业编号；t 为年份；I 为固定资本流量投入（在
计算劳动配置效率时将 I 替换为 L 即从业人员）；$\frac{TFP_{i,t}}{TFP_{i,t-1}}$ 为生产率变化
指数，即相对于上一年 i 行业的生产率变化（在工业行业计算中为考虑
环境污染的绿色 TFP 指数变化）；η 为投资反映系数，表示各行业资本
（劳动）的增减对生产率增长变化的弹性水平。当 $\eta > 0$ 时，表示某行业
生产率相对于上一年有所提升时，流向该行业的资本（劳动）增长率也
会相应增加，即有更多的资本（劳动）会流入具有更高生产率增长的行
业，相对有较少的资本（劳动）流入较低生产率增长的行业；当 $\eta < 0$
时，表示某行业 TFP 相对增长时，资本（劳动）增长率反而会减少；当
$\eta = 0$ 时，表示资本（劳动）流入与行业生产率增长率无关。

二　中国工业分行业要素配置效率测算结果分析

在上述模型基础上，使用面板数据估计方法对经济总体及工业部门
分行业的资本（劳动）配置效率进行测算。豪斯曼检验表明，对于经
济总体及工业分行业的回归分析均应选择固定效应模型，回归结果如表
10 - 5 和表 10 - 6 所示。

表 10 - 5　　固定效应模型下要素配置效率回归结果（1999—2009 年）

变量	经济总体		工业部门	
	劳动配置效率	资本配置效率	劳动配置效率	资本配置效率
C	0.0203 *** （4.6934）	0.2545 *** （22.4040）	0.0487 *** （5.9011）	0.1408 *** （19.6064）
η	0.0871 *** （2.8508）	− 0.3271 *** （− 4.0769）	− 0.0324 *** （− 1.1175）	− 0.0043 *** （− 0.1724）
F	2.1532	4.8625	5.2570	4.4418
R^2	0.1952	0.3540	0.3702	0.3318
N	80	80	180	180

注：小括号内为 t 统计量，*** 表示显著性水平为 10%，N 为样本个数。

表 10 - 6　经济总体及工业部门要素配置效率及 TFP 增长率（1999—2009 年）

	行业	劳动配置效率	资本配置效率	TFP 增长率
经济总体	农、林、牧、渔业	- 0. 019	- 0. 008	- 0. 144
	工业	- 0. 003	- 0. 003	0. 209
	建筑业	0. 022	- 0. 054	- 0. 010
	交通运输、仓储和邮政业	0. 002	0. 017	0. 111
	批发和零售业、住宿和餐饮业	0. 003	- 0. 068	0. 017
	金融业	- 0. 008	- 0. 021	0. 026
	房地产业	- 0. 006	0. 113	0. 061
	其他服务业	- 0. 002	0. 025	0. 134
工业部门	采掘业	- 0. 135	- 0. 099	0. 008
	电力、煤气及水生产供应业	- 0. 095	- 0. 100	0. 221
	纺织业	- 0. 043	0. 007	0. 007
	非金属矿物制品业	- 0. 095	- 0. 048	0. 027
	黑色金属冶炼及压延加工业	- 0. 083	- 0. 100	0. 362
	化学纤维制造业	0. 121	- 0. 001	0. 103
	化学原料及化学制品制造业	0. 144	- 0. 029	0. 070
	机械、电气、电子设备制造业	0. 045	0. 011	0. 065
	金属制品业	0. 048	0. 074	0. 703
	皮革、毛皮、羽毛(绒)及其制品业	0. 051	0. 044	0. 236
	石油加工、炼焦及核燃料加工业	0. 017	0. 023	1. 042
	食品、饮料和烟草制造业	0. 017	- 0. 002	0. 174
	塑料制品业	0. 010	0. 043	0. 296
	橡胶制品业	0. 024	0. 021	0. 044
	医药制造业	0. 022	0. 079	0. 115
	印刷业和记录媒介的复制	0. 015	0. 084	0. 139
	有色金属冶炼及压延加工业	- 0. 037	0. 012	0. 109
	造纸及纸制品业	- 0. 025	- 0. 018	0. 038

　　总体而言，1999—2009 年，中国经济总体劳动配置效率为 0. 0871，资本配置效率为 - 0. 3271；工业部门劳动配置效率为 - 0. 0324，资本配置效率为 - 0. 0043。经济总体要素再配置对生产率增长变化的弹性较小，劳动力再配置变化与生产率增长同向，资本再配置变化则与生产率

增长相反，即经济总体内劳动力结构变化对促进生产率增长具有弱的正效应，而资本结构变化对生产率增长的贡献效应为负。工业部门内要素流动对生产率增长变化的弹性不显著，而且其流向均与生产率增长相反，即资本和劳动要素的结构变化对生产率增长的贡献效应均为负。该研究结果与姚战琪（2009）的研究结论基本一致。干春晖和郑若谷（2009）研究发现，在 2001—2007 年，劳动力结构变化对劳动生产率增长具有"结构红利"并趋于减弱，资本结构变化对资本生产率增长具有微弱的"结构红利"。由于干春晖采用偏离—份额法将结构效应分解为静态转移效应和动态转移效应两部分，其中，资本的动态转移效应部分测量值为 - 5.68，即资本流动与生产率增长也是反向的，资本结构变化对生产率增长的贡献效应也为负。因此，干春晖和郑若谷（2009）的研究结论与本书也基本相符。

（一）劳动配置效率分析

由表 10 - 5 可知，经济总体的劳动配置效率明显大于工业部门，经济总体劳动要素的结构变化对生产率增长的贡献为正，工业部门劳动要素的结构变化对生产率增长的贡献为负。在工业化进程中，第一产业剩余劳动力大量向其他产业转移，造成第一产业就业出现负增长。随着第三产业个体、私营等非公有制经济的发展及其技术进步、生产效率的提高，从农业、工业转移出的劳动力大量流入了第三产业，第三产业成为吸收劳动力最主要的部门。因此，经济总体 8 大部门劳动要素的结构变化对生产率增长具有微弱的"结构红利"。工业部门劳动配置效率为负的根源在于资本投入的快速增长和就业增长缓慢甚至负增长。1999—2009 年，工业的资本存量年均增长率为 8.98%，就业年均增长仅为 0.96%。受资本替代劳动的挤占影响，以及户籍制度等非市场化因素对进入技术水平较高的国有工业企业的门槛制约，工业部门就业增长非常缓慢，新增劳动力多数流向了技术水平低、污染高的劳动密集型行业，所以，造成了工业部门劳动要素配置的"结构负利"现象。

由表 10 - 6 可知，经济总体 8 大部门中，农、林、牧、渔业的劳动配置效率最低为 - 0.019；建筑业最高为 0.022，交通运输、仓储和邮政业以及批发和零售业、住宿和餐饮业的劳动配置效率也为正值。近年来，中国城市化与工业化建设在吸纳农业过剩劳动力中发挥了重要作用，大量的农业劳动力向建筑业的转移，极大地促进了这个行业的生产率增长。劳动密集型服务业作为劳动力流入的主要部门，其自身的生产率水平也得到了提高。在工业部门 18 个分行业中，制造业成为劳动力流入增长与生产率增长相伴随的行业，具体包括：化学纤维制造业，化学原料及化学制品制造业，机械、电气、电子设备制造业，金属制品业，皮革、毛皮、羽毛（绒）及其制品业，橡胶制品业，医药制造业等。这与中国改革开放以来大力发展劳动密集型制造业的政策导向直接相关，随着中国制造业的技术进步与产业升级，劳动要素再配置仍然具有明显的"结构红利"现象。

（二）资本配置效率分析

经济总体和工业部门的资本配置效率弹性系数均为负，不过，工业部门资本配置效率稍大于经济总体。这是近年来中国经济粗放型增长的典型表现，由政府主导的投资驱动型经济增长使大量投资被配置到了边际生产率为负的部门。工业部门作为工业化阶段资本流入的主要部门，其中，电力、煤气、供水等垄断性高投资行业占用了大量的资本投入，但这些行业无论资本边际产出还是平均资本产出率都极低，投资和资本存量远远大于社会最优水平，基本上属于动态无效率，致使工业部门资本要素的配置效率为负。从经济总体来看，由于中国产业结构偏差长期存在，第一产业资本投入不足的状况严重制约着资本要素的配置效率；第三产业发展滞后，尤其是生产性服务业市场化改革缓慢，缺乏有效的市场竞争机制，导致生产效率较低、资本不能自由流动也是经济总体资本配置效率较低的重要原因。工业部门资本再配置效率稍高于经济总体，与工业内部资本流动较容易、制造业发展以及中国 FDI 主要集中于工业的外商投资结构有关。

从表 10-6 可知，经济总体 8 大部门中房地产业的资本配置效率最高，为 0.113，说明这一时期房地产业成为资本流入的主要部门，并且资本的流入极大地促进了这一行业的生产率增长，房地产业成为拉动经济增长的重要力量，这符合近年来中国房地产业的发展现状。交通运输、仓储和邮政业也是这一时期资本配置效率较高的行业，这与中国近年来对交通运输行业的大量投资有关，这些投资对于行业生产率的增长都起到了积极的作用。在工业部门 18 个分行业中，制造业成为资本流入与生产率增长相伴随的主要行业，具体包括金属制品业，皮革、毛皮、羽毛（绒）及其制品业，医药制造业，橡胶制品业，塑料制品业，石油加工、炼焦及核燃料加工业，机械、电气、电子设备制造业等。制造业资本再配置的"结构红利"现象主要在于大多数制造行业市场化程度较高，竞争充分，作为外商投资与民营资本投入的主要行业，资本利用效率较高。

第四节　生产率增长、要素重置对中国经济增长贡献效应估算

现代经济增长过程不仅是生产率增长过程，也是结构不断调整过程。生产率增长的关键是部门内全要素生产率的提升；结构调整的基础是部门间资本、劳动要素配置效率的改善。本部分构建了生产率增长、要素重置对经济增长贡献效应估算的回归模型：

$$y = C + \alpha \cdot Lae + \beta \cdot Kae + \gamma \cdot TFP + \varepsilon \tag{10.10}$$

式（10.10）中，y 为行业总产值增长率，Lae 为劳动配置效率，Kae 为资本配置效率，TFP 为全要素生产率增长率。回归结果如表10-7所示。

表10-7　　　　生产率增长和要素重置的经济增长效应回归结果

变量	系数	标准差	t 统计量
C	0.150***	0.016	9.527
α	-0.277	2.552	-0.108
β	-0.514	1.059	-0.485
γ	0.870***	0.288	3.018
F	7.099		
R²	0.780		

注：*** 表示显著性水平为10%。

由表10-7可知，1999—2009年，中国劳动配置效率和资本配置效率对经济增长的贡献均为负，但不显著，而全要素生产率增长对经济增长的贡献显著为正。这一结果说明，要素重置与结构变迁作为经济增长的重要源泉在这一时段的表现很不理想，不仅没有促进经济的增长，

反而具有"结构负利"效应。而部门内生产率增长与技术进步成为促进经济增长的主要原因。刘伟和张辉（2008）将技术进步和产业结构变迁从要素生产率中分解出来，实证度量了产业结构变迁对中国经济增长的贡献，并将其与技术进步的贡献相比较，结果发现，1998 年以后，产业结构变迁对经济增长的贡献变得越来越不显著，逐渐让位于技术进步。结构变迁效应的减弱是由于部门内部要素配置的不合理和要素在部门间配置的扭曲造成的。市场化发展不足、一些体制性因素以及中国产业结构的偏差仍然阻碍着要素配置效率的进一步提高。

本章小结

本书综合考虑生产率增长、要素重置与结构变迁这两大影响经济增长的重要因素，采用 1999—2009 年中国经济总体和工业部门的面板数据，对经济总体 8 大部门 TFP 和工业 18 个分行业的绿色 TFP 以及劳动、资本要素配置效率进行了测算、对比与分析，最后通过构建回归模型实证度量了生产率增长与要素重置对经济增长的影响效应。研究发现：

第一，从生产率增长来看，1999—2009 年经济总体 TFP 呈现先增长后下降趋势，在 2008 年以后下降趋势显著，其中，技术进步年均增长率大于技术效率年均增长率，经济总体 TFP 增长主要得益于技术进步。工业部门绿色 TFP 和技术进步增长率在 2005 年以后也出现了明显的下滑趋势，技术进步年均增长率远大于技术效率年均增长率，绿色 TFP 增长也主要得益于技术进步。这一期间，生产率增长对经济增长具有正向促进作用，主要体现于技术进步对经济增长的积极影响。但是，2008 年以来 TFP 增长下降趋势明显，后期表现不容乐观。

第二，从要素重置效应来看，经济总体 8 大部门劳动力再配置对促进生产率增长具有弱的"结构红利"，而资本要素再配置对生产率增长则是"结构负利"。工业 18 个分行业中资本、劳动要素再配置对生产率增长变化的弹性较小，两者对生产率增长的贡献均为负。要素重置与结构变迁作为经济增长的重要源泉在这一时期的表现很不理想，不符合结构变迁效应的规律，不仅没有促进经济的增长，反而具有抑制作用。以上问题的存在，充分说明当前转变经济增长方式和经济结构战略性调整在促进中国经济长期可持续增长中的重要性与紧迫性。技术进步、要素重置与结构变迁作为促进经济增长的两大引擎，应该交互作用，在未来的经济增长中继续发挥积极的作用。

首先，鼓励科技进步与生产相结合来改进农、林、牧、渔业以及农、林、牧、渔服务业的生产方式，促进农、林、牧、渔业生产效率的提升。建筑业与工业部门内的采掘业、纺织业等一些传统行业要通过设备更新与技术改造来实现技术进步。大型制造企业要加大科研经费投入力度，建立研发中心，积极参与国家重点项目的招投标，为企业持续技术进步提供支撑。工业部门与生产性服务业部门要加强科技管理，鼓励技术扩散，形成科技与生产紧密结合的长效机制，提高技术研发与转化的市场效率，进一步挖掘技术效率提升的潜力。

其次，减少影响要素再配置的限制性因素，进一步释放要素重置促进经济增长的巨大潜能。积极推进户籍制度改革，打破劳动力流动的区域限制，鼓励农业过剩劳动力向建筑业，劳动密集型制造业，交通运输、仓储和邮政业及批发和零售业、住宿和餐饮业等劳动配置效率更高的行业有序转移。加大对农、林、牧、渔业的财政转移支付力度，引导社会资金投入，推动农、林、牧、渔业产业化发展。深化金融服务体系改革，使资金价格能合理地反映其稀缺程度，避免要素价格扭曲所造成的非效率配置。通过以下途径提高资本的配置效率：一是大力发展资本市场，扩大直接融资规模；二是逐步推进利率与汇率的市场化改革；三是建立多层次金融服务体系，为高新技术和新兴成长型中小企业提供融资渠道。

最后，宏观产业政策的重点要控制工业尤其是消费品工业的投资规模，打破行业垄断，放宽投资限制，引导社会资本更多地进入资本生产率更高的农业与服务业，尤其是生产性服务业。制造业，建筑业，房地产业，交通运输、仓储和邮政业以及金融业等生产性服务业作为拉动经济增长的主导产业，应该继续发挥其技术优势与规模优势，不断提高行业竞争能力，使其成为当前带动经济总体产业结构升级的主导力量。战略性新兴产业代表着未来科技进步的方向，其发展能够促进新兴技术的产业化。因此，政府应该加大对战略性新兴产业要素再配置的政策支持力度，培育中国未来参与国际竞争的新的主导优势产业，为经济持续增长提供不竭的动力。

第十一章　中国地区经济差距的演变及地区分解

第一节　关于中国地区经济差距的研究述评

改革开放以来，中国经济保持了 30 多年的强劲增长，与此同时，伴随着这种"增长奇迹"的地区差距问题也同样引人注目。以 1952 年为基期，2010 年人均 GDP 最低（16924 元）的贵州省，只相当于 2010 年人均 GDP 最高（98136 元）的上海市 1993 年的水平。尽管在经济发展过程中地区差距问题不可避免，但过大的地区差距是不可接受的，这不仅会影响到资源的有效配置和经济效率提升，而且也会对社会秩序产生负面影响，不利于社会福利水平的提高。

中国全面建成小康社会和现代化所追求的，不单单是整体的经济增长，而是在经济增长基础上实现经济社会的全面进步，让各地区居民相对均衡地分享增长的成果。正是基于上述考虑，近年来，中国政府在以科学发展观统领全局的思路下，将调控地区增长差距、协调地区经济发展摆在更加突出的地位。协调地区发展首先应廓清地区经济增长的基本轨迹，以及导致增长差距变化的实质性原因，唯有如此，才能有针对性地制定政策措施并取得理想效果（石磊和高帆，2006）。近年来，大量研究对中国地区经济差距问题给予了高度关注。其中，关于中国地区经济差距演变的研究，学者比较多地运用收敛（或趋同）概念进行分析，包括绝对收敛、条件收敛和俱乐部收敛三层含义，判断方法主要有 α 收敛、β 收敛、单位根检验和空间计量方法等；根据经验分析的数据形式又可以分为截面回归、面板数据回归和时间序列分析等。虽然普遍认为中国地区经济发展并不表现出绝对收敛，但对于是否存在条件收敛和俱乐部收敛，由于采用的数据和分析方法不同，学者们没有取得一致结论（沈坤荣和马俊，2002；王志刚，2004；张鸿武，2006）。但大部分研究认为，改革开放以来，中国地区经济差距经历了一个先缩小后扩大的"U"形演变轨迹（林毅夫等，1998；林毅夫和刘培林，2003）。

　　研究地区差距的文献比较多，且这些研究取得了很多有意义的结论。不过，对于经验方法而言，由于每种方法都有其优点和不足，改进其中的不足，或者用另外一种方法研究中国的地区差距是非常必要的（洪兴建，2010）。特别地，由于长期以来学术界普遍认为，基尼系数不满足子群可分解性，因此，在分解地区差距时，大部分文献利用泰尔指数进行分析，比如林毅夫等（1998）、范剑勇和朱国林（2002）。尽管泰尔指数地区分解方法能够将总体泰尔指数分解为地区内泰尔指数和地区间泰尔指数，且能测算出地区内经济差距和地区间经济差距对中国地区经济差距的贡献。然而，该种分解方法不能分别计算出各地区的泰尔指数，特别是无法测算出各地区经济差距对总体经济差距的贡献，这样就无法找出导致中国地区经济差距的重点地区。为了找出导致中国地区经济差距的重点地区，使本书的研究结论更具政策含义，本书将采取最近发展的基尼系数地区分解方法从更具政策含义的八大地区探索中国地区经济差距的地区来源。

　　针对已有文献无法找出导致中国地区经济差距重点地区的不足，本书对1978—2010年中国地区经济差距的演变轨迹及其地区来源进行了扩展研究。与类似研究相比，本书主要做了以下工作：一是对1978—2010年中国地区经济差距的演变轨迹进行了扩展研究。类似研究时间段多限定于1978—2004年，但是，中国自2000年实施"西部大开发"战略以来，2003年和2004年相继提出了"振兴东北老工业基地"战略和"中部崛起"战略，那么，这一系列地区经济发展战略对中国地区经济差距有何影响？本书将研究时间段扩展至2010年，试图探索这些地区经济发展战略对中国地区经济差距的影响。二是分别基于泰尔指数的四大地区分解法和基于基尼系数的八大地区分解法研究了中国地区经济差距的地区来源，较为精确地找出了导致中国地区经济差距重点地区，从而使地本书的政策含义更加明显。

第二节　中国地区经济差距演变分析

一　中国地区经济差距测算方法

本书利用 1952 年为基期的人均 GDP 考察地区经济差距，分别采用变异系数、基尼系数和泰尔指数测度中国 1978—2010 年地区经济差距的演变轨迹。具体测算方法如下：

（1）变异系数。变异系数的计算公式为：

$$CV = \sqrt{\sum_{i=1}^{N} (y_i - \overline{y})^2 / (N - 1)} / \overline{y},$$

其中，N 表示地区数，y_i 表示地区 i 的人均 GDP，$\overline{y}$ 表示全国人均 GDP。

（2）基尼系数。基尼系数的计算公式为（范剑勇和朱国林，2002）：

$$G = \frac{2}{N} \sum_{i=1}^{N} i x_i - \frac{N + 1}{N}$$

其中，$x_i = y_i / \sum_{i=1}^{N} y_i$，且 $x_1 < x_2 < \cdots < x_N$，x_i 表示地区 i 的人均 GDP 份额，且按照低到高的顺序排列。

（3）泰尔指数。泰尔指数的计算公式为（Terrasi，1999；王铮和葛昭攀，2002）：

$$TL = \sum_{i=1}^{N} y_i \log(y_i / x_i)$$

其中，TL 表示泰尔指数，y_i 和 x_i 分别表示地区 i 的 GDP 份额和人口数份额。

二　中国地区经济差距测算结果分析

表 11 - 1 报告了 1978—2010 年中国 31 个省份变异系数、基尼系数和泰尔指数三个指标的测算结果，图 11 - 1 给出了 1978—2010 年地区经济差距的演变轨迹。从表 11 - 1 和图 11 - 1 可见，变异系数、基尼系数和泰尔指数在变化趋势上具有极强的一致性，在增减上基本同步，表明三个指标在测算地区经济差距演变轨迹上是可以相互替代和相互印

证的。

从表 11 - 1 可知，中国地区经济差距的变异系数在 0.7 左右浮动，基尼系数在 0.3 左右浮动，泰尔指数在 0.1 左右浮动。从基尼系数来看，中国地区经济差距处于相对合理的范围之内，尚未越过 0.4 的警戒线。

表 11 - 1　中国地区经济差距变异系数、基尼系数和泰尔指数的变化

年份	变异系数	基尼系数	泰尔指数	年份	变异系数	基尼系数	泰尔指数
1978	0.9757	0.3467	0.1564	1995	0.6818	0.3125	0.1101
1979	0.9213	0.3321	0.1392	1996	0.6932	0.3173	0.1057
1980	0.9065	0.3330	0.1385	1997	0.7038	0.3168	0.1089
1981	0.8583	0.3172	0.1236	1998	0.7194	0.3207	0.1127
1982	0.8115	0.3047	0.1140	1999	0.7391	0.3262	0.1180
1983	0.7916	0.3268	0.1076	2000	0.7587	0.3349	0.1222
1984	0.7436	0.2974	0.1047	2001	0.7624	0.3365	0.1247
1985	0.7341	0.2962	0.1039	2002	0.7592	0.3364	0.1266
1986	0.7071	0.2925	0.1010	2003	0.7639	0.3394	0.1329
1987	0.6797	0.2901	0.0982	2004	0.7555	0.3360	0.1301
1988	0.6523	0.2850	0.0958	2005	0.6757	0.3172	0.1237
1989	0.6258	0.2765	0.0903	2006	0.6578	0.3126	0.1206
1990	0.6069	0.2675	0.0839	2007	0.6365	0.3050	0.1148
1991	0.6384	0.2806	0.0923	2008	0.5957	0.2918	0.1044
1992	0.6533	0.2915	0.1007	2009	0.5883	0.2895	0.1031
1993	0.6749	0.3066	0.1121	2010	0.5179	0.2626	0.0832
1994	0.6743	0.3106	0.1129				

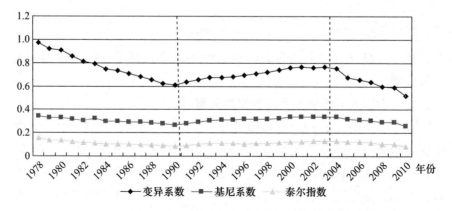

图 11 - 1　中国地区经济差距的演变轨迹

从图 11 - 1 可见，改革开放之后，中国地区经济差距的演变轨迹已由先减小后增加的"U"形（林毅夫和刘培林，2003）转化为先减小后增加，然后又减小的倒"N"形演变轨迹，1990 年和 2003 年是其两个重要拐点。1978—1990 年，中国地区经济差距有一个显著的收敛过程，变异系数、基尼系数和泰尔指数分别从 1978 年的 0.9757、0.3467 和 0.1564 下降至 1990 年的 0.6069、0.2675 和 0.0839。而 1990—2003 年，中国地区经济差距呈现出发散状态，但较为缓慢，这与林毅夫和刘培林（2003）、石磊和高帆（2006）的研究结论相同，变异系数、基尼系数和泰尔指数分别从 1990 年的 0.6069、0.2675 和 0.0839 上升至 2003 年的 0.7639、0.3394 和 0.1329。但 2003 年之后，中国地区经济差距又逐渐走向收敛，这与干春晖和郑若谷（2012）的研究结论相同，变异系数、基尼系数和泰尔指数分别从 2003 年的 0.7639、0.3394 和 0.1329 下降至 2010 年的 0.5179、0.2626 和 0.0832，这在某种程度上表明，近年来，一系列促进区域平衡发展的战略措施开始收到一定的效果，在一定程度上缩小了地区经济差距。

对于中国地区经济差距演变轨迹，学者主要从地区、产业和城乡三个维度进行了诠释，且对地区经济差距影响因素及来源进行了识别和计量检验，这些影响因素涉及发展战略与比较优势（蔡昉和王德文，2002；林毅夫和刘明兴，2003；林毅夫和刘培林，2003）、产业集聚（范剑勇和朱国林，2002；范剑勇，2004，2006）、二元经济结构转换（石磊和高帆，2006）、对外贸易（章奇，2001；李斌和陈开军，2007）、劳动力与资本流动（姚枝仲和周素芳，2003；范红忠和李国平，2003；李国平和范红忠，2003；王小鲁和樊纲，2004；许召元和李善同，2006；张文武和梁琦，2011）、产业分布（范剑勇和朱国林，2002；干春晖和郑若谷，2010；蔡翼飞和张车伟，2012）、知识因素（胡鞍钢和熊义志，2000）、全球化（万广华等，2005）、企业异质性（梁琦等，2012），等等。

第三节　中国地区经济差距的地区分解

对地区经济差距的地区分解研究，找出导致地区经济差距的重点地区，对之实施适当的地区发展策略，有助于减少中国地区经济发展的不平衡性，实现中国经济的协调发展。然而，研究地区经济差距常常会涉及地区划分问题。常见的区域划分有，沿海与内陆两大块，以及东部、中部和西部三个经济带，但这两种划分方法均较为粗略，会导致地区内部同质性较差。在关于中国地区差距的经验研究中一些学者开始尝试其他地区划分方法，比如，在东部、中部和西部三个地区基础上，范剑勇和朱国林（2002）将直辖市单独作为一组。许召元和李善同（2006）将东北单独列出。关于中国经济地区的划分问题目前仍存在不少争论，不同部门和学者给出的划分方案不尽相同，其中，国务院发展研究中心发展战略和区域经济研究部提出的八大经济地区划分具有一定的现实意义。划分经济地区应该达到两个目标：一是地区内部具有一定的相似性；二是地区之间应体现出差异性。地区数目过少往往达不到第一个目标，不便于分析地区差别和制定有针对性的地区政策；而地区数目过多则很难实现第二个目标，失去了经济地区划分的意义。在八大经济地区划分下，每个地区内自然条件和资源禀赋相似，社会结构相近，空间上又相互毗邻，能够较好地实现上述两个目标（洪兴建，2010）。为探索中国地区经济差距的地区来源，综合研究方法的可用性和政策研究的可行性，本书分别基于泰尔指数的四大地区[①]和基于基尼系数的八大地区[②]分析中国地区经济差距的地区来源。

一 基于泰尔指数的中国四大地区分解

（一）泰尔指数的地区分解方法

泰尔指数的地区分解公式为（Terrasi，1999；王铮和葛昭攀，2002）：

$$TL = \sum_{i=1}^{N} y_i \log(y_i/x_i) = TL_{br} + TL_{wr} \tag{11.1}$$

---

① 四大地区分别为东部地区（北京、天津、河北、上海、江苏、浙江、福建、山东、广东、海南）、中部地区（山西、安徽、江西、河南、湖北、湖南）、西部地区（贵州、云南、陕西、甘肃、青海、宁夏、新疆、广西、四川、重庆、内蒙古、西藏）和东北地区（辽宁、吉林、黑龙江）。

② 八大地区分别为东北地区（辽宁、吉林、黑龙江）、北部沿海地区（北京、天津、河北、山东）、东部沿海地区（上海、江苏、浙江）、南部沿海地区（广东、福建、海南）、黄河中游地区（内蒙古、陕西、山西、河南）、长江中游地区（湖北、湖南、江西、安徽）、西南地区（重庆、四川、贵州、云南、广西）和西北地区（甘肃、宁夏、青海、新疆、西藏）。

$$TL_{br} = \sum_{r=1}^{4} Y_r \log(Y_r/X_r) \tag{11.2}$$

$$TL_{wr} = \sum_{r=1}^{4} Y_r \left\{ \sum_{i=1}^{N} (y_i/Y_r) \log[(y_i/Y_r)/(x_i/X_r)] \right\} \tag{11.3}$$

其中，TL 表示总的泰尔指数，TL_{br} 表示地区之间的泰尔指数，TL_{wr} 表示地区内部的泰尔指数，y_i 和 x_i 分别表示地区 i 的 GDP 份额和人口数份额，Y_r 和 X_r 分别表示地区 r 的 GDP 份额和人口数份额，测算结果如表 11－2 所示。

表 11－2　　　　中国地区经济差距泰尔指数的四大地区分解

年份	泰尔指数	地区间泰尔指数	地区内泰尔指数	地区间贡献（%）	地区内贡献（%）
1978	0.1564	0.0449	0.1115	28.71	71.29
1979	0.1392	0.0399	0.0993	28.66	71.34
1980	0.1385	0.0439	0.0946	31.70	68.30
1981	0.1236	0.0419	0.0817	33.90	66.10
1982	0.1140	0.0413	0.0727	36.23	63.77
1983	0.1076	0.0410	0.0666	38.10	61.90
1984	0.1047	0.0434	0.0613	41.45	58.55
1985	0.1039	0.0440	0.0599	42.35	57.65
1986	0.1010	0.0452	0.0558	44.75	55.25
1987	0.0982	0.0498	0.0484	50.71	49.29
1988	0.0958	0.0528	0.0430	55.11	44.89
1989	0.0903	0.0516	0.0387	57.14	42.86
1990	0.0839	0.0458	0.0381	54.59	45.41
1991	0.0923	0.0528	0.0395	57.20	42.80
1992	0.1007	0.0608	0.0399	60.38	39.62
1993	0.1121	0.0705	0.0416	62.89	37.11
1994	0.1129	0.0748	0.0381	66.25	33.75
1995	0.1101	0.0744	0.0357	67.57	32.43
1996	0.1057	0.0718	0.0339	67.93	32.07
1997	0.1089	0.0729	0.0360	66.94	33.06
1998	0.1127	0.0752	0.0375	66.73	33.27
1999	0.1180	0.0794	0.0386	67.29	32.71

年份	泰尔指数	地区间泰尔指数	地区内泰尔指数	地区间贡献（%）	地区内贡献（%）
2000	0.1222	0.0827	0.0395	67.68	32.32
2001	0.1247	0.0850	0.0397	68.16	31.84
2002	0.1266	0.0874	0.0392	69.04	30.96
2003	0.1329	0.0933	0.0396	70.20	29.80
2004	0.1301	0.0920	0.0381	70.71	29.29
2005	0.1237	0.0857	0.0380	69.28	30.72
2006	0.1206	0.0840	0.0366	69.65	30.35
2007	0.1148	0.0787	0.0361	68.55	31.45
2008	0.1044	0.0704	0.0340	67.43	32.57
2009	0.1031	0.0655	0.0376	63.53	36.47
2010	0.0832	0.0518	0.0314	62.26	37.74

（二）结果分析

根据式（11.2）和式（11.3）将总体泰尔指数分解为地区间泰尔指数和地区内泰尔指数两大部分发现，改革开放以来，地区间泰尔指数大体上呈现先升后降的倒"U"形的趋势，拐点出现在 2003 年，地区间泰尔指数从 1978 年的 0.0449 上升至 2003 年的 0.0933，后下降至 2010 年的 0.0518；然而，考察期内地区内泰尔指数则呈现较为明显的下降趋势，可以分为两个阶段：一个是从 1978 年的 0.1115 至 1990 年的 0.0381 的快速下降阶段，另一个是从 1991 年的 0.0395 至 2010 年的 0.0314 的缓慢下降阶段。

进一步分析发现，改革开放以来，尽管地区间经济差距对中国地区经济差距的贡献呈现先升后降的倒"U"形趋势，但仍是中国地区经济差距的主要来源；地区内经济差距对中国地区经济差距的贡献呈现先降后升的"U"形趋势，已成为中国地区经济差距的主要构成部分，拐点均出现在 2004 年，两曲线交汇点大约出现在 1987 年（见图 11-2）。地区间经济差距对中国地区经济差距的贡献从 1978 年的 28.71% 上升至 2004 年的 70.71%，后下降至 2010 年的 62.62%；地区内经济差距对中国地区经济差距的贡献从 1978 年的 71.29% 下降至 2004 年的 29.29%，后上升至 2010 年的 37.74%。这再次说明，近年来，中国实

施的"振兴东北老工业基地"和"中部崛起"等一系列促进和地区平
衡发展的战略措施开始收到一定的效果。当前，在进一步巩固地区发展
战略的同时，应当加大措施促进地区内经济的和谐发展，防止地区内经
济差距的进一步扩大。

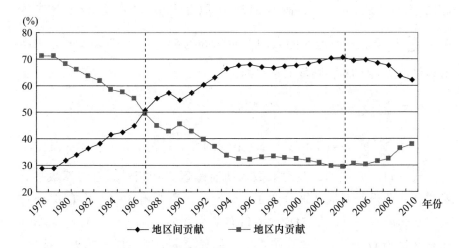

图 11 - 2　中国地区经济差距的地区贡献分解

需要说明的是，尽管基于泰尔指数的四大地区分解方法，能够将总
体泰尔指数分解为地区内泰尔指数和地区间泰尔指数，且能测算出地区
内经济差距和地区间经济差距对中国地区经济差距的贡献。然而，该种
分解方法不能分别计算出东部、中部、西部和东北四大地区的经济差
距，特别是无法测算出四大地区经济差距对总体经济差距的贡献，这样
就无法找出导致中国地区经济差距的重点地区。为了找出导致中国地区
经济差距的重点地区，使本书的研究结论更具政策含义，下面我们将采
取最近发展的基尼系数地区分解方法，从更具政策含义的八大地区探索
中国地区经济差距的地区来源。

二　基于基尼系数的中国八大地区分解

（一）基尼系数的地区分解方法①

设 m 个地区的人均 GDP 向量为（x_1, x_2, …, x_m），对应的人口向

---

① 具体方法详见洪兴建《中国地区差距、极化与流动性》，《经济研究》2010 年第 12
期。

量为 $(n_1, n_2, \cdots, n_m)$，$N = \sum_{i=1}^{m} n_i$，根据 Runciman（1966）和 Yitzhaki（1979）给出的相对剥夺（Relative Deprivation）概念，定义 $\delta_{ij} = \max \{n_i n_j (x_j - x_i), 0\}$，表示第 i 个地区与第 j 个地区相比而言的相对剥夺。从而第 i 个地区跟所有地区相比的人均相对剥夺为 $\delta_i = \sum_{j=1}^{m} \delta_{ij}/N$，所有地区的人均相对剥夺为 $\bar{\delta} = \sum_{i=1}^{m} \delta_i/N$。令 u 表示所有地区的人均 GDP，则基尼系数为：

$$G = \sum_{i=1}^{m} \sum_{j=1}^{m} n_i n_j |x_i - x_j| / (2N^2 u)$$

$$= \sum_{i=1}^{m} \sum_{j=1}^{m} \max\{n_i n_j (x_j - x_i), 0\} / (N^2 u) = \bar{\delta}/u \tag{11.4}$$

式（11.4）表明，基尼系数为所有地区人均相对剥夺与算数平均数之比。假设所有地区被分成了 s 个地区，所有地区的人均 GDP 向量为 $(u_1, u_2, \cdots, u_s)$，对应的人口向量为 $(N_1, N_2, \cdots, N_s)$。将第 k 个地区记为 Ω_k（$k = 1, 2, \cdots, s$），如果第 i 个地区属于第 k 个地区，记为 $i \in \Omega_k$，于是：

$$\delta_i = \sum_{j=1}^{m} \delta_{ij}/N = \left(\sum_{j \in \Omega_k} \delta_{ij} + \sum_{j \notin \Omega_k} \delta_{ij} \right)/N \tag{11.5}$$

将式（11.5）代入式（11.4）推导计算可得：

$$G = \sum_{i=1}^{m} \delta_i/(Nu) = \sum_{k=1}^{s} \sum_{i \in \Omega_k} \delta_i/(Nu) = \sum_{k=1}^{s} \sum_{i \in \Omega_k} \left(\sum_{j \in \Omega_k} \delta_{ij} + \sum_{j \notin \Omega_k} \delta_{ij} \right)/(N^2 u) =$$

$$\sum_{k=1}^{s} \frac{N_k^2 u_k}{N^2 u} \cdot \frac{\sum_{i \in \Omega_k} \sum_{j \in \Omega_k} \delta_{ij}}{N_k^2 u_k} + \sum_{k=1}^{s} \frac{N_k(N - N_k) u_k}{N^2 u} \cdot \frac{\sum_{i \in \Omega_k} \sum_{j \notin \Omega_k} \delta_{ij}}{N_k(N - N_k) u_k} \tag{11.6}$$

可以看出，式（11.6）中的 $\dfrac{\sum_{i \in \Omega_k} \sum_{j \in \Omega_k} \delta_{ij}}{N_k^2 u_k}$ 恰为第 k 个地区的基尼系数 G_k。令 $G_{-k} = \dfrac{\sum_{i \in \Omega_k} \sum_{j \notin \Omega_k} \delta_{ij}}{N_k(N - N_k) u_k}$，其结构与 G_k 一致，只不过 G_{-k} 表示的是第 k 个地区相对于所有其他地区的人均相对剥夺的相对数，而 G_k 说明的是第 k 个地区内的人均相对剥夺的相对数。令 $v_k = N_k/N, \lambda_k = u_k/u$，分别表示第 k 个地区的人口份额和相对发展水平，则式（11.6）可以转化为：

$$G = \sum_{k=1}^{s} v_k^2 \lambda_k G_k + \sum_{k=1}^{s} (v_k - v_k^2) \lambda_k G_{-k} \tag{11.7}$$

由于式（11.7）右边的第一项为所有地区内相对剥夺对基尼系数的贡献，第二项为所有地区外相对剥夺对基尼系数的贡献，因此，$v_k^2 \lambda_k G_k / G$ 与 $(v_k - v_k^2) \lambda_k G_{-k} / G$ 分别表示第 k 个地区的地区内差距和地区外差距对总体差距的贡献率。

在基尼系数众多的子群分解公式中，一个常规方法由 Mookherjee 和 Shorrocks（1982）给出，即：

$$G = \sum_{k=1}^{s} v_k^2 \lambda_k G_k + \sum_{k=1}^{s} v_k v_l |\lambda_k - \lambda_l| / 2 + R \tag{11.8}$$

式（11.8）中第一项和第二项分别表示群内差距和群间差距，第三项是剩余项。式（11.7）与式（11.8）本质上并不矛盾，但是，作用不一样，式（11.8）能够反映子群交错程度对基尼系数的影响，而式（11.7）可以明确说明子群之间差距具体是由哪些子群的群外相对剥夺造成的。

（二）结果分析

洪兴建（2010）采用上述基尼系数的地区分解方法对 1978—2008 年 31 个省份和八大地区人均 GDP 的差距问题进行研究，本书采用此研究方法将研究时间段扩展到 1978—2010 年，重点探讨了中国地区经济差距的地区来源问题。按照式（11.8）的分解方法，本书计算了中国地区经济差距基尼系数的八大地区分解，结果如表 11-3 所示。

表 11-3　　　中国地区经济差距基尼系数的八大地区分解

年份	东北地区	北部沿海地区	东部沿海地区	南部沿海地区	黄河中游地区	长江中游地区	西南地区	西北地区	地区间	交错项	贡献率（%）		
											地区间	地区内	交错项
1978	0.109	0.225	0.351	0.064	0.099	0.063	0.066	0.043	0.189	0.032	78.4	8.2	13.4
1979	0.103	0.222	0.306	0.068	0.103	0.085	0.062	0.023	0.182	0.030	78.6	8.3	13.1
1980	0.108	0.214	0.297	0.071	0.063	0.079	0.067	0.036	0.185	0.029	79.8	7.8	12.4
1981	0.093	0.201	0.277	0.065	0.071	0.062	0.053	0.065	0.179	0.025	81.2	7.5	11.4
1982	0.094	0.195	0.256	0.071	0.094	0.062	0.049	0.065	0.175	0.026	80.4	7.4	12.1
1983	0.086	0.199	0.245	0.072	0.070	0.052	0.060	0.060	0.174	0.024	81.5	7.3	11.2

续表

年份	东北地区	北部沿海地区	东部沿海地区	南部沿海地区	黄河中游地区	长江中游地区	西南地区	西北地区	地区间	交错项	贡献率（%）		
											地区间	地区内	交错项
1984	0.093	0.203	0.217	0.076	0.092	0.060	0.058	0.067	0.176	0.026	80.9	7.2	11.8
1985	0.102	0.201	0.197	0.076	0.079	0.058	0.060	0.080	0.181	0.024	82.4	6.9	10.7
1986	0.107	0.200	0.181	0.085	0.076	0.059	0.053	0.077	0.185	0.023	83.0	6.6	10.4
1987	0.096	0.191	0.158	0.091	0.062	0.062	0.047	0.080	0.190	0.022	84.0	6.1	9.9
1988	0.094	0.172	0.144	0.091	0.070	0.057	0.039	0.099	0.193	0.021	85.0	5.6	9.4
1989	0.103	0.159	0.139	0.092	0.069	0.061	0.038	0.098	0.187	0.022	84.3	5.6	10.1
1990	0.096	0.168	0.144	0.088	0.073	0.061	0.061	0.122	0.174	0.025	82.1	6.3	11.6
1991	0.099	0.162	0.159	0.092	0.072	0.076	0.062	0.142	0.183	0.027	81.8	6.2	11.9
1992	0.106	0.163	0.143	0.088	0.061	0.073	0.059	0.147	0.199	0.023	84.4	5.7	9.9
1993	0.124	0.151	0.137	0.082	0.049	0.070	0.063	0.164	0.217	0.021	86.5	5.1	8.4
1994	0.101	0.154	0.134	0.062	0.038	0.065	0.066	0.185	0.222	0.018	87.9	4.9	7.2
1995	0.091	0.144	0.135	0.068	0.036	0.064	0.076	0.186	0.222	0.017	88.3	4.9	6.8
1996	0.080	0.138	0.139	0.061	0.036	0.073	0.072	0.151	0.218	0.015	89.0	5.0	6.0
1997	0.088	0.135	0.146	0.056	0.037	0.077	0.077	0.159	0.221	0.015	89.0	5.0	6.0
1998	0.092	0.139	0.150	0.051	0.039	0.080	0.082	0.146	0.224	0.015	89.0	5.1	5.9
1999	0.098	0.140	0.154	0.044	0.039	0.077	0.080	0.138	0.230	0.014	89.6	4.9	5.4
2000	0.097	0.137	0.157	0.052	0.041	0.084	0.084	0.154	0.235	0.015	89.5	5.0	5.6
2001	0.091	0.180	0.167	0.088	0.041	0.048	0.080	0.141	0.247	0.019	88.3	5.0	6.8
2002	0.089	0.190	0.166	0.091	0.046	0.045	0.084	0.136	0.252	0.018	88.5	5.0	6.5
2003	0.082	0.192	0.167	0.100	0.063	0.046	0.086	0.140	0.261	0.017	89.2	5.1	5.7
2004	0.069	0.188	0.166	0.105	0.066	0.042	0.085	0.132	0.260	0.016	89.5	5.1	5.4
2005	0.081	0.180	0.117	0.077	0.073	0.056	0.097	0.131	0.242	0.016	89.1	5.2	5.8
2006	0.076	0.180	0.107	0.079	0.073	0.060	0.097	0.126	0.241	0.015	89.2	5.1	5.7
2007	0.079	0.175	0.103	0.073	0.076	0.065	0.099	0.116	0.235	0.015	89.1	5.2	5.6
2008	0.087	0.167	0.091	0.068	0.079	0.071	0.101	0.117	0.224	0.016	88.5	5.3	6.1
2009	0.089	0.165	0.090	0.067	0.080	0.072	0.102	0.116	0.223	0.015	88.1	5.4	6.0
2010	0.092	0.162	0.089	0.065	0.082	0.074	0.103	0.114	0.221	0.014	87.8	5.6	5.9

从八大地区基尼系数的演变轨迹来看，1978—2010 年各地区基尼系数的演变轨迹不尽相同。其中，东北地区和长江中游地区的基尼系数呈现"W"形，北部沿海地区呈现倒"N"形，南部沿海地区呈现"M"形，黄河中游地区呈现"U"形，西南地区呈现"V"形，而西北地区呈现倒"V"形，在八大地区中仅东部沿海地区呈现明显下降趋势，基尼系数从 1978 年的 0.351 下降至 2010 年的 0.089。从八大地区基尼系数的演变轨迹我们可知，近年来，北部沿海地区、东部沿海地区、南部沿海地区和西北地区的基尼系数呈现明显的收敛趋势，而东北地区、黄河中游地区、长江中游地区和西南地区的基尼系数呈现明显的发散趋势。可见，当前应当特别重视东北地区、黄河中游地区、长江中游地区和西南地区的发展，防止中国地区经济差距的进一步扩大。

其次，地区间基尼系数的演变轨迹呈现倒"U"形趋势，拐点出现在 2003 年，基尼系数从 1978 年的 0.189 上升至 2003 年的 0.261，后下降至 2010 年的 0.221，表明近年来地区间差距对中国地区经济差距的贡献在下降。八大地区分解的剩余项（交错项）的演变轨迹呈现明显下降趋势，基尼系数从 1978 年的 0.032 下降至 2010 年的 0.014，说明八大地区之间的分层现象加剧，从一个方面反映出中国八大地区存在极化增强的可能性（洪兴建，2010）。

从中国地区经济差距的基尼系数地区分解可见，地区间经济差距是中国地区经济差距的主要构成，这与基于泰尔指数的四大地区分解研究结果一致。1978—2010 年地区间经济差距对中国地区经济差距的贡献率为 78.4%—89.6%，平均贡献率为 85.6%，而地区内经济差距对中国地区经济差距的贡献较小，1978—2010 年贡献率为 4.9%—8.3%，平均贡献率为 5.9%。从动态演变趋势来看，地区间经济差距对地区经济差距的贡献呈现倒"U"形，拐点出现在 2004 年，贡献率从 1978 年的 78.4% 上升至 2004 年的 89.5%，后下降至 2010 年的 87.8%；而地区内经济差距对地区经济差距的贡献呈现"U"形，拐点出现在 1999 年，贡献率从 1978 年的 8.2% 下降至 2004 年的 5.1%，后上升至 2010 年的 5.6%。

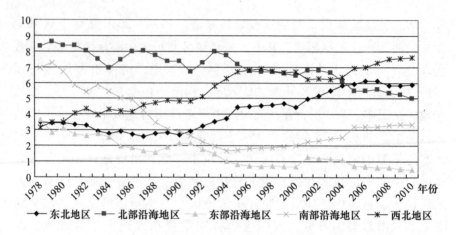

图 11 – 3　对中国地区经济差距贡献率较小的五大地区的演变轨迹

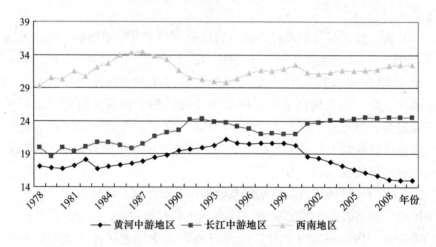

图 11 – 4　对中国地区经济差距贡献率最大的三大地区的演变轨迹

　　综上可见，在中国地区经济差距的地区间来源、地区间经济差距贡献的倒"U"形演变轨迹以及地区内经济差距贡献的"U"形演变轨迹方面，泰尔指数和基尼系数两种测算方法的研究结果是一致的。尽管以上分析表明中国地区经济差距主要来源于地区之间的经济差距，然而，我们并不知道哪些地区需要重点关注。根据式（11.7）本书计算了1978—2010 年八大地区的群外差距对总差距的贡献率（见表 11 – 4），从而有助于我们找出当前需要重点关注的地区，使得本书的研究具有更强的政策含义。

表 11 - 4 八大地区的群外差距对总差距的贡献率 单位:%

年份	东北地区	北部沿海地区	东部沿海地区	南部沿海地区	黄河中游地区	长江中游地区	西南地区	西北地区
1978	3.47	8.31	3.65	6.95	17.09	19.95	29.20	3.18
1979	3.46	8.63	2.83	7.25	16.83	18.63	30.56	3.51
1980	3.43	8.38	3.11	6.68	16.77	20.00	30.32	3.49
1981	3.37	8.37	2.75	5.84	17.19	19.42	31.53	4.07
1982	3.28	8.04	2.62	5.39	18.10	20.05	30.71	4.35
1983	2.92	7.51	2.78	5.90	16.71	20.80	32.14	3.98
1984	2.78	6.96	2.53	5.46	17.15	20.82	32.72	4.33
1985	2.94	7.47	1.95	5.02	17.28	20.27	33.90	4.23
1986	2.73	8.01	1.86	4.92	17.54	19.83	34.30	4.17
1987	2.60	8.05	1.66	4.27	17.86	20.54	34.41	4.57
1988	2.78	7.76	1.58	3.51	18.46	21.66	33.87	4.76
1989	2.82	7.37	1.93	3.05	18.82	22.28	33.21	4.89
1990	2.70	7.38	2.17	2.92	19.51	22.55	31.64	4.85
1991	2.93	6.69	2.14	2.63	19.79	24.22	30.52	4.84
1992	3.26	7.25	1.79	2.26	19.94	24.36	30.32	5.14
1993	3.56	8.01	1.50	1.95	20.30	23.89	29.89	5.78
1994	3.71	7.74	1.02	1.67	21.18	23.71	29.84	6.28
1995	4.44	7.20	0.82	1.70	20.61	23.22	30.40	6.71
1996	4.49	6.74	0.70	1.81	20.53	22.79	31.19	6.79
1997	4.53	6.68	0.69	1.86	20.66	22.07	31.64	6.89
1998	4.61	6.69	0.70	1.87	20.63	22.14	31.58	6.73
1999	4.69	6.58	0.66	1.96	20.63	22.07	31.84	6.63
2000	4.44	6.47	0.66	2.00	20.31	21.99	32.48	6.69
2001	4.96	6.78	1.27	2.24	18.61	23.67	31.26	6.23
2002	5.17	6.78	1.21	2.30	18.34	23.78	31.10	6.29
2003	5.49	6.63	1.13	2.42	17.84	24.06	31.33	6.24
2004	5.86	6.14	1.08	2.55	17.18	24.04	31.68	6.37
2005	5.94	5.52	0.71	3.21	16.65	24.35	31.51	6.96
2006	6.12	5.49	0.67	3.22	16.17	24.52	31.67	7.00
2007	6.14	5.62	0.64	3.19	15.76	24.46	31.72	7.25
2008	5.83	5.37	0.62	3.31	15.15	24.53	32.38	7.50
2009	5.85	5.28	0.55	3.34	15.05	24.57	32.41	7.55
2010	5.87	5.03	0.49	3.36	14.98	24.59	32.45	7.63
平均	4.16	7.00	1.53	3.52	18.17	22.42	31.69	5.63

首先，八大地区中西南地区对改革开放以来中国地区经济差距的贡献最大，平均贡献率为31.69%；其次为长江中游地区，平均贡献率为22.42%；最后为黄河中游地区，平均贡献率为18.17%。西南地区、长江中游地区和黄河中游地区三大地区对中国地区经济差距的平均累计贡献达到了72.28%，可见，这三大地区是当前中国实现地区经济平衡发展和整体经济协调发展应当重点关注的区域。余下的五大地区对中国地区经济差距的平均累计贡献仅为27.72%，其中东部沿海地区的贡献率最低，平均贡献率为1.53%。

其次，从八大地区对地区经济差距贡献率的动态演变趋势来看，东北地区、西北地区和长江中游地区的贡献呈现明显的上升趋势（见图11-3和图11-4），贡献率分别从1978年的3.47%、3.18%和19.95%上升至2010年的5.87%、7.63%和24.59%。这意味着，虽然东北地区和西北地区对中国地区经济差距的贡献不高，平均贡献率分别为4.16%和5.63%，但是，这两大地区对地区经济差距贡献的上升态势非常强劲，需要对东北地区和西北地区的经济发展保持警惕。东部沿海地区和北部沿海地区的贡献率呈现明显下降趋势，贡献率分别从1978年的3.65%和8.31%下降至2010年的0.49%和5.03%，反映出这两大地区是中国经济发展较快和最好的两个地区，尤其是东部沿海地区。南部沿海地区呈现"U"形趋势，拐点出现在1994年，贡献率从1978年的6.95%下降至1994年的1.67%，后上升至2010年的3.36%，可见，南部沿海地区虽然处于沿海地区，发展速度较快，但是，近年来地区经济差距却呈现发散趋势，应当对此地区经济发展加以警惕。西南地区呈现"N"形趋势，1987年和1994年是其两个拐点，贡献率先从1978年的29.20%上升至1987年的34.41%，后下降至1994年的29.84%，在此之后上升至2010年的32.45%（见图11-4），可见，西南地区不仅对中国地区经济差距的贡献最大，且近年来贡献率有上升趋势，可见，人口接近全国20%的西南地区在地区经济差距中发挥着举足轻重的作用，加快西南地区发展成为缩小中国地区经济差距的关键。黄河中游地区呈现倒"U"形趋势，1994年是拐点，贡献率从1978年的17.09%上升至1994年的21.18%，后下降至2010年的14.98%，可见，黄河中游地区尽管是对中国地区经济差距贡献率最高的三大地区之一，但是，近年来，其贡献率出现下降趋势，因此，在当前应当重点关注的三大地区中，西南地区和长江中游两大地区，是中国实现地区经济平衡发展和整体经济协调发展亟待关注的重中之重。

本章小结

对地区经济差距的地区分解研究，找出导致地区经济差距的重点地区，对之实施适当的地区发展策略，有助于减少中国地区经济发展的不平衡性，实现中国经济的协调发展。本书首先基于变异系数、基尼系数和泰尔指数分析了1978—2010年中国地区经济差距的演变轨迹，接下来基于泰尔指数的四大地区分解法和基于基尼系数的八大地区分解法进一步研究了中国地区经济差距的区域来源。本书发现：改革开放以来，中国地区经济差距的演变轨迹已由"U"形转化为倒"N"形，1990年和2003年是两个拐点，一定程度上表明近年来一系列促进地区平衡发展的战略措施开始收到一定的效果；尽管地区间经济差距对中国地区经济差距的贡献呈现先升后降的倒"U"形趋势，但仍是中国地区经济差距的主要来源；地区内经济差距对中国地区经济差距的贡献呈现先降后升的"U"形趋势，已成为中国地区经济差距的主要构成部分，表明当前在进一步巩固地区发展战略的同时，应加大措施促进地区内经济的和谐发展，防止地区内经济差距的进一步扩大；进一步基于基尼系数的地区分解法发现，西南地区、长江中游地区和黄河中游地区是当前中国实现地区经济平衡发展和整体经济协调发展应当重点关注的区域，其中西南地区和长江中游地区两大地区是亟待关注的重中之重，且加快西南地区的发展是缩小中国地区经济差距的关键。

本书的政策含义明显：尽管近年来一系列促进地区平衡发展的战略措施开始收到一定的效果，但当前在进一步巩固地区发展战略的同时，应加大措施促进地区内经济的和谐发展，防止地区内经济差距的进一步扩大。在具体的地区发展方面，尤其要加快西南地区的发展，其次为长江中游地区和黄河中游地区的发展，没有这三个地区的快速发展，地区差距很难有大的改观。此外，本书的研究还表明，要继续推进西北地区和东北地区的发展，且要重视南部沿海地区的发展。

第十二章 中国地区经济差距的来源分解

第一节 关于中国地区经济差距及其
来源分解的文献述评

本书在运用基于方向性距离函数的 ML 生产率指数对资源环境约束下中国 TFP 进行再估算的基础上，对 1978—2010 年中国地区经济差距的演变轨迹，以及地区经济差距来源进行了扩展研究。

梳理现有文献发现，关于中国地区经济差距的研究主要围绕以下两个问题展开：一是中国地区经济差距的演变轨迹与收敛；二是中国地区经济差距的影响因素及来源。关于第一个问题，大部分研究认为，改革开放以来，中国地区经济差距经历了一个先缩小后扩大的"U"形过程。关于第二个问题的文献更为丰富，这些文献主要从地区、产业和城乡三个维度展开，对中国地区经济差距影响因素及来源进行了识别和计量检验，这些影响因素涉及发展战略与比较优势、产业集聚、二元经济结构转换、对外贸易、劳动力与资本流动、产业分布、知识因素、全球化、企业异质性等。这些研究角度各异、分析详尽，为考察地区经济差距提供了许多研究思路。

从新古典增长理论来看，地区差距产生的原因可以分为两大部分：一是要素投入；二是 TFP。那么，究竟哪部分是导致中国地区经济差距的主要原因呢？很多文献对此展开了讨论，但是，目前学术界仍然争议颇多。第一类是以彭国华和李静为代表的文献，认为 TFP 是导致中国地区经济差距的主要原因。彭国华（2005）在采用索洛余值法测算 1982—2002 年 TFP 基础上，发现 TFP 解释了中国省份收入差距的主要部分；李静等（2006）基于 1952—2002 年中国 28 个省份数据，也发现 TFP 是解释中国地区差距最主要根源；彭国华（2008）基于 1978—2004 年面板数据发现，1978 年以来，TFP 对中国地区经济差距起着决定性作用，认为资本产出弹性的大小完全不影响计算结论。此外，最近几个文献也支持了他们的结论。吴建新（2009）基于 DEA 方法将中国 1982—2005 年地区劳均产出增长分解为效率、技术、物质资本和人力资本积累的贡献四个部分，发现效率虽然对经济增长的平均贡献较小，但却是地区经济增长率差异的主要来源；石风光和李宗植（2009）在采用索洛余值法测算 TFP 基础上，运用协整技术和建立误差修正模型分析了 1985—2007 年中国 28 个省份要素投入、TFP 与地区经济差距的关系，发现要素投入和 TFP 对地区经济差距均有重要影响，但 TFP 是导致地区经济差距更为主要的原因；郭玉清和姜磊（2010）基于 DEA 方法将中国 1990—2007 年各地区劳均产出增长率分解为效率改进和资本深化的贡献，发现中国地区经济差距持续扩散的源泉在于效率改进。第二类是以傅晓霞和吴利学为代表的文献，认为虽然 TFP 对地区经济差距日益重要，但是，要素投入仍是导致中国地区经济差距的主要原因。傅晓霞和吴利学（2006）采用随机前沿模型将 1978—2004 年中国各地区劳均产出差距分解为劳均资本差异、经济规模差异和 TFP 差异三个部分，发现尽管要素投入仍然是中国经济增长的主要源泉，但 TFP 是造成地区差异的重要原因，在地区劳均产出差异中的贡献份额不断提高，将成为今后中国地区增长差异的主要决定力量；傅晓霞和吴利学（2006）认为，"TFP 是导致中国地区经济差异的主要原因"的结论与人们的直观感受和大量增长核算的结果不一致，认为彭国华（2005）和李静等（2006）采用的增长核算方法和资本产出弹性都不符合中国经济现实，核算方法问题和资本弹性设定偏差共同导致了他们对 TFP 在地区差异中贡献的高估。傅晓霞和吴利学（2006b）基于 1978—2004 年省级数据发现，经济差异主要源于要素积累而并非 TFP，前者的贡献份额大约是后者的 3 倍，但也发现，1990 年以后要素投入对地区差距的贡献正在快速下降，TFP 的作用持续提高，将成为今后地区差距的关键性决定因素。此外，万广华等（2005）也发现，资本是导致地区间收入差距的最为主要且日益重要的因素；李国璋等（2010）采用索洛余值法测算了 1978—2007 年 TFP，同时对劳均产出差异进行了方差分解，发现要素投入差异是中国地区差距的主要决定因素，但是，其贡献程度自 20

世纪 90 年代以来逐渐下降，而 TFP 作用则不断提高。我们认为，关于中国地区经济差距主要源于要素投入还是 TFP 争论的关键在于研究方法，特别是 TFP 估算方法的差异。

　　TFP 是宏观经济学的重要概念，是分析经济增长源泉的重要工具，尤其是政府制定长期可持续增长政策的重要依据（郭庆旺和贾俊雪，2005）。虽然 TFP 理论存在一定的局限性，一些学者对此也有过评论（郑玉歆，1999；林毅夫和任若恩，2007；郑玉歆，2007），但如果能恰当地运用和解释，增长核算是一种很有价值的工具（Bosworth and Collins，2003）。地区经济差距分解的主要目的是通过增长核算确定各种因素在地区经济差距中的贡献份额，其关键是测算 TFP。一般来说，可以将 TFP 测算方法分为两大类。第一类是参数方法，比如索洛余值法（SRA）和随机前沿分析方法（SFA），上述研究大多采用的是 SRA，仅傅晓霞和吴利学（2006a）采用了 SFA，但采用参数方法测算 TFP 时均需对生产函数的具体形式进行事先设定，且 SFA 还要假设误差的分布函数，因此，采用参数方法测算 TFP 的结果可能会受生产函数形式误设影响而产生偏误。第二类是以 DEA 为代表的非参数方法，DEA 方法在测算 TFP 时规避了对生产函数的误设问题，还可以将 TFP 进一步分解为技术效率和技术进步，使政策含义更为明显，上述研究仅吴建新（2009）、郭玉清和姜磊（2010）采用了 DEA 方法进行了 TFP 测度及分解。

　　但是，以上文献在对 TFP 进行测算时无一例外地忽略了中国经济发展过程中的资源环境约束问题。中国已成为世界第一能源消费大国，且能源消耗强度偏高。根据《中国环境经济核算研究报告（2008）》数据，中国 2008 年的生态环境退化成本达到 12745.7 亿元，占当年 GDP 的 3.9%；环境治理成本达到 5043.1 亿元，占当年 GDP 的 1.54%。尽管中国"十一五"期间污染减排取得了进展，但经济发展造成的环境污染代价持续增长，环境污染治理和生态破坏压力日益增大。随着科学发展观与构建和谐社会理念的提出以及中国经济和科技实力的明显增强，节约能源与环境保护已经成为转变经济发展方式和促进国民经济又好又快发展不可或缺的组成部分。可见，在测算中国 TFP 时，需要正确考虑经济发展过程中的资源环境约束。随着中国经济增长中环境污染问题的出现并日益严重，一些研究也开始尝试性地将资源环境因素内生到 TFP 测算框架（王兵等，2010），但遗憾的是，这些研究仅对 TFP 及其分解、影响因素以及收敛性等进行了分析，并没有在此基础上对中国地区经济差距的来源展开深入研究。

与类似研究相比，本书主要做了以下工作：一是对 1978—2010 年中国地区经济差距的演变轨迹进行了扩展研究。将研究时间段扩展至 2010 年，试图探索这些区域经济发展战略对中国地区经济差距的影响。二是采用基于方向性距离函数的 ML 生产率指数对资源环境约束下中国 TFP 进行了重新估算，通过增长核算确定各因素在地区经济差距中的贡献份额的关键在于测算 TFP。三是将 GTFP 分解为技术效率和技术进步，考察要素投入、技术效率和技术进步对地区经济差距的贡献，使得本书的政策含义更加明显。

第二节　考虑非期望产出的中国 全要素生产率再估算

一　中国全要素生产率估算方法

（一）考虑非期望产出的生产可能集

为简便起见，此处考虑存在一种非期望产出与一种期望产出时的情形。如图 8 - 2 所示，x 轴表示非期望产出，y 轴表示期望产出。假设有 C、D、E 三个生产单位，对于第 i 个生产单位，x^i、y^i 和 b^i 分别表示投入要素、期望产出和非期望产出，则第 i 个生产单位的生产技术可以表示为生产可能集：$P = \{(x^i, y^i, -b^i): x^i 能够生产(y^i, b^i)\}$。其中，E 的期望产出最大，过 E 点的、与 x 轴平行的直线与 y 轴相交于点 B。

假设企业在生产时不考虑非期望产出，即非期望产出是"强处置"或者"可自由处置"的，那么，非期望产出对企业产出并不形成约束，企业可以生产无限量的非期望产出，此时最有效的生产单位即是 E，生产可能性前沿即是几个生产单位中的最大产出 y^E，生产可能性集即为 $\{0, y^E\}$，在图中表示为第一象限中 BF 与 x 轴之间的部分。

假设考虑非期望产出不能随意处置，即非期望产出是"弱处置"或"非自由处置"的。与 E 相比，C 与 D 的期望产出较低，但其非期望产出也更低，这是因为，C 与 D 需要投入一部分资源处置非期望产出，从而导致其期望产出的降低，因此，综合考虑期望产出与非期望产出时，C 与

D 的生产效率未必低于 E。根据生产可能性集的单调性、凸性以及期望产出与非期望产出的"零联合"处置等假设，此时的生产可能性集为包络线 OCDEF 与 x 轴之间的部分，而包络线 OCDEF 即为生产可能性前沿面。

（二）环境技术

经济活动特别是工业经济活动往往会带来诸如废水、废气、固体废弃物等非期望产出的产生，而环境技术反映了这样一种同时包括期望产出和非期望产出的特殊投入产出技术结构。它可以表示为以下产出集合的形式（Fare et al., 2007）：

$$P(x) = \{(y, b): x \text{ 能生产出}(y, b)\}, \quad x \in R_+^N \tag{12.1}$$

式（12.1）中，$P(x)$ 为投入 $x \in R_+^N$ 所能生产的期望产出 $y \in R_+^M$ 和非期望产出 $b \in R_+^I$ 的所有可能性集合。

（三）方向性距离函数

在生产可能性边界的基础上，我们就可以通过方向性距离函数（DDF）来计算出每个决策单元（DMU）离生产可能性边界的距离即相对效率。DDF 的具体形式为：

$$\vec{D}_0(x, y, b; g) = \sup\{\beta: (y, b) + \beta g \in p(x)\} \tag{12.2}$$

式（12.2）中，$g = (g_y, -g_b)$ 为产出扩张的方向向量。方向向量 g 的选取反映了人们对期望产出和非期望产出进行取舍的不同效用偏好，本书假定 $g = (y, -b)$，即期望产出和非期望产出在其原有存量基础上成比例增减。DDF 表示在既定投入向量 x 下沿着方向向量 g，产出向量 (y, b) 所能扩张的最大倍数 β。DDF 值越小，表明生产越接近生产可能性边界，生产效率就越高；DDF 值等于 0 时，表明 DMU 已处于生产可能性边界之上，生产是完全有效率的。

（四）ML 生产率指数

根据 Chung 等（1997），在 DDF 基础上定义的 t 期和（$t+1$）期之间的基于产出的 ML 生产率指数为：

$$ML_t^{t+1} = \left\{ \frac{[1 + \vec{D}_0^t(x^t, y^t, b^t; g^t)]}{[1 + \vec{D}_0^t(x^{t+1}, y^{t+1}, b^{t+1}; g^{t+1})]} \times \frac{[1 + \vec{D}_0^{t+1}(x^t, y^t, b^t; g^t)]}{[1 + \vec{D}_0^{t+1}(x^{t+1}, y^{t+1}, b^{t+1}; g^{t+1})]} \right\}^{1/2}$$

$$\tag{12.3}$$

ML 生产率指数可以被分解为技术效率变化指数（EFFCH）和技术进步变化指数（TECH）：

$$ML = EFFCH \times TECH \tag{12.4}$$

$$EFFCH_t^{t+1} = \frac{1 + \vec{D}_0^t(x^t,\ y^t,\ b^t;\ g^t)}{1 + \vec{D}_0^{t+1}(x^{t+1},\ y^{t+1},\ b^{t+1};\ g^{t+1})} \tag{12.5}$$

$$TECH_t^{t+1} = \left\{ \frac{\left[1 + \vec{D}_0^{t+1}(x^t,y^t,b^t;g^t) \right]}{\left[1 + \vec{D}_0^t(x^t,y^t,b^t;g^t) \right]} \times \frac{\left[1 + \vec{D}_0^{t+1}(x^{t+1},y^{t+1},b^{t+1};g^{t+1}) \right]}{\left[1 + \vec{D}_0^t(x^{t+1},y^{t+1},b^{t+1};g^{t+1}) \right]} \right\}$$

$$\tag{12.6}$$

（五）基于 DEA 的 Malmquist 生产率指数

Malmquist 生产率指数运用距离函数（DF）来定义，用来描述不需要说明具体行为标准的多输入、多输出生产技术。从 t 时期到（$t+1$）时期，基于产出的度量 TFP 增长的 Malmquist 生产率指数可以表示为：

$$M_i(x_{t+1},\ y_{t+1};\ x_t,\ y_t) = \left[\frac{D_i^t(x_{t+1},\ y_{t+1})}{D_i^t(x_t,\ y_t)} \times \frac{D_i^{t+1}(x_{t+1},\ y_{t+1})}{D_i^{t+1}(x_t,\ y_t)} \right]^{1/2}$$

$$\tag{12.7}$$

在式（12.7）中，（x_{t+1}，y_{t+1}）和（x_t，y_t）分别表示（$t+1$）时期及 t 时期的投入和产出向量；D_0^t 和 D_0^{t+1} 分别表示以 t 时期的技术 T^t 为参照的时期 t 和时期（$t+1$）的距离函数。

Malmquist 生产率指数可以被分解为不变规模报酬假定下的技术效率变化指数（EC）和技术进步指数（TP）：

$$M_i(x_{t+1},\ y_{t+1};\ x_t,\ y_t) = EC(x_{t+1},\ y_{t+1};\ x_t,\ y_t) \times TP(x_{t+1},\ y_{t+1};\ x_t,\ y_t) \tag{12.8}$$

在式（12.8）中，技术效率（EC）测度了从 t 时期到（$t+1$）时期每个观察对象到最佳生产前沿边界的追赶程度；技术进步（TP）测度了技术边界从 t 时期到（$t+1$）时期的移动。

二　中国全要素生产率估算变量设定与数据说明

本书构造了 1985—2010 年全国 27 个省份投入产出面板数据库对中国生产率进行测算（四川、重庆、海南以及西藏由于数据缺失过多，故将此 4 省份进行了剔除[①]）。按照传统区域划分，并结合"西部大开

[①]　之所以将四川省剔除样本，是因为本书在测算 TFP 时考虑到了非期望产出——环境因素（本书用工业"三废"排放量指标表示），且把研究起点延伸至了 1985 年，而类似研究（王兵等，2010；田银华等，2011）的研究起点为 1998 年，这导致四川省代表非期望产出的工业"三废"排放量指标严重缺失，为了保证本书研究结论的精准性，故将四川省剔除。

发""振兴东北老工业基地""中部崛起"等国家重大区域经济发展战略，本书将 27 个省份划分为东部地区、东北老工业基地、中部地区和西部地区 4 个地区，从而在更大范围内考察地区经济差距。其中，东部沿海地区包括北京、天津、河北、上海、江苏、浙江、福建、山东和广东 9 个省份；东北老工业基地包括辽宁、吉林和黑龙江 3 个省份；中部地区包括山西、安徽、江西、河南、湖北、湖南 6 个省份；西部地区包括贵州、云南、陕西、甘肃、青海、宁夏、新疆、广西和内蒙古 9 个省份。基础数据来源于《中国统计年鉴》《中国能源统计年鉴》《中国环境统计年鉴》《新中国五十五年统计资料汇编》以及部分省份的统计年鉴。在对生产率进行测算时，本书所涉及的所有投入和产出数据如下：

（一）投入指标

采用年均资本存量（亿元）表示资本投入。一般来说，均采用永续盘存法估算资本存量，在众多类似的研究中，单豪杰（2008）的成果比较具有代表性，数据也比较全面，单豪杰（2008）测算了以 1952 年为基期的 1952—2006 年的全国 30 个省份及全国总量的资本存量。因此，本书所使用的 1986—2006 年的资本存量数据直接采用其测算结果。此外，2007—2010 年资本存量数据依据其估算方法推算而来。采用年均从业人员（万人）表示劳动投入。一般来说，类似文献对生产率的测算仅仅考虑劳动和资本投入要素，本书考虑劳动、资本和能源三投入要素。之所以加入能源投入是因为本书对生产率的测算考虑了非期望产出，而能源投入是非期望产出的主要来源。本书采用能源消费量（万吨标准煤）表示能源投入指标。

（二）产出指标

与类似研究不同，本书研究的产出指标包括两大类：一类为诸如GDP 的期望产出，另一类为诸如工业"三废"的非期望产出。

（1）期望产出。由于投入要素中包含了具有中间投入品性质的能源要素，因此，期望产出采用 GDP（亿元）指标表示，且根据 1952 年为基期的 GDP 指数将其折算为实际 GDP。

（2）非期望产出。现有文献关于非期望产出指标的选择问题没有统一标准，加上本书基于省域面板数据的研究时间起点为 1985 年，类似研究时间起点一般为 1998 年，因此，受数据可得性限制，本书选择工业废水排放量（万吨）、工业废气排放量（亿标立方米）以及工业固体废弃物排放量（万吨）作为非期望产出指标。

三 中国全要素生产率估算结果分析

我们分别运用 Malmquist 生产率指数［式（12.7）］和基于 DDF 的 ML 生产率指数［式（12.3）］对不考虑和考虑环境污染两种情形下的生产率指数进行了测度。表 12-1 报告了年度 TFP 增长率及其分解与贡献份额测算结果。

表 12-1　　　　年度 TFP 增长率及其分解与贡献份额测算结果　　　单位:%

年份	GEF	GTE	GTFP	TTFP	GTFP 贡献	TTFP 贡献
1986	0.34	4.61	3.18	0.55	42.61	6.99
1987	-0.41	13.72	7.71	10.91	39.60	56.02
1988	0.12	18.52	9.20	17.82	35.72	69.06
1989	-0.81	14.54	12.11	8.43	93.21	64.73
1990	0.61	14.15	9.02	8.94	64.13	63.49
1991	-0.20	12.21	9.43	10.51	63.05	70.38
1992	1.84	16.91	7.97	14.90	37.71	71.20
1993	-0.26	13.52	7.81	29.61	19.92	75.62
1994	-0.85	17.60	5.23	14.73	22.33	63.11
1995	0.01	6.01	4.04	9.72	21.91	53.22
1996	1.23	28.82	4.81	20.80	17.92	77.45
1997	0.14	11.71	2.83	2.22	43.03	33.87
1998	-3.95	10.42	0.81	12.91	5.66	90.78
1999	2.21	3.61	4.11	1.70	73.61	30.51
2000	0.64	5.12	2.73	5.12	23.13	43.72
2001	0.92	-2.90	2.11	5.62	19.60	52.31
2002	-0.36	2.62	1.22	1.14	11.52	10.53
2003	0.41	0.53	2.50	6.06	15.41	36.90
2004	-0.41	1.82	2.31	8.09	11.73	40.71
2005	1.62	0.36	1.82	8.52	9.09	42.50
2006	-1.01	5.51	1.61	10.90	8.08	54.42
2007	0.63	1.63	2.33	2.92	9.90	12.51
2008	1.32	0.61	2.31	12.52	11.12	60.50

续表

年份	GEF	GTE	GTFP	TTFP	GTFP 贡献	TTFP 贡献
2009	-1.06	0.12	0.72	-0.82	33.51	-40.22
2010	0.31	5.62	3.85	20.61	12.53	67.51
平均	0.13	8.31	4.42	9.81	29.84	48.32

注：GEF 和 GTE 分别表示 GTFP 分解的技术效率增长率和技术进步增长率。

图 12-2 给出了两种生产率指数及其增长核算结果的时间趋势图。整体而言，考虑环境污染因素的 GTFP 指数要明显低于不考虑环境污染因素的 TTFP 指数，1986—2010 年 GTFP 年均增长率为 4.42%，而 TTFP 年均增长率为 9.81%，这与 Kaneko 和 Managi（2004）的研究结论一致，他们发现，考虑环境因素后的 TFP 增长率要低于传统的 TFP 增长率，这一方面说明中国环境管理的无效率，另一方面说明"波特假说"[①] 在中国是否存在有待进一步验证。通过生产率对经济增长贡献的估算发现，GTFP 对经济增长的贡献要明显低于 TTFP 对经济增长的贡献，1986—2010 年 GTFP 对经济增长的贡献为 29.84%，而 TTFP 对经济增长的贡献为 48.32%。可见，不考虑环境因素会高估 TFP 及其对经济增长的贡献，从而对中国经济增长方式做出较为乐观的判断，这会导致政策的偏误。但是，个别年份也出现了 GTFP 增长率及贡献率要高于 TTFP 增长率及贡献率的情形，比如 1986 年、1989 年、1990 年、1997 年、1999 年、2002 年和 2009 年，其中，1986 年由于政策调整，随着商品价格放开和工资改革推行，旧有价格体系和经济结构中不合理因素爆发了通货膨胀，这导致了 TTFP 增长率及贡献率的严重下滑；1989 年春夏之季的政治风波影响，使社会基本生产受到干扰，导致了 TTFP 增长率及贡献率下降；1997 年和 1999 年受亚洲金融危机影响，导致 TTFP 增长率及贡献率下滑；2002 年受中国加入世界贸易组

---

① 传统新古典经济学认为，环境保护所产生的社会效益会以增加厂商的私人成本、降低其竞争力为代价，从而会抵消环境保护给社会带来的积极效应，对经济增长产生负面影响；而波特（1991）认为，适当的环境规制可以促使企业进行更多的创新活动，而这些创新活动将提高企业生产力，从而抵消由环境保护带来的成本，并且可以提升企业在市场上的盈利能力，这就是所谓的"波特假说"。"波特假说"向传统新古典经济学关于环境保护问题的理论框架提出了挑战，为我们重新认识环境保护与经济发展的关系提供了全新的视角，不少文献对中国是否存在"波特假说"进行了研究。

织影响，由于受到世界贸易组织规则的制约，使加入世界贸易组织后，中国部分企业和产业的发展受到较大的冲击，从而在一定程度上阻碍了 TTFP 增长；2009 年，为了应对国际金融危机，中国政府实施了"4 万亿元"的经济刺激方案，虽然使中国在较短时间内走出了"低谷"，实现了"投资驱动型"的经济复苏，但出现了大量重复建设、产能过剩等一系列问题，导致 2009 年 TTFP 增长率及贡献率均为负值（-0.82% 和 -40.22%，见表 12 - 1），经济增长呈现明显的"粗放"特征。综上可见，由于受到来自经济或者政治因素的冲击，使 TTFP 受到较大影响，而 GTFP 受到的干扰较小，从而导致在个别异常年份出现 GTFP 增长率及贡献率要高于 TTFP 增长率及贡献率的情形。

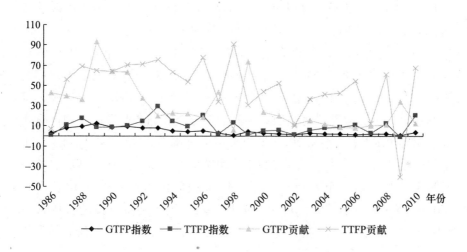

图 12 - 2　GTFP 指数和 TTFP 指数及其贡献的时间趋势（1986—2010 年）

通过增长核算我们发现，资本、能源和 GTFP 对中国 GDP 增长起到了重要作用，其中，资本是第一驱动力，对经济增长的贡献率达 66%，能源要素超过 GTFP 是第二驱动力，对经济增长的贡献率为 32%，可见，考察期内中国经济增长方式仍属于资本和能源双重驱动的粗放型增长方式，但是，GTFP 已经成为中国经济增长的重要驱动力之一，GTFP 对经济增长的贡献率为 29.84%，接近 30%。

从时间趋势来看，1985—2010 年中国 GTFP 增长率呈现"先升后降再平稳"趋势，GTFP 增长率从 1985—1986 年的 3.18% 上升至 1988—1989 年的 12.11%，后快速下降至 1997—1998 年的 0.81%，之后的 1999—2010 年，特别是进入 21 世纪以来，GTFP 增长率呈现升降互现的态势，但是，相比 20 世纪 80 年代中后期和整个 90 年代，GTFP 在 21 世纪的头 10 年保持着相对稳定的增长，年均增长率为 2% 左右。

但是，个别相邻年份的 TFP 增长率出现了较大的波动。

首先，从 TTFP 增长率来看，受通货膨胀影响，1986 年 TTFP 增长率仅为 0.55%，由于中央快速做出反应召开会议整顿经济秩序抑制通货膨胀，使得 1987 年 TTFP 增长率快速增长至 10.91%；受政治风波影响使得 TTFP 增长率从 1988 年的 17.82% 迅速下降至 1989 年的 8.43%；1992 年中共十四大确立了市场经济体制改革目标，受市场经济改革红利影响，TTFP 增长率从 1992 年的 14.90% 快速增长至 1993 年的 29.61%；受亚洲金融危机影响，TTFP 增长率从 1996 年的 20.80% 迅速下降至 1997 年的 2.22%，后由于中国政府应对金融危机政策效应的影响 TTFP 增长率又快速增长至 1998 年的 12.91%；2002 年中国加入世界贸易组织，受世界贸易组织规则制约部分企业和产业发展受到严重挑战，使得 TTFP 增长率从 2001 年的 5.62% 下降至 2002 年的 1.14%，由于中国企业和产业发展逐渐适应了世界贸易组织规则，TTFP 增长率 2003 年又快速增长至 6.06%；受国际金融危机影响，TTFP 增长率在 2007—2009 年波动较大，由于"4 万亿元"经济刺激方案的实施使得 2009 年 TTFP 增长率出现了负增长。这与李平等（2013）的研究结果相似。

其次，相对 TTFP 增长率而言，GTFP 增长率的年度波动幅度较小，受亚洲金融危机影响，GTFP 增长率从 1997 年的 2.83% 快速下降至 1998 年的 0.81%；受"4 万亿元"经济刺激方案影响，GTFP 增长率从 2008 年的 2.31% 快速下降至 2009 年的 0.72%。

图 12-3 给出了累计 GTFP 增长率及其分解变迁示意图，从图中我们可以清楚地看出，1985—2010 年，中国 GTFP 增长主要来源于技术进步，两者的 Pearson 相关系数为 0.67，Spearman 相关系数为 0.79，且都在 1% 的水平上显著，此期间技术进步年均增长率为 8.31%。而考察期内中国技术效率改善进程缓慢，年均增长率仅为 0.13%，GTFP 与技术

效率之间的 Pearson 相关系数为 0.08，Spearman 相关系数为 0.13，且均未能通过任何显著性检验。

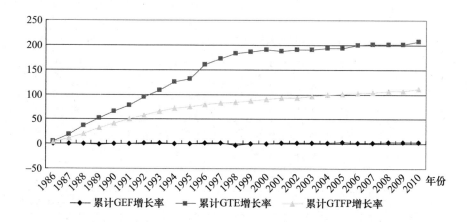

图 12-3　累计 GTFP 增长率及其分解变迁示意（1986—2010 年）

从表 12-2 可以看出，GTFP 增长率及其对经济增长贡献显示出较大的地区差异。GTFP 增长率排名前五位的省份分别是天津、广东、上海、贵州和北京，排名后五位的省份分别是内蒙古、江西、青海、甘肃和宁夏。GTFP 对经济增长的贡献排名前五位的省份分别是天津、上海、贵州、广东和北京，排名后五位的省份分别是江西、内蒙古、青海、甘肃和宁夏。从 GTFP 增长率及其对经济增长贡献的地区排名来看，两者显示出较为明显的一致性，两者之间的 Pearson 相关系数为 0.98，Spearman 相关系数为 0.99，且都在 1% 的水平上显著。此外，我们发现，GTFP 增长率及其对经济增长贡献排名靠后的省份均分布在中西部地区，但是，排名靠前的省份除绝大部分分布于东部地区之外，还有个别省份分布于西部地区，比如贵州和云南。这不仅与贵州和云南人口相对较少，环境承载能力较强有关，更重要的是，与其他西部省份相比，贵州和云南有着不同的产业结构，2010 年贵州省三次产业在 GDP 中的构成分别为 13.6%、39.1%、47.3%，可见，第三产业在贵州省产业结构中占据主导地位，云南省三次产业在 GDP 中的构成分别为 15.3%、44.6%、40.1%，可见，虽然第二产业在云南省产业结构中占据主导地位，但是，其产业结构相对合理，第三产业发展迅猛，独特的产业结构

表 12 - 2 中国各地区 GTFP 增长率及贡献率比较 单位:%

省份	"七五"时期	"八五"时期	"九五"时期	"十五"时期	"十一五"时期	全周期			
						增长率	排名	贡献率	排名
安徽	10.47	9.44	0.39	0.42	0.27	4.20	12	25.90	11
北京	6.23	13.31	11.01	2.81	-0.51	6.57	5	36.13	5
福建	11.61	2.65	0.41	0.12	1.90	3.34	18	16.90	21
甘肃	5.64	2.83	0.52	0.43	0.21	1.93	26	12.22	26
广东	30.90	5.61	0.51	1.31	1.50	8.00	2	40.30	4
广西	5.82	7.52	0.22	0.22	2.82	3.32	19	18.52	18
贵州	8.02	6.32	5.92	6.40	7.21	6.77	4	42.51	3
河北	6.71	6.16	-0.11	0.32	2.02	3.02	21	17.04	20
河南	8.52	6.81	1.90	1.21	5.72	4.83	10	27.21	10
黑龙江	7.80	9.42	-1.20	2.51	-0.16	3.67	16	24.73	14
湖北	7.71	9.07	5.92	1.50	3.64	5.57	9	33.32	9
湖南	4.80	6.58	2.61	0.41	6.56	4.19	13	24.61	15
吉林	6.41	4.32	0.01	-0.50	3.60	2.77	22	16.62	22
江苏	12.20	14.21	3.41	2.01	0.72	6.51	6	34.73	7
江西	6.63	3.77	2.54	-0.32	0.23	2.57	24	14.75	23
辽宁	8.32	6.81	3.01	-0.21	2.02	3.99	15	25.11	12
内蒙古	5.11	5.32	0.91	0.71	1.74	2.76	23	14.53	24
宁夏	1.08	8.45	-1.70	-0.24	-0.21	1.48	27	7.82	27
青海	2.41	4.53	1.31	2.33	0.44	2.21	25	13.37	25
山东	9.12	5.15	3.80	0.72	-0.61	3.64	17	19.91	17
山西	5.25	6.32	2.31	5.89	0.92	4.14	14	24.93	13
陕西	9.31	5.90	0.21	0.51	0.18	3.22	20	17.80	19
上海	10.51	3.82	9.51	5.32	5.32	6.90	3	42.63	2
天津	16.20	7.11	7.20	4.31	6.21	8.21	1	46.32	1
新疆	8.69	9.07	6.64	5.44	0.30	6.03	7	34.52	8
云南	3.03	11.72	7.72	5.71	1.92	6.02	8	35.51	6
浙江	3.71	3.16	7.30	4.41	4.22	4.56	11	23.90	16

使得贵州省和云南省在经济发展中的工业"三废"排放物等非期望产出较少，从而导致较高的环境绩效，而其他西部省份的产业结构主要以第二产业为主，且第三产业发展相对滞后，2010 年，广西、陕西、甘肃、青海、宁夏、新疆和内蒙古的第二产业在 GDP 中的构成分别为47.1%、53.8%、48.2%、55.1%、49.0%、47.7% 和 54.6%。这与胡鞍钢等（2008）、朱承亮等（2012）在估算环境约束下经济增长效率最佳实践省份的结论相类似。胡鞍钢等（2008）发现，1999—2005 年考虑化学需氧量和二氧化硫排放约束的最佳实践省份除上海、江苏、辽宁、安徽、湖北、海南外，还包括贵州、云南和西藏三个省份；朱承亮等（2012）发现，环境约束下的最佳实践省份除包括传统意义的处于东部地区的天津、上海以外，还包括处于西部地区的云南、青海等省份。

此外，本书还发现"七五"时期和"八五"时期的 GTFP 增长率明显高于"十五"时期和"十一五"时期，"七五"时期和"八五"时期的 GTFP 年均增长率分别为 8.23% 和 6.87%，而"十五"时期和"十一五"时期的 GTFP 年均增长率分别为 1.99% 和 2.15%，这和中国的工业化进程有关，"七五"时期和"八五"时期中国工业化进程是以优先发展轻工业为主，针对新中国成立以来长期实施的优先发展重工业而产生的严重结构矛盾，改革开放以来，中国开始进行工业化战略的重大调整，放弃了单纯发展重工业的思路，转而采取改善人民生活第一、工业全面发展、对外开放和多种经济成分共同发展的工业化战略，这使该时期的环境绩效得到显著改善，而"十五"时期和"十一五"时期，中国工业化进程呈现快速增长势头、工业增长再次以重工业为主导，2000 年中国进入工业化中期阶段以后，中国的基本经济国情已经从一个农业大国转为工业大国，从而使该时期的环境绩效显著恶化。

第三节　中国地区经济差距演变轨迹

一　中国地区经济差距测算方法

本书利用 1952 年为基期的人均 GDP 考察地区经济差距，分别采用基尼系数、变异系数和泰尔指数测度中国 1978—2010 年地区经济差距的演变轨迹，同时运用泰尔指数将地区经济差距分解为地区间差距和地区内差距两大部分。具体测算方法如下：

（1）基尼系数。基尼系数的计算公式为（范剑勇和朱国林，2002）：

$$G = \frac{2}{N} \sum_{i=1}^{N} i x_i - \frac{N+1}{N}$$

其中，$x_i = y_i / \sum_{i=1}^{N} y_i$，且 $x_1 < x_2 < \cdots < x_N$，N 表示地区数，y_i 表示地区 i 的人均 GDP，x_i 表示地区 i 的人均 GDP 份额，且按照由低到高的顺序排列。

（2）变异系数。变异系数的计算公式为：

$$CV = \sqrt{\sum_{i=1}^{N} (y_i - \overline{y})^2 / (N-1)} / \overline{y}$$

其中，$\overline{y}$ 表示全国人均 GDP。

（3）泰尔指数。泰尔指数的计算公式为（Terrasi，1999；王铮和葛昭攀，2002）：

$$TL = \sum_{i=1}^{N} p_i \log(p_i / q_i) = TL_{br} + TL_{wr} \tag{12.9}$$

$$TL_{br} = \sum_{r=1}^{4} P_r \log(P_r / Q_r) \tag{12.10}$$

$$TL_{wr} = \sum_{r=1}^{4} P_r \left\{ \sum_{i=1}^{N} (p_i / P_r) \log[(p_i / P_r)/(q_i / Q_r)] \right\} \tag{12.11}$$

其中，TL 表示总的泰尔指数，TL_{br} 表示地区间的泰尔指数，TL_{wr} 表示地区内的泰尔指数，p_i 和 q_i 分别表示地区 i 的 GDP 份额和人口数份额，P_r 和 Q_r 分别表示地区 r 的 GDP 份额和人口数份额。

二　中国地区经济差距测算结果分析

表 12 - 3 报告了 1978—2010 年中国 31 个省份地区经济差距变异系数、基尼系数和泰尔指数的测算结果，图 12 - 4 给出了 1978—2010 年地区经济差距变异系数、基尼系数和泰尔指数的演变轨迹，图12 - 5 给出了 1978—2010 年中国地区经济差距的区域贡献分解。

表 12 - 3　　　　　　1978—2010 年中国地区经济差距变异系数、
基尼系数和泰尔指数的测算结果

年份	变异系数	基尼系数	泰尔指数及分解				
			泰尔指数	地区间泰尔指数	地区内泰尔指数	地区间贡献（%）	地区内贡献（%）
1978	0.9757	0.3467	0.1564	0.0449	0.1115	28.71	71.29
1979	0.9213	0.3321	0.1392	0.0399	0.0993	28.66	71.34
1980	0.9065	0.3330	0.1385	0.0439	0.0946	31.70	68.30
1981	0.8583	0.3172	0.1236	0.0419	0.0817	33.90	66.10
1982	0.8115	0.3047	0.1140	0.0413	0.0727	36.23	63.77
1983	0.7916	0.3268	0.1076	0.0410	0.0666	38.10	61.90
1984	0.7436	0.2974	0.1047	0.0434	0.0613	41.45	58.55
1985	0.7341	0.2962	0.1039	0.0440	0.0599	42.35	57.65
1986	0.7071	0.2925	0.1010	0.0452	0.0558	44.75	55.25
1987	0.6797	0.2901	0.0982	0.0498	0.0484	50.71	49.29
1988	0.6523	0.2850	0.0958	0.0528	0.0430	55.11	44.89
1989	0.6258	0.2765	0.0903	0.0516	0.0387	57.14	42.86
1990	0.6069	0.2675	0.0839	0.0458	0.0381	54.59	45.41
1991	0.6384	0.2806	0.0923	0.0528	0.0395	57.20	42.80
1992	0.6533	0.2915	0.1007	0.0608	0.0399	60.38	39.62
1993	0.6749	0.3066	0.1121	0.0705	0.0416	62.89	37.11
1994	0.6743	0.3106	0.1129	0.0748	0.0381	66.25	33.75
1995	0.6818	0.3125	0.1101	0.0744	0.0357	67.57	32.43
1996	0.6932	0.3173	0.1057	0.0718	0.0339	67.93	32.07
1997	0.7038	0.3168	0.1089	0.0729	0.0360	66.94	33.06
1998	0.7194	0.3207	0.1127	0.0752	0.0375	66.73	33.27
1999	0.7391	0.3262	0.1180	0.0794	0.0386	67.29	32.71
2000	0.7587	0.3349	0.1222	0.0827	0.0395	67.68	32.32
2001	0.7624	0.3365	0.1247	0.0850	0.0397	68.16	31.84
2002	0.7592	0.3364	0.1266	0.0874	0.0392	69.04	30.96
2003	0.7639	0.3394	0.1329	0.0933	0.0396	70.20	29.80
2004	0.7555	0.3360	0.1301	0.0920	0.0381	70.71	29.29
2005	0.6757	0.3172	0.1237	0.0857	0.0380	69.28	30.72

续表

年份	变异系数	基尼系数	泰尔指数及分解				
			泰尔指数	地区间泰尔指数	地区内泰尔指数	地区间贡献（%）	地区内贡献（%）
2006	0.6578	0.3126	0.1206	0.0840	0.0366	69.65	30.35
2007	0.6365	0.3050	0.1148	0.0787	0.0361	68.55	31.45
2008	0.5957	0.2918	0.1044	0.0704	0.0340	67.43	32.57
2009	0.5883	0.2895	0.1031	0.0655	0.0376	63.53	36.47
2010	0.5179	0.2626	0.0832	0.0518	0.0314	62.26	37.74

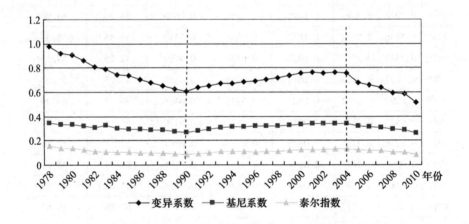

图 12 - 4 1978—2010 年中国地区经济差距的演变轨迹

从表 12 - 3 和图 12 - 4 可见，变异系数、基尼系数和泰尔指数在变化趋势上具有极强的一致性，在增减上基本同步，这表明三个指数是可以相互替代和相互印证的。从图 12 - 4 可见，改革开放之后，中国地区经济差距三个指数的演变轨迹已由"先减小后增加"转化为"先减小后增加再减小"，1990 年和 2003 年是其两个重要拐点。1978—1990年，中国地区经济差距有一个显著的收敛过程，这主要源于东部高收入地区的内部收敛；1991—2003 年，中国地区经济差距呈现出发散的状态，但较为缓慢，这主要源于中部中等收入地区和东部高收入地区的省际发散（石磊和高帆，2006）；2004—2010 年，中国地区经济差距又逐渐走向收敛，这可能与近年来"振兴东北老工业基地"和"中部崛起"

等一系列促进区域平衡发展的战略措施有关，这些措施在一定程度上缩小了地区经济差距（干春晖和郑若谷，2012）。

　　将总体泰尔指数分解为地区间泰尔指数和区域内泰尔指数两大部分发现，改革开放以来，尽管地区间经济差距对中国地区经济差距的贡献呈现先升后降的趋势，但仍是中国地区经济差距的主要来源；地区内经济差距对中国地区经济差距的贡献呈现先降后升的趋势，已成为中国地区经济差距的主要构成部分，拐点均出现在 2004 年，两曲线交汇点大约出现在 1987 年（见图 12 - 5）。表 12 - 3 显示，地区间经济差距对中国地区经济差距的贡献从 1978 年的 28.71% 上升至 2004 年的 70.71%，后下降至 2010 年的 62.62%；地区内经济差距对中国地区经济差距的贡献从 1978 年的 71.29% 下降至 2004 年的 29.29%，后上升至 2010 年的 37.74%。这再次说明，近年来中国实施的"振兴东北老工业基地"和"中部崛起"等一系列促进地区平衡发展的战略措施开始收到一定效果。当前，在进一步巩固地区发展战略的同时，应当加大措施促进地区内省域经济的和谐发展，防止地区内经济差距的进一步扩大。

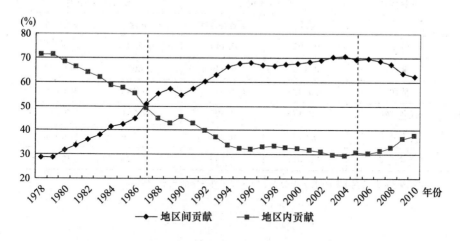

图 12 - 5　1978—2010 年中国地区经济差距的地区贡献分解

　　从 1986—2010 年要素投入、绿色 TFP 及其分解、人均 GDP 的变异系数变化趋势可以发现，资本和劳动要素的变异系数与人均 GDP 的变异系数的变化趋势较为相似，而能源要素、GTFP 及其分解的变异系数与人均 GDP 的变异系数的变化则呈现相悖的趋势。进一步通过各变异系数的相关性测算发现，资本要素变异系数与人均 GDP 变异系数显著正相关。表 12 - 4 显示，Spearman 相关系数为 0.600，且在 1% 的水平上显著。能源要素变异系数与人均 GDP 变异系数显著负相关，Pearson相关系数和 Spearman 相关系数分别为 - 0.497 和 - 0.480，且均在 5%的水平上显著，可见，能源消费量会显著拖累地方经济差距收敛，这在一定程度上表明"资源诅咒"效应在中国是存在的，是导致中国地区经济差距的一个重要原因（徐康宁和邵军，2006；徐康宁和王剑，2006）。GTFP、技术效率、技术进步的变异系数与人均 GDP 变异系数呈现负相关关系，尽管不显著。由此可知，相对于 TFP 而言，要素投入与中国地区经济差距的关系似乎更为密切。以上只是简单的直观统计判断，究竟要素投入和 TFP 及其成分对地区经济差距会造成多大的影响还需作进一步深入分析。

表 12 - 4　　　　　　　　　1986—2010 年变异系数的相关性

系数变量	人均 GDP			
	Pearson 相关		Spearman 相关	
	系数	显著性水平	系数	显著性水平
资本	0.297	0.149	0.600	0.002 ***
劳动	0.126	0.549	0.061	0.773
能源	- 0.497	0.011 ***	- 0.480	0.015 **
绿色 TFP	- 0.176	0.393	- 0.091	0.651
技术效率	0.015	0.962	- 0.289	0.158
技术进步	- 0.011	0.949	- 0.027	0.869

注：*** 表示在 1% 的水平上显著；** 表示在 5% 的水平上显著。

第四节　中国地区经济差距来源的方差分解

为了较为准确地分析中国地区经济差距的来源，考察各因素对考察期内中国地区经济差距的总体影响及其变化趋势，我们采用类似 Klenow 和 Rodriguez - Clare （1997）方差分解方法对人均 GDP 进行分解：

$$Var(\ln y) = Cov(\ln y, \ln K) + Cov(\ln y, \ln L) + Cov(\ln y, \ln E) +$$
$$Cov(\ln y, \ln GEF) + Cov(\ln y, \ln GTE) \qquad (12.12)$$

$Cov(\ln y, \ln K)/Var(\ln y) + Cov(\ln y, \ln L)/Var(\ln y) + Cov(\ln y, \ln E)/Var(\ln y) + Cov(\ln y, \ln GEF)/Var(\ln y) + Cov(\ln y, \ln GTE)/Var(\ln y) = 1$ 　　　　　　　　　　　　　　　　　　　　　　　　(12.13)

式（12.12）和式（12.13）中，Var 表示方差，Cov 表示协方差，y 表示人均 GDP，K 表示资本投入，L 表示劳动投入，E 表示能源投入，GEF 表示绿色技术效率，GTE 表示绿色技术进步。这样就将地区人均 GDP 差异分解为资本积累、劳动积累、能源积累、技术效率和技术进步五大部分的贡献，可见，前三者为要素投入贡献，后两者为 GTFP 贡献。根据式（12.13），我们计算了 1986—2010 年中国地区经济差距（人均 GDP 方差）中要素（资本、劳动和能源）投入效应、技术效率效应和技术进步效应的贡献，如表 12-5 所示。

结果表明：

（1）总体而言，1986—2010 年要素投入是造成中国地区经济差距的主要原因，这与傅晓霞和吴利学（2006b）的研究结论一致。其中，资本和能源投入对地区经济差距具有发散效应，资本和能源投入对地区经济差距的贡献率分别为 94.79% 和 32.55%。而劳动投入对地区经济差距具有收敛效应，劳动投入对地区经济差距的贡献为负，贡献率为 −26.92%。GTFP 对地区经济差距的贡献率为 −0.42%，可见，GTFP 对地区经济差距具有收敛效应，这主要源于落后地区对发达地区的技术追赶，技术进步对地区经济差距的贡献率为 −0.44%。

（2）根据改革开放以来中国地区经济差距"先减小后增加再减小"的演变轨迹，以 1990 年和 2003 年为分界点，我们将整个考察期分为三个时间段，分阶段考察中国地区经济差距来源。我们发现，在 1986—1990 年、1991—2003 年和 2004—2010 年这三个时间段内，资本、能源和劳动三要素对地区经济差距的贡献均显示出阶段一致性，即资本和能源投入对地区经济差距的发散效应和劳动投入对地区经济差距的收敛效应。但是，GTFP 对地区经济差距的贡献则显示出阶段异质性：1986—1990 年，GTFP 对地区经济差距的贡献为负，贡献率为 −6.48%，可见，此阶段 GTFP 对地区经济差距具有收敛效应，这主要源于落后地区对发达地区的技术追赶，技术进步对地区经济差距的贡献为 −8.14%；

表 12 –5　　　　　　　　要素投入、技术效率和技术进步在
　　　　　　　　　　　　地区经济差距中的贡献　　　　单位:%

年份	方差	资本	劳动	能源	技术效率	技术进步	要素投入	GTFP
1986	0. 257	131. 66	– 95. 68	68. 96	3. 78	– 8. 72	104. 94	– 4. 94
1987	0. 249	123. 25	– 70. 23	57. 55	1. 24	– 11. 81	110. 58	– 10. 58
1988	0. 239	113. 13	– 60. 02	44. 85	3. 97	– 1. 94	97. 96	2. 04
1989	0. 226	120. 12	– 60. 18	43. 31	1. 77	– 5. 02	103. 25	– 3. 25
1990	0. 216	144. 78	– 79. 50	50. 41	– 2. 51	– 13. 19	115. 70	– 15. 70
1986—1990	0. 238	126. 59	– 73. 12	53. 02	1. 65	– 8. 14	106. 48	– 6. 48
1991	0. 236	119. 94	– 55. 27	37. 11	– 4. 80	3. 01	101. 79	– 1. 79
1992	0. 252	103. 60	– 37. 48	32. 60	2. 89	– 1. 60	98. 71	1. 29
1993	0. 275	98. 63	– 27. 60	27. 74	– 1. 49	2. 72	98. 77	1. 23
1994	0. 289	91. 02	– 19. 52	23. 42	– 0. 99	6. 08	94. 92	5. 08
1995	0. 297	83. 76	– 13. 51	26. 73	0. 85	2. 17	96. 98	3. 02
1996	0. 309	76. 12	– 3. 73	27. 28	– 0. 53	0. 85	99. 68	0. 32
1997	0. 308	78. 27	– 9. 11	25. 34	0. 87	4. 63	94. 49	5. 51
1998	0. 317	80. 49	– 13. 72	25. 70	2. 31	5. 23	92. 47	7. 53
1999	0. 328	91. 14	– 16. 89	30. 44	– 2. 87	– 1. 83	104. 70	– 4. 70
2000	0. 345	86. 98	– 17. 37	30. 82	– 0. 72	0. 29	100. 44	– 0. 44
2001	0. 350	84. 97	– 18. 13	28. 22	0. 22	4. 72	95. 06	4. 94
2002	0. 354	87. 80	– 16. 46	28. 55	– 0. 20	0. 30	99. 89	0. 11
2003	0. 358	89. 65	– 15. 36	26. 23	– 0. 09	– 0. 43	100. 52	– 0. 52
1991—2003	0. 309	90. 18	– 20. 32	28. 48	– 0. 35	2. 01	98. 34	1. 66
2004	0. 352	87. 02	– 12. 14	25. 92	– 0. 74	– 0. 05	100. 79	– 0. 79
2005	0. 317	86. 34	– 12. 80	27. 60	– 2. 22	1. 09	101. 13	– 1. 13
2006	0. 310	57. 14	23. 04	18. 39	1. 22	0. 21	98. 56	1. 44
2007	0. 297	82. 78	– 9. 63	26. 87	– 0. 44	0. 42	100. 02	– 0. 02
2008	0. 272	83. 14	– 8. 80	27. 54	– 0. 45	– 1. 42	101. 87	– 1. 87
2009	0. 271	84. 66	– 10. 66	26. 36	– 0. 83	0. 47	100. 36	– 0. 36
2010	0. 226	83. 25	– 12. 22	25. 82	0. 25	2. 90	96. 85	3. 15
2004—2010	0. 292	80. 62	– 6. 17	25. 50	– 0. 46	0. 52	99. 94	0. 06
1978—2010	0. 290	94. 79	– 26. 92	32. 55	0. 02	– 0. 44	100. 42	– 0. 42

而 1991—2003 年和 2004—2010 年，GTFP 对地区经济差距的贡献分别
为 1.66% 和 0.06%，可见，在这两个时间段内 GTFP 对地区经济差距
具有发散效应，这主要源于落后地区和发达地区间技术进步差距的扩
大，技术进步对地区经济差距的贡献分别为 2.01% 和 0.52%。

（3）从动态趋势来看，要素投入在地区经济差距中的作用在减弱，
贡献份额从 1986 年的 104.94% 下降至 2010 年的 96.85%；而 GTFP 在
地区经济差距中的作用在增强，贡献份额从 1986 年的 - 4.94% 上升至
2010 年的 3.15%。这表明，随着要素积累程度的提高，TFP 在中国地
区经济差距中的作用越来越大，能否较好地实现效率改进和技术进步将
成为今后各地区增长差异的重要力量。从要素投入分指标来看，资本和
能源投入对地区经济差距的发散效应在减弱，贡献份额分别从 1986 年
的 131.66% 和 68.96% 下降至 2010 年的 83.25% 和 25.82%，而劳动投
入对地区经济差距的收敛效应在增强，贡献份额从 1986 年的 - 95.68%
上升至 2010 年的 - 12.22%。技术效率在地区经济差距中的作用在减
弱，贡献份额从 1986 年的 3.78% 下降至 2010 年的 0.25%；而技术进
步在地区经济差距中的作用在增强，贡献份额从 1986 年的 - 8.72%
上升至 2010 年的 2.90%。此外，1990 年是要素投入和 GTFP 在地区
经济差距中作用的一个重要"分水岭"，要素投入在地区经济差距中
的作用在 1990 年达到最高点，贡献份额为 115.70%，此后贡献份额
下降至 2010 年的 96.85%；而 GTFP 在地区经济差距中的作用在 1990
年达到最低点，贡献份额为 - 15.70%，此后贡献份额上升至 2010 年
的 3.15%。

本章小结

针对中国地区经济增长的差异问题，本书在运用 ML 生产率指数对
资源环境约束下中国 TFP 进行再估算的基础上，对 1978—2010 年中国
地区经济差距的演变轨迹，以及地区经济差距来源进行了扩展研究。

对 TFP 的再估算发现：不考虑环境因素会高估 TFP 及其对经济增长
的贡献，从而对中国经济增长方式做出较为乐观的判断，中国仍属于资
本和能源双重驱动的粗放型增长方式，但 GTFP 已经成为中国经济增长

的重要驱动力之一；考察期内 GTFP 增长率呈现"先升后降再平稳"时间趋势特征，GTFP 增长主要源于技术进步，技术效率改善进程缓慢；GTFP 增长率及其对经济增长贡献率的地区差异明显，呈现"东部地区—中部地区—东北地区—西部地区"逐区递减趋势，但部分欠发达省份也表现出了较高的绩效。

对地区经济差距演变轨迹的研究发现：改革开放以来，中国地区经济差距的演变轨迹已由"先减小后增加"转化为"先减小后增加再减小"，1990 年和 2003 年是拐点，表明近年来一系列促进区域平衡发展的战略措施开始收到一定的效果，在一定程度上缩小了地区经济差距；泰尔指数分解表明，改革开放以来，尽管地区间经济差距对中国地区经济差距的贡献呈现"先升后降"趋势，但仍是中国地区经济差距的主要来源；区域内经济差距对中国地区经济差距的贡献呈现"先降后升"趋势，已成为中国地区经济差距的主要构成部分，这表明当前在进一步巩固区域发展战略的同时，应当加大措施促进区域内省域经济的和谐发展，防止区域内经济差距的进一步扩大。

对地区经济差距来源的方差分解发现：要素投入是造成中国地区经济差距的主要原因；资本和能源投入对地区经济差距具有发散效应，劳动投入和绿色 TFP 对地区经济差距具有收敛效应；从动态趋势来看，要素投入在地区经济差距中的作用在减弱，而 GTFP 在地区经济差距中的作用在增强，这表明，随着要素积累程度的提高，TFP 在中国地区经济差距中的作用越来越大，能否较好地实现效率改进和技术进步将成为今后各地区增长差异的重要力量。

第十三章　主要结论与研究展望

第一节　主要结论

（1）中国经济增长质量亟待提高。中国经济发展具有"高投入、高增长、高能耗、高排放、低效率"特征，中国仍属于资本和能源双重驱动的粗放型经济增长方式，生产率水平及其对经济增长的贡献整体偏低，亟待提高经济增长质量，促进经济发展方式转变。

（2）中国绿色经济绩效不容乐观。中国经济取得高速增长的成就是以资源消耗、环境污染为代价的。不考虑资源环境约束会高估生产率及其对经济增长的贡献，从而对中国经济增长方式做出较为乐观判断，中国要实现绿色发展任重道远。

（3）中国地区经济差距明显。中国经济增长质量地区差异明显，呈现"东部地区—东北老工业基地—西部地区—中部地区"阶梯递减趋势，但这种地区差异正在逐步缩小。受资源环境约束影响，经济增长效率较低的省份全部集中在西部地区，但效率较高的省份未必全部集中在东部地区，西部个别省份（如云南）也具有较高的经济增长效率。

（4）人力资本对经济增长效率的影响存在显著滞后效应；在人力资本结构中，接受过高等教育的人力资本对经济增长效率改善具有较大的促进作用；FDI和对外贸易对经济增长效率改善有显著的促进作用，引进外资和发展对外贸易没有使中国成为"环境污染天堂"。

（5）技术进步与结构变迁作为促进经济增长的两大"引擎"应该交互作用，在未来的经济增长中继续发挥积极作用。全要素生产率是经济增长重要驱动力之一，而资本和劳动要素重置效应对经济增长的贡献为负。

（6）改革开放以来中国地区经济差距的演变轨迹已由"U"形转化为倒"N"形，1990 年和 2003 年是两个拐点。西南地区、长江中游地区和黄河中游地区是当前中国实现地区经济平衡发展和整体经济协调发展应当重点关注的区域，其中，西南地区和长江中游地区两大地区是亟待关注的重中之重，加快西南地区的发展是缩小中国地区经济差距的关键。

（7）尽管地区间经济差距对地区经济差距的贡献呈现"先升后降"的趋势，但仍是地区经济差距的主要来源；地区内经济差距对地区经济差距的贡献呈现"先降后升"的趋势，已成为地区经济差距的主要构成部分。

（8）从新古典经济增长理论来看，要素投入仍是造成中国地区经济差距的主要原因，但其作用在减弱，而 TFP 在地区经济差距中的作用在逐步增强，能否较好地实现效率改进和技术进步将成为今后各地区增长差异的重要力量。

第二节　研究展望

本书虽在经济增长质量测算、经济效率、区域差距等方面做了若干探索，但仍存在诸多需要改进之处，有待进一步研究。

（1）经济增长效率参数方法与非参数方法测算结果的对比分析。参数方法和非参数方法在测算效率时各有利弊，虽然本书对是否考虑外部影响因素、是否考虑资源环境约束的效率测算结果进行了对比分析，但是，没有对两类方法的测算结果进行对比验证，这将是下一步研究的重点之一，从而使本书的结论更加可靠。

（2）经济结构、经济效率与经济增长关系的深入研究。结构与效率问题是中国经济增长的两大重点，也是难点。从效率视角解释中国"失衡并增长"之谜，构建经济结构失衡评价指标体系，测算改革开放以来中国经济结构失衡程度，核算经济结构失衡对经济增长效率的影响。中国经济在结构失衡中实现了"奇迹"般高速增长，这种"失衡并增长"的背后是以经济增长效率损失为代价的。那么，如何实现中国经济结构优化、提质增效、可持续发展将是下一步研究的重点。

参考文献

[1] Aiyar, S. and Feyrer, J. , "A Contribution to the Empirics of Total Factor Productivity", *Dartmouth College Working Paper*, 2002.

[2] Aigner, D. J. and Lovell, Schmidt, "Formulation and Estimation of Stochastic Frontier Production Functions Models", *Journal of Econometrics*, 1977 (1): 21 – 37.

[3] Afriat, S. N. , "Efficiency Estimation of Production Functions", *International Economic Review*, 1972, Vol. 13 (3), pp. 568 – 598.

[4] Almeida, H. and Wolfenzon, D. , "The Effect of External Finance on the Equilibrium Allocation of Capital", *Journal of Financial Economics*, 2005, 75 (133).

[5] Arrow, K. J. , "The Economic Implication of Learning by Doing", *Review of Economic Studies*, 1962 (29), pp. 234 – 238.

[6] Bosworth, B. and Collins, S. , 2003, "The Empirics of Growth: An Update", *Brookings Papers on Economic Activity*, 2, pp. 113 – 179.

[7] Battese, G. E. and Corra, G. S. , "Estimation of a Production Frontier Model: With Application to the Pastoral Zone of Eastern Australia", *Australian Journal of Agricultural Economics*, 1977 (3), pp. 169 – 179.

[8] Bhaumik Sumon Kumar and Saul Estrin, "How Transition Paths Differ: Enterprise Performance in Russia and China", *Journal of Development Economics*, 2007, 82 (2).

[9] Barro, R. J. , "Economic Growth in across Section of Countries", *Quarterly Journal of Economics*, 1991, 106, pp. 407 – 443.

[10] Baumol, W. J. , "Productivity Growth, Convergence and Welfare", *Americon Economic Review*, 1986, 76 (5), pp. 1072 – 1085.

[11] Bosworth Barry and Susan M. Collins, "Accounting for Growth: Com-

paring China and India", *Journal of Economic Perspectives*, 2008, 22 (1).

[12] Benhabib, J. and Spiegel, M., "The Role of Human Capital in Economic Development: Evidence from Aggregate Cross – Country Data", *Journal of Monetary Economics*, 1994, 34 (2), pp. 24 – 41.

[13] Chow, G., "Capital Formation and Economic Growth in China", *Quarterly Journal of Economic*, 1993 (108), pp. 809 – 842.

[14] Chow, G. and Lin, A. L., "Accounting for Economic Growth in Taiwan and Mainland China: A Comparative Analysis", *Journal of Comparative Economics*, 2002, 30 (3), pp. 507 – 530.

[15] Chenery, H. B., S. Robinson and M. Syrquin, *Industrialization and Growth: A Comparative Study*, New York: Oxford University Press, 1986.

[16] Copeland, B. and Taylor, S., "North – South Trade and the Environment", *Quarterly Journal of Economics*, 1994, 109, pp. 755 – 787.

[17] Charnes, A. and Cooper, W. W., "Programming with Linear Fractional Function", *Naval Research Logistic Quarterly*, 1962, 15, pp. 330 – 334.

[18] Caves, D. W., Christensen, L. R. and Diewert, W. E., "The Economic Theory of Index Numbers and the Measurement of Input and Output, and Productivity", *Econometrica*, 1982 (50), pp. 1393 – 1414.

[19] Chambers, R. G., Fare, R. and Grosskopf, S., "Productivity Growth in APEC Countries", *Pacific Economic Review*, 1996 (1), pp. 181 – 190.

[20] Cuesta, R. A., "A Production Model with Firm – specific Temporal Variation in Technical Inefficiency: With Application to Spanish Dairy Farms", *Journal of Productivity Analysis*, 2000, Vol. 13 (2): 139 – 158.

[21] Domazlicky, B. R. and Weber, W. L., "Total Factor Productivity the Contiguous United States: 1977 – 1986", *Journal of Regional Science*, 1999 (37), pp. 213 – 233.

[22] Domazlicky, B. and Weber, W., "Does Environmental Protection

Lead to Slower Productivity Growth in the Chemical Industry?", *Environmental and Resource Economics*, 2004, 28, pp. 301 – 324.

[23] Durnev, A., Li, K., Mork, R. and Yeung, "Capital Markets and Capital Allocation: Implications for Economies in Transition", *Economics of Transition*, 2004, 12 (4).

[24] Farrell, M. J., "The Measurement of Production Efficiency", *Journal of Royal Statistical Society*, 1957, Vol. 120 (3): 253 – 281.

[25] Fabricant, S., "Employment in Manufacturing 1899 – 1939", NBER Woking Paper, 1942.

[26] Fan Shenggen, Xiaobo Zhang and Sherman Robinson, "Structural Change and Economic Growth in China", *Review of Development Economics*, 2003, 7 (3).

[27] Gong Gang and Justin Yifu Lin, "Deflationary Expansion: An Overshoot ing Perspective to the Recent Business Cycle in China", *China Economic Review*, 2008, 19 (1).

[28] Grossman, Helpman, "Quality Ladder and Product Cycle", *Quarterly Journal of Economics*, 1991 (106), pp. 557 – 586.

[29] Greene, W. H., *Econometric Analysis*, Prentice Hall, 1993.

[30] Hailu, A. and Veeman, T. S., "Environmentally Sensitive Productivity Analysis of the Canadian Pulp and Paper Industry, 1959 – 1994: An Input Distance Function Approach", *Journal of Environmental Economics and Management*, 2000, 40, pp. 251 – 274.

[31] Hailu, A. and Veeman, T. S., "Non – parametric Productivity Analysis with Undesirable Outputs: An Application to the Canadian Pulp and Paper Industry", *American Journal of Agricultural Economics*, 2001, 83, pp. 605 – 616.

[32] Heshmati, A. and Mmulugrta, Y., "Technical Efficiency of the Uganda Matoke Farms", *Applied Economic Letters*, 1996 (13), pp. 27 – 57.

[33] Islam, N., "Growth Empirics: A Panel Data Approach", *Quarterly Journal of Economics*, 1995, 110 (4), pp. 1127 – 1170.

[34] Jeon, B. M. and Sickles, R. C., "The Role of Environmental Factors

in Growth Accounting", *Journal of Applied Econometrics*, 2004, 19, pp. 567 – 591.

[35] Kumar, S. , "Environmentally Sensitive Productivity Growth: A Global Analysis Using Malmquist – Luenberger Index", *Ecological Economics*, 2006, 56, pp. 280 – 293.

[36] Klenow, P. and Rodriguez – Clare, A. , "The Neoclassical Revival in Growth Economics: Has It Gone too Far?" *NBER Macroeconomics Annual*, 1997 (12), pp. 73 – 103.

[37] Kaneko, S. and Managi, S. , "Environmental Productivity in China", *Economics Bulletin*, 2004, 2, pp. 1 – 10.

[38] Krasacha, W. , "Technical Efficiencies of Rice Farms in Thailand: A Non – parametric Approach", *The Journal of American Academy of Business*, 2004 (3), pp. 64 – 69.

[39] Koopmans, T. C. , "An Analysis of Productions as an Efficient Combination of Activities", *Cowles Commission for Research in Economics*, 1951, p. 13.

[40] Lucas, R. , "On the Mechanism of Economic Development", *Journal of Monetary Economics*, 1988, 22, pp. 13 – 42.

[41] Leibenstein, H. , "Allovative Efficiency vs X – efficiency", *American Economic Review*, 1966 (56): 392 – 415.

[42] Lau, K. and Brada, J. , "Technological Progress and Technical Efficiency in Chinese Industrial Growth: A Frontier Production Function Approach", *China Economic Review*, 1990 (1), pp. 113 – 124.

[43] Miller, S. M. and Upadhyay, M. P. , "The Effects of Openness, Trade Orientation and Human Capital on Total Factor Productivity", *Journal of Development Economics*, 2000 (63), pp. 399 – 423.

[44] Maudos, J. , Pastor, J. M. and Serrano, L. , "Total Factor Productivity Measurement and Human Capital in OECD Countries", *Economic Letters*, 1999 (63), pp. 39 – 44.

[45] Meeusen, W. and Broeck, J. , "Efficiency Estimation from Cobb – Douglas Production Functions with Composed Error", *International Economic Review*, 1977 (2), pp. 435 – 444.

[46] Maddison, A., *Chinese Economic Performances in the Long Run*, Paris: Development Centre of the OECD, 1998.

[47] Maddison, A., *Phases of Capitalist Development*, Oxford, NY: Oxford University Press, 1982.

[48] Mookherjee, D. and Shorrocks, A., "A Decomposition Analysis of the Trend in UK Income Inequality", *Economic Journal*, 1982, (92), pp. 886 – 902.

[49] Pittman, R. W., "Multilateral Productivity Comparisons with Undesirable Outputs", *Economic Journal*, 1983, 93, pp. 883 – 891.

[50] Porter, M., "America's Green Strategy", *Scientific American*, 1991, 4, p. 168.

[51] Pitt, M. M. and Lee, L. F., "Measurement and Sources of Technical Inefficiency in the Indonesian Weaving Industry", *Journal of Development Economics*, 1981 (9), pp. 43 – 64.

[52] Romer, P. E., "Increasing Returns and Long – run Growth", *Journal of Political Economy*, 1986 (94), pp. 1005 – 1036.

[53] Romer, P. M., "Endogenous Technological Change", *Journal of Political Economy*, 1990, 89 (5), pp. 71 – 102.

[54] Runciman, W. G., *Relative Deprivation and Social Justice: A Study of Attitudes to Social Inequality in Twentieth – Century England*, Berkeley and Los – Angeles, University of California Press, 1966.

[55] Solow, R. M., "A Contribution to the Theory of Economic Growth", *Quarterly Journal of Economics*, 1956, 70 (1), pp. 65 – 94.

[56] Sharma, K. R. and Leung, P. S., "Technical Efficiency of Carp Production in India: A Stochastic Frontier Production Function Analysis", *Aquaculture Research*, 2000 (31), pp. 937 – 947.

[57] Soderborm, M. and Teal, F., Openness and Human Capital as Source of Productivity Growth: An Empirical Investigation. Department for International Development of the UK Government, 2003.

[58] Subal, C. K. and Lovell, C. A., *Stochastic Frontier Analysis*, Cambridge University Press, 2000.

[59] Schmidt, P. and Sickles, R., "Production Frontiers and Panel Da-

ta", *Journal of Business & Economic Statistics*, 1984, Vol. 2 (4), pp. 367 – 374.

[60] Seiford, L. M. and Zhu, J. , "Modeling Undesirable Factors in Efficiency Evaluation", *European Journal of Operation Research*, 2002, 142, pp. 16 – 20.

[61] Scheel, H. , "Undesirable Outputs in Efficiency Evaluations", *European Journal of Operation Research*, 2001, 132, pp. 400 – 410.

[62] Shadbegian, R. J. and Gray, W. B. , "Pollution Abatement Expenditures and Plant – level Productivity: A Production Function Approach", *Ecological Economics*, 2005, 54, pp. 196 – 208.

[63] Terrasi, M. , "Convergence and Divergence across Italian Region", *The Annals of Regional Science*, 1999, 33 (3), pp. 486 – 510.

[64] Towmsend, R. F. , Kirsten, J. and Vink, N. , "Farm Size, Productivity and Returns to Scale in Agricultural Revisited: A case of Wine Producers in South Africa", *Agricultural Economics*, 1998 (19), pp. 175 – 180.

[65] Uzawa, H. , "Optimum Technical Change in an Aggregative Model of Economic Growth", *Journal of Political Economy*, 1965 (6), pp. 18 – 26.

[66] Vandenbussche, J. , Aghion, P. and Meghir, C. , "Growth, Distance to Frontier and Composition of Human Capital", *Journal of Economic Growth*, 2006, 11 (2), pp. 127 – 154.

[67] Wu, Y. , "Has Productivity Contributed to China's Growth?" *Pacific Economic Review*, 2003 (1), pp. 15 – 30.

[68] Wurgler, J. , "Financial Markets and The Allocation of Capital", *Journal of Financial Economics*, 2000, 58 (1 – 2) .

[69] Wu, Y. , *China's Economic Growth: A Miracle with Chinese Characteristics*, London and New York: Routledge Curzon, 2004.

[70] Yitzhaki, S. , "Relative Deprivation and the Gini Coefficient", *Quarterly Journal of Economics*, 1979, (93), pp. 32 – 324.

[71] Yoruk, B. and Zaim, O. , "Productivity Growth in OECD Countries: A Comparison with Malmquist Index", *Journal of Comparative Eco-*

nomics, 2005, 33, pp. 401 – 420.

[72] Young, A., "Gold into Base Metals: Productivity Growth in the People's Republic of China during the Reform Period", *Journal of Political Economy*, 2003 (6), pp. 1220 – 1261.

[73] Zhu, J., *Quantitative Models for Performance Evaluation and Benchmarking: Data Envelopment Analysis with Spreadsheets and DEA Excel Solver*, Boston: Kluwer Academic Publishers, 2003.

[74] Zheng, J., Liu, X. and Bigsten, A., "Ownership Structure and Determinants of Technical Efficiency: An Application of Data Envelopment Analysis to Chinese Enterprises (1986 – 1990)", *Journal of Comparative Economics*, 1998, 26 (3), pp. 465 – 484.

[75] 边雅静、沈利生:《人力资本对中国东西部经济增长影响的实证分析》,《数量经济技术经济研究》2004 年第 12 期。

[76] 蔡昉、王德文:《比较优势差异、变化及其对地区差距的影响》,《中国社会科学》2002 年第 5 期。

[77] 蔡翼飞、张车伟:《地区差距的新视角:人口与产业分布不匹配研究》,《中国工业经济》2012 年第 5 期。

[78] 陈迅、余杰:《公共支出对中国技术效率的影响分析》,《财经研究》2005 年第 12 期。

[79] 钞小静、惠康:《中国经济增长质量的测度》,《数量经济技术经济研究》2009 年第 6 期。

[80] 钞小静:《经济增长质量:一种理论解释及中国的实证分析》,博士学位论文,西北大学,2009 年。

[81] 蒂莫西·J. 科埃利等:《效率与生产率分析引论》,王忠玉译,中国人民大学出版社 2002 年版。

[82] 范红忠、李国平:《资本与人口流动及其外部性与地区经济差异》,《世界经济》2003 年第 10 期。

[83] 樊元、杨立勋:《关于经济增长质量统计的若干理论问题》,《西北师范大学学报》(社会科学版)2002 年第 2 期。

[84] 范剑勇:《市场一体化、地区专业化与产业集聚趋势——兼谈对地区差距的影响》,《中国社会科学》2004 年第 6 期。

[85] 范剑勇:《产业集聚与地区间劳动生产率差异》,《经济研究》

2006 年第 11 期。

[86] 范剑勇、朱国林：《中国地区差距的演变及其结构分解》，《管理世界》2002 年第 7 期。

[87] 傅晓霞、吴利学：《技术效率、资本深化与地区差异——基于随机前沿模型的中国地区收敛分析》，《经济研究》2006 年第 10 期。

[88] 方军雄：《市场化进程与资本配置效率的改善》，《经济研究》2006 年第 5 期。

[89] 樊纲、关志雄、姚枝仲：《国际贸易结构分析：贸易品的技术分布》，《经济研究》2006 年第 8 期。

[90] 符淼：《中国环境库茨涅茨曲线：形态、拐点和影响因素》，《数量经济技术经济研究》2008 年第 11 期。

[91] 傅勇、白龙：《中国改革开放以来的全要素生产率变动及其分解》，《金融研究》2009 年第 7 期。

[92] 顾乃华、李江帆：《中国服务业技术效率区域差异的实证分析》，《经济研究》2006 年第 1 期。

[93] 顾建国、张文修：《基于随机前沿生产函数的中国烟草企业效率分析》，《当代经济科学》2007 年第 4 期。

[94] 郭玉清、姜磊：《中国地区经济差距扩散的源泉：资本深化还是效率改进?》，《数量经济技术经济研究》2010 年第 7 期。

[95] 干春晖、郑若谷：《中国地区经济差距演变及其产业分解》，《中国工业经济》2010 年第 6 期。

[96] 干春辉、郑若谷：《改革开放以来产业结构演进与生产率增长研究》，《中国工业经济》2009 年第 2 期。

[97] 郭克莎：《三次产业增长因素及其变动特点分析》，《经济研究》1993 年第 2 期。

[98] 顾海兵、沈继楼：《近十年中国经济增长方式转变的定性与量化研究》，《经济学动态》2006 年第 12 期。

[99] 何德旭、姚战琪：《中国产业结构调整的效应、优化升级目标和政策措施》，《中国工业经济》2008 年第 5 期。

[100] 洪兴建：《中国地区差距、极化与流动性》，《经济研究》2010 年第 12 期。

[101] 贺菊煌：《中国资产的估算》，《数量经济技术经济研究》1992
年第 8 期。

[102] 何枫：《金融中介发展对中国技术效率影响的实证分析》，《财贸
研究》2003 年第 6 期。

[103] 何枫、陈荣、何炼成：《SFA 模型及其在中国技术效率测算中的
应用》，《系统工程理论与实践》2004 年第 5 期。

[104] 何枫、陈荣、郑江绥：《对中国技术效率的测算：随机前沿生产
函数的应用》，《科研管理》2004 年第 5 期。

[105] 何枫、陈荣、何林：《中国资本存量的估算及其相关分析》，《经
济学家》2003 年第 5 期。

[106] 何枫、陈荣：《经济开放度对中国经济效率的影响：基于跨省数
据的实证分析》，《数量经济技术经济研究》2004 年第 3 期。

[107] 何枫：《经济开放度对中国技术效率影响的实证分析》，《中国软
科学》2004 年第 1 期。

[108] 江兵、张承谦：《企业技术进步的 DEA 分析与实证研究》，《系
统工程理论与实践》2002 年第 7 期。

[109] 亢霞、刘秀梅：《中国粮食生产的技术效率分析——基于随机前
沿分析方法》，《中国农村观察》2005 年第 4 期。

[110] 李秀敏：《人力资本、人力资本结构与区域协调发展——来自中
国省级区域的证据》，《华中师范大学学报》（人文社会科学版）
2007 年第 3 期。

[111] 李福柱：《人力资本结构与区域经济发展研究》，博士学位论文，
东北师范大学，2006 年。

[112] 李晶、汤琼峰：《中国劳动力流动与区域经济收敛的实证研究》，
《经济评论》2006 年第 3 期。

[113] 刘伟、张辉：《中国经济增长中的产业结构变迁和技术进步》，
《经济研究》2008 年第 11 期。

[114] 吕铁、周叔莲：《制造业结构变化对生产率增长的影响研究》，
《管理世界》2002 年第 2 期。

[115] 李胜文、李新春、杨学儒：《中国的环境效率与环境管制——基
于 1986—2007 年省级水平的估算》，《财经研究》2010 年第
2 期。

[116] 李小平、卢现祥:《国际贸易、污染产业转移和中国工业 CO_2 排放》,《经济研究》2009 年第 11 期。

[117] 刘小玄:《中国工业企业的所有制结构对效率差异的影响——1995 年全国工业企业普查数据的实证分析》,《经济研究》2000 年第 2 期。

[118] 李玲玲、张耀辉:《中国经济发展方式转变测评指标体系构建及初步测评》,《中国工业经济》2011 年第 4 期。

[119] 刘海英:《中国经济增长质量研究》,博士学位论文,吉林大学,2005 年。

[120] 刘世锦:《关于中国增长模式转型的若干问题》,《管理世界》2006 年第 2 期。

[121] 林毅夫、苏剑:《论中国经济增长方式的转换》,《管理世界》2007 年第 11 期。

[122] 林毅夫、蔡昉、李周:《中国经济转型时期的地区差距分析》,《经济研究》1998 年第 6 期。

[123] 林毅夫、刘培林:《中国的经济发展战略与地区收入差距》,《经济研究》2003 年第 3 期。

[124] 林毅夫、任若恩:《东亚经济增长模式相关争论的再探讨》,《经济研究》2007 年第 8 期。

[125] 林毅夫、刘明兴:《中国的经济增长收敛与收入分配》,《世界经济》2003 年第 8 期。

[126] 林毅夫、任若恩:《东亚经济增长模式相关争论的再探讨》,《经济研究》2007 年第 8 期。

[127] 李京文、郑友敬:《生产率与中、美、日经济增长研究》,中国社会科学出版社 1993 年版。

[128] 李京文、钟学义:《中国生产率分析前沿》,社会科学文献出版社 2007 年版。

[129] 李国璋、周彩云、江金荣:《区域全要素生产率的估算及其对地区差距的贡献》,《数量经济技术经济研究》2010 年第 5 期。

[130] 李平、钟学义、王宏伟、郑世林:《中国生产率变化与经济增长源泉（1978—2010）》,《数量经济技术经济研究》2013 年第 1 期。

［131］李斌、陈开军：《对外贸易与地区经济差距变动》，《世界经济》2007 年第 5 期。

［132］李国平、范红忠：《生产集中、人口分布与地区经济差异》，《经济研究》2003 年第 11 期。

［133］梁琦、李晓萍、吕大国：《市场一体化、企业异质性与地区补贴——一个解释中国地区差距的新视角》，《中国工业经济》2012 年第 2 期。

［134］李治国、唐国兴：《资本形成路径与资本存量调整模型——基于中国转型时期的分析》，《经济研究》2003 年第 2 期。

［135］李相合、范彦君：《内蒙古经济增长中技术效率（TE）分析》，《内蒙古大学学报》（人文社会科学版）2006 年第 6 期。

［136］李双杰、颜伦琴：《中国电子行业上市公司效率的数据包络分析》，《数量经济技术经济研究》2003 年第 3 期。

［137］李双杰、范超：《随机前沿分析与数据包络分析方法的评析与比较》，《统计与决策》2009 年第 7 期。

［138］李月：《有效经济增长的理论研究——中国（1978—2007）有效经济增长过程的理论分析》，博士学位论文，南开大学，2009 年。

［139］李岳平：《经济增长质量评估体系及实证分析》，《江苏统计》2001 年第 5 期。

［140］刘志新、刘琛：《基于 DFA 的中国商业银行效率研究》，《数量经济技术经济研究》2004 年第 4 期。

［141］刘舜佳：《国际贸易、FDI 和中国全要素生产率下降——基于1952—2006 年面板数据的 DEA 和协整检验》，《数量经济技术经济研究》2008 年第 11 期。

［142］鲁蓉、张林秀：《中国个体私营乡镇企业的技术效率因素分析——浙江省织里镇案例研究》，《农业技术经济》2002 年第 1 期。

［143］李婧、朱承亮、安立仁：《中国经济低碳转型绩效的历史变迁与地区差异》，《中国软科学》2013 年第 5 期。

［144］马强文、任保平：《中国经济发展方式转变的绩效评价及影响因素研究》，《经济学家》2010 年第 11 期。

[145] 马占新：《数据包络分析方法在中国经济管理中的应用进展》，《管理学报》2010 年第 5 期。

[146] 孟令杰：《中国农业产出技术效率动态研究》，《农业技术经济》2000 年第 5 期。

[147] 彭水军、包群：《中国经济增长与环境污染——基于广义脉冲响应函数法的实证研究》，《中国工业经济》2006 年第 5 期。

[148] 彭德芬：《经济增长质量研究》，华中师范大学出版社 2002 年版。

[149] 乔世君：《中国粮食生产技术效率的实证研究——随机前沿面生产函数的应用》，《数理统计与管理》2004 年第 3 期。

[150] 邱晓华、郑京平、万东华、冯春平、巴威、严于龙：《中国经济增长动力及前景分析》，《经济研究》2006 年第 5 期。

[151] 石磊、高帆：《地区经济差距：一个基于经济结构转变的实证研究》，《管理世界》2006 年第 5 期。

[152] 沈坤荣、马俊：《中国经济增长的"俱乐部收敛"特征及其成因研究》，《经济研究》2002 年第 1 期。

[153] 沈利生、唐志：《对外贸易对中国污染排放的影响——以二氧化硫排放为例》，《管理世界》2008 年第 6 期。

[154] 沈露莹：《上海转变经济发展方式的评价指标体系与阶段评估》，《上海经济研究》2010 年第 6 期。

[155] 孙传旺等：《碳强度约束下中国全要素生产率测算与收敛性研究》，《金融研究》2010 年第 6 期。

[156] 石风光、李宗植：《要素投入、全要素生产率与地区经济差距》，《数量经济技术经济研究》2009 年第 12 期。

[157] 沈利生、朱运法：《人力资本与经济增长分析》，社会科学文献出版社 1998 年版。

[158] 单豪杰：《中国资本存量 K 的再估算（1952—2006）》，《数量经济技术经济研究》2008 年第 10 期。

[159] 田银华等：《环境约束下地区全要素生产率增长的再估算》，《中国工业经济》2011 年第 1 期。

[160] 田银华、贺胜兵、胡石其：《环境约束下地区全要素生产率增长的再估算（1998—2008）》，《中国工业经济》2011 年第 1 期。

［161］陶锋、郭建万、杨舜贤：《电力体制转型期发电行业的技术效率及其影响因素》，《中国工业经济》2008 年第 1 期。

［162］陶长琪、王志平：《随机前沿方法的研究进展与展望》，《数量经济技术经济研究》2011 年第 11 期。

［163］陶春海：《中国医疗服务生产效率评价研究——基于 DEA 和 SFA 方法的组合研究》，博士学位论文，江西财经大学，2010 年。

［164］托马斯·G. 罗斯：《经济效益与经济效率》，《经济研究》1993 年第 6 期。

［165］温杰、张建华：《中国产业结构变迁的资源再配置效率》，《中国软科学》2010 年第 6 期。

［166］吴军：《环境约束下中国地区工业全要素生产率增长及收敛分析》，《数量经济技术经济研究》2009 年第 11 期。

［167］卫兴华、侯为民：《中国经济增长方式的选择与转换途径》，《经济研究》2007 年第 7 期。

［168］魏杰：《转变经济增长方式是全面且深入的改革——"政府主导"是模式还是改革对象》，《学术月刊》2011 年第 8 期。

［169］王国刚：《城镇化：中国经济发展方式转变的重心所在》，《经济研究》2010 年第 12 期。

［170］吴延瑞：《生产率对中国经济增长的贡献：新的估计》，《经济学季刊》2008 年第 3 期。

［171］王铮、葛昭攀：《中国区域经济发展的多重均衡态与转变前兆》，《中国社会科学》2002 年第 4 期。

［172］吴建新：《技术、效率、资本积累与中国地区发展差异》，《数量经济技术经济研究》2009 年第 11 期。

［173］万广华、陆铭、陈钊：《全球化与地区间收入差距：来自中国的证据》，《中国社会科学》2005 年第 3 期。

［174］吴诣民、张凌翔：《中国区域技术效率的随机前沿模型分析》，《统计与信息论坛》2004 年第 2 期。

［175］王志鹏、李子奈：《外资对中国工业企业生产效率的影响研究》，《管理世界》2003 年第 4 期。

［176］魏权龄：《评价相对有效性的 DEA 方法——运筹学的新领域》，中国人民大学出版社 1987 年版。

［177］吴文庆、李双杰：《中国电子行业上市公司效率的随机前沿分析》，《数量经济技术经济研究》2003 年第 1 期。

［178］王永龙：《中国农业技术效率及其对策研究》，《福建师范大学学报》（哲学社会科学版）2004 年第 6 期。

［179］武义青：《经济增长质量的度量方法及其应用》，《管理现代化》1995 年第 5 期。

［180］徐康宁、邵军：《自然禀赋与经济增长：对"资源诅咒"命题的再检验》，《世界经济》2006 年第 11 期。

［181］徐康宁、王剑：《自然资源丰裕程度与经济发展水平关系的研究》，《经济研究》2006 年第 1 期。

［182］许和连、元朋、祝树金：《贸易开放度、人力资本与全要素生产率：基于中国省际面板数据的经验分析》，《世界经济》2006 年第 12 期。

［183］徐琼：《基于技术效率的区域经济竞争力提升研究——浙江的经验研究》，博士学位论文，浙江大学，2005 年。

［184］徐琼：《浙江省地区技术效率差异实证分析——基于 DEA 模型的运用》，《浙江学刊》2005 年第 2 期。

［185］许长新：《中国区域经济增长的技术效率分析》，《财经研究》1996 年第 3 期。

［186］许晓雯、时鹏将：《基于 DEA 和 SFA 的中国商业银行效率研究》，《数理统计与管理》2006 年第 1 期。

［187］肖红叶、李腊生：《中国经济增长质量的实证分析》，《统计研究》1998 年第 4 期。

［188］许召元、李善同：《近年来中国地区差距的变化趋势》，《经济研究》2006 年第 7 期。

［189］袁富华：《低碳经济约束下的中国潜在经济增长》，《经济研究》2010 年第 8 期。

［190］易纲、樊纲、李岩：《关于中国经济增长与全要素生产率的理论思考》，《经济研究》2003 年第 8 期。

［191］杨俊、邵汉华：《环境约束下的中国工业增长状况研究——基于 Malmquist - Luenberger 指数的实证分析》，《数量经济技术经济研究》2009 年第 9 期。

[192] 杨龙、胡晓珍：《基于 DEA 的中国绿色经济效率地区差异与收敛分析》，《经济学家》2010 年第 2 期。

[193] 杨国梁、刘文斌、郑海军：《数据包络分析方法（DEA）综述》，《系统工程学报》2013 年第 12 期。

[194] 于君博：《前沿生产函数在中国区域经济增长技术效率测算中的应用》，《中国软科学》2006 年第 11 期。

[195] 杨家兵、吴利华：《基于 DEA 的钢铁行业上市公司效率评价》，《工业技术经济》2006 年第 2 期。

[196] 姚洋：《非国有经济成分对中国工业企业技术效率的影响》，《经济研究》1998 年第 12 期。

[197] 姚洋、章奇：《中国工业企业技术效率分析》，《经济研究》2001 年第 10 期。

[198] 姚树洁、冯根福、姜春霞：《中国银行业效率的实证分析》，《经济研究》2004 年第 8 期。

[199] 余建斌、乔娟、龚崇高：《中国大豆生产的技术进步和技术效率分析》，《农业技术经济》2007 年第 4 期。

[200] 俞培果、蒋葵：《经济收敛理论与检验方法研究综述》，《管理学报》2006 年第 4 期。

[201] 姚伟峰、何枫、冯宗宪：《CEPA 下珠江三角洲与长江三角洲技术效率比较研究》，《开放导报》2004 年第 2 期。

[202] 姚伟峰、何枫：《西部地区技术效率增长研究：贸易和 FDI，谁更有效?》，《当代经济科学》2004 年第 2 期。

[203] 闫淑敏、秦江萍：《人力资本对西部经济增长的贡献分析》，《数量经济技术经济研究》2002 年第 11 期。

[204] 姚枝仲、周素芳：《劳动力流动与地区差距》，《世界经济》2003 年第 4 期。

[205] 张鸿武：《中国地区经济增长的随机性趋同研究》，《数量经济技术经济研究》2006 年第 8 期。

[206] 中国科学院可持续发展战略研究组：《中国可持续发展战略报告》，科学出版社 2008 年版。

[207] 张彦博、郭亚军：《FDI 的环境效应与中国引进外资的环境保护政策》，《中国人口·资源与环境》2009 年第 4 期。

［208］张友国：《中国贸易增长的能源环境代价》，《数量经济技术经济研究》2009 年第 1 期。

［209］钟昌标、李富强、王林辉：《经济制度和中国经济增长效率的实证研究》，《数量经济技术经济研究》2006 年第 11 期。

［210］张卓元：《深化改革，推进粗放型经济增长方式转变》，《经济研究》2005 年第 11 期。

［211］朱启荣：《对外贸易对中国经济发展方式变化影响的实证研究》，《世界经济研究》2011 年第 6 期。

［212］郑玉歆：《全要素生产率的测度及经济增长方式的"阶段性"规律》，《经济研究》1999 年第 5 期。

［213］张军等：《中国的工业改革与效率变化》，《经济学》（季刊）2003 年第 1 期。

［214］张军、吴桂荣、张吉鹏：《中国省际物质资本存量估算（1952—2000)》，《经济研究》2004 年第 10 期。

［215］张军、章元：《对中国资本存量 K 的再估计》，《经济研究》2003 年第 7 期。

［216］张军：《增长、资本形成与技术选择：解释中国经济增长下降的长期因素》，《经济学》（季刊）2002 年第 2 期。

［217］张学良、孙海鸣：《探寻长三角地区经济增长的真正源泉：资本积累、效率改善抑或 TFP 贡献》，《中国工业经济》2009 年第 5 期。

［218］章奇：《中国地区经济发展差距分析》，《管理世界》2001 年第 1 期。

［219］张文武、梁琦：《劳动地理集中、产业空间与地区收入差距》，《经济学》（季刊）2011 年第 2 期。

［220］曾亚敏、张俊生：《所有权结构与产出效率：对中国企业的实证研究》，《财经研究》2004 年第 7 期。

［221］赵蕾、杨向阳：《中国服务业技术效率变化的实证分析》，《财经论丛》2007 年第 2 期。

［222］钟学义：《增长方式转变与增长质量提高》，经济管理出版社2001 年版。

［223］朱顺林：《区域旅游产业的技术效率比较研究》，《经济体制改

革》2005 年第 2 期。

[224] 周立:《金融发展促进经济增长的理论综述》,《经济学动态》
2003 年第 9 期。

[225] 张军扩:《七五期间经济效益的综合分析——各要素对经济增长
贡献率的测算》,《经济研究》1991 年第 4 期。

[226] 郑玉歆:《全要素生产率的再认识——用 TFP 分析经济增长质量
存在的若干局限》,《数量经济技术经济研究》2007 年第 9 期。

[227] 朱承亮、岳宏志、李婷:《中国经济增长效率及其影响因素的实
证研究》,《数量经济技术经济研究》2009 年第 9 期。

[228] 朱承亮、岳宏志、师萍:《人力资本及其构成对中国技术效率影
响的实证研究》,《科学学研究》2010 年第 11 期。

[229] 朱承亮、师萍、岳宏志、韩先锋:《人力资本、人力资本结构与
区域经济增长效率》,《中国软科学》2011 年第 2 期。

[230] 赵春雨、朱承亮、安树伟:《生产率增长、要素重置与中国经济
增长》,《中国工业经济》2011 年第 8 期。

[231] 朱承亮、岳宏志、师萍:《环境约束下的中国经济增长效率研
究》,《数量经济技术经济研究》2011 年第 5 期。

[232] 朱承亮、安立仁、师萍、岳宏志:《节能减排约束下中国经济增
长效率及其影响因素——基于西部地区和非期望产出模型的分
析》,《中国软科学》2012 年第 4 期。

[233] 朱承亮、岳宏志、安立仁:《节能减排约束下中国绿色经济绩效
研究》,《经济科学》2012 年第 5 期。

[234] 朱承亮、岳宏志:《中国地区经济差距的演变及区域分解》,《云
南财经大学学报》2014 年第 1 期。

[235] 朱承亮:《中国地区经济差距的演变轨迹与来源分解》,《数量经
济技术经济研究》2014 年第 6 期。